Christian Ankowitsch

DIE KUNST, EINFACHE LÖSUNGEN ZU FINDEN

ROWOHLT • BERLIN

1. Auflage August 2018
Copyright © 2018 by
Rowohlt · Berlin Verlag GmbH, Berlin
Gesetzt aus der Quadraat
bei Dörlemann Satz, Lemförde
Druck und Bindung
CPI books GmbH, Leck, Germany
ISBN 978 3 7371 0010 6

Für Anton und Leopold

INHALT

Mach etwas anderes!
Was Sie von diesem Buch erwarten können
und was nicht. Eine Einleitung.

I. TEIL

ÜBER EINFACHE LÖSUNGEN IM ALLGEMEINEN
· ·

Wer nach einfachen Lösungen sucht, muss sich erst mal
durch ein kleines Dickicht an Einwänden und Irrtümern
kämpfen. Nur Mut. Es warten ein paar erhellende Einsichten
auf Sie: dass Sie immer die Chance haben, etwas zu ändern.
Dass miese Gefühle von Nutzen sind. Dass selbst größte
Probleme durch kleine Interventionen gelöst werden können.
Und dass es mitunter genügt, eine Stunde früher ins Büro
zu gehen, um Karriere zu machen.

Wie man mit Wasserpistolen Kinder erzieht
Am schnellsten lösen wir unsere Probleme, indem wir nach der
denkbar einfachsten Lösung suchen. Man sollte nicht glauben,
wie viele Menschen diese Strategie für falsch halten.

Zurück in die Gegenwart
Nur wer die Ursache eines Problems kennt, kann es lösen.
So sagt man. Das mag für defekte Geschirrspüler gelten,
nicht aber für zwischenmenschliche Schwierigkeiten.

Sie machen es sich aber einfach!

Selbstverständlich. Wir haben gar keine andere Wahl. Um
in einer komplexen Welt nicht unterzugehen, müssen wir unser
Talent zur virtuosen Ignoranz ausspielen. Eine Würdigung.

Alles hängt mit allem zusammen

Das Leben mag uns verwirren, aber da sind ein paar grund-
sätzliche Dinge, die wir erkennen können: dass wir unsere
Probleme selbst erschaffen, dass wir immer Teil der Lösung sind
und Ausreden daher ab sofort nicht mehr akzeptiert werden.

Je unscheinbarer, desto besser

Acht bis neun grundsätzliche Hinweise für all jene,
die nach einfachen Lösungen suchen.

II. TEIL

ÜBER EINFACHE LÖSUNGEN IM EINZELNEN
. . . .

Nicht nur der Teufel steckt im Detail – sondern auch die
Chance, vieles zu verändern. Dazu braucht es bloß ein wenig
Übung, um jene einfachen Tricks zu erkennen, die uns im
Alltag zur Verfügung stehen: Bestimmte Tatsachen bewusst
zu vergessen. Uns auf den falschen Platz zu setzen, wenn
wir ein wenig Schwung in Debatten bringen wollen. Öfter
«noch nicht» zu sagen. Zu gähnen, wenn wir kreativer werden
wollen. Und darüber nachzudenken, was der eigene Vorname
damit zu tun haben könnte, dass wir uns so gut fühlen.

Vergiss es

Houston, haben wir überhaupt ein Problem? Eigentlich nicht. Wir müssen schon etwas dafür tun und eine Tatsache als Problem betrachten wollen. Das lässt sich glücklicherweise abstellen. Indem wir sie zum Beispiel einfach nicht zur Kenntnis nehmen. Indem wir sie beflissentlich übersehen, uns selbst vergessen oder unsere Arroganz pflegen.

Seite 75

Denk dir etwas aus

Um ein Problem einfach und schnell zu lösen, kann alles so bleiben, wie es ist. Wir müssen es bloß hinbekommen, unseren Blick darauf zu verändern. Und schon haben wir unsere Bewegungsfreiheit wiedererlangt.

Seite 103

Sprich schön

Mit manchen Problemen schlagen wir uns nur herum, weil wir in der Lage sind, sie zu formulieren. Zeit, ein wenig genauer zu untersuchen, wie mächtig unsere Sprache ist und wie wir sie für einfache Lösungen nutzen können.

Seite 133

Wechsle die Bettseite

Oft genügt es bereits, winzige Details zu verändern. Und schon verschwinden die hartnäckigsten Probleme. Das hat wenig mit Hexerei, aber viel mit vernetztem Denken zu tun. Eine kleine Exkursion in allernächste Nähe.

Seite 162

Pflege deine Vorurteile

Weil uns das Leben immer wieder mit den gleichen Problemen nervt, entwickeln wir einfache Routinen, um sie zu lösen. Und tatsächlich – viele von ihnen leisten ganz hervorragende Dienste. Zeit, sie kennenzulernen.

Seite 182

Befreie den Hamster

Viele Probleme erhalten wir am Leben, indem wir sie auf stets dieselbe untaugliche Weise zu lösen versuchen. Zeit, dieses Spiel zu beenden. Und unseren (metaphorischen) Problemhamster zu befreien. Dann kann nämlich etwas Neues entstehen. Und wird es auch.

Seite 208

III. TEIL

ÜBER DIE GUTE SEITE VON PROBLEMEN
· ·

Stopp – nichts überstürzen. Bevor Sie sich an die Lösung Ihrer Schwierigkeiten machen, sollten Sie zweierlei bedenken: Probleme sind nicht prinzipiell schlecht. Und Lösungen nicht prinzipiell gut. Es kann auch umgekehrt sein. Und noch etwas: Überlegen Sie sich gut, wen Sie um Rat fragen. Durch Ihre Wahl entscheiden Sie nämlich, mit welchem konkreten Problem Sie sich gleich herumschlagen werden.

Seite 243

Frage die Richtigen

Wie wir unsere Probleme beschreiben und wie wir sie lösen, hängt davon ab, wen wir um Rat fragen. So kann es sein, dass wir nach exakt denselben Klagen einmal einen Haarschnitt verpasst bekommen und ein andermal eine aufwendige Therapie. Eine kleine Landkarte zur Orientierung.

Seite 245

Liebe deine Probleme

Wir sollten uns hüten, in unseren Schwierigkeiten ausschließlich
Negatives zu erkennen. Sie verschaffen uns Gewinne, und manchmal
sind sie sogar die Lösung. Eine kleine Expedition auf die Rückseite
eines vertrauten Phänomens.

Anmerkungen

Dank

MACH ETWAS ANDERES!

Was Sie von diesem Buch erwarten können
und was nicht. Eine Einleitung.

Mal angenommen, Sie haben ein Problem. In Ihrer Beziehung, im Berufsleben, mit den Kindern, mit sich selbst. Und dieses Problem ist hartnäckig, taucht also trotz vieler Lösungsversuche immer wieder auf. Sei es, dass Ihr Partner distanziert bleibt, obwohl Sie sich stets um einen liebevollen Austausch bemühen. Der Haushalt an Ihnen hängenbleibt, obwohl Sie die Sache zigfach besprochen haben. Der andere mit seinem stressigen Job weitermacht, obwohl Sie ihm ständig zu einem Neubeginn raten. Ganz zu schweigen von den Kleinen, die ihr Zimmer trotz aller Drohungen nicht aufräumen. Den erfolglosen Versuchen, ein wenig abzunehmen. Und den großen Krächen, die sich daran entzünden, wie man die Geschirrspülmaschine richtig einräumt.

Nehmen wir also an, Sie haben ein Problem dieser Art und fragen jemanden, der sich mit einfachen Lösungen beschäftigt: «Was jetzt?» Und der antwortet Ihnen: «Stellen Sie sich mal aufrecht hin!» Oder: «Denken Sie sich eine andere Beschreibung für Ihr Problem aus!» Oder: «Tun Sie etwas anderes. Egal wie seltsam oder verrückt oder abwegig es auch erscheinen mag.»[1]

Was werden Sie denken?

Wahrscheinlich zweierlei. Dass es sich dabei tatsächlich um einfache Lösungen handelt; Sie also bekommen haben, wonach Sie fragten. Und dass diese Ratschläge ziemlich unspektakulär und seltsam klingen. Was Sie wiederum in ungläubiges Staunen versetzt. *Das* sollen diese heiß ersehnten einfachen Lösungen für zwischenmenschliche Probleme sein, nach denen alle Welt sucht? Ja, das sollen sie sein.

Wer von «einfachen Lösungen» spricht, weckt die Erwartung, dass er gleich ein Rezept aus dem Hut zaubern wird, das schnell anwendbar ist. Und das derart überraschend erscheint, dass wir gar nicht anders können als auszurufen: «Wie genial ist *das* denn?» Ersteres lässt sich machen. Zweiteres nicht. Denn einfache Lösungen sind – *einfach*. Und diese Einfachheit lässt sie unscheinbar wirken, naheliegend, wohlbekannt. Was dazu führt, dass wir sie nicht beachten, nicht ernst nehmen und weder ihre Eleganz noch ihre Klugheit erkennen.

Das sollten wir aber. Schon allein deshalb, weil wir sie in vielen Fällen sehr gut gebrauchen können. Wir müssen bloß den Mut aufbringen, sie anzuwenden. Dann werden wir die überraschende Erfahrung machen, dass sich unsere Stimmung aufhellt, wenn wir willkürlich lächeln, oder dass wir hartnäckigen Liebeskummer schneller überwinden, wenn wir uns zu festen Zeiten hinsetzen, alles aufschreiben und die Notizen am nächsten Tag verbrennen.[2]

Um die Genialität einfacher Lösungen zu erkennen, müssen wir uns ein wenig näher mit ihnen beschäftigen. So enthält dieses Buch diverse Listen einfacher Lösungen, denen ich längere Herleitungen vorangestellt habe. Darin werden Sie unter anderem erfahren, dass wir Schwierigkeiten überwinden können, ohne sie genau zu verstehen, ihre Vorgeschichte zu kennen, ausgeklügelte To-do-Listen abzuarbeiten und uns an Zielvorgaben zu halten.

Hinter diesem Ansatz steckt die Überzeugung, dass viele unserer Beziehungsprobleme auf einfache Weise entstehen: indem wir wenig hilfreiche Gewohnheiten entwickeln, die die anderen auf stets dieselbe Weise erwidern. Um diesem Problempingpong ein Ende zu bereiten, genügt es oft bereits, es zu stören. Also irgendetwas anders zu machen als bisher. Dann – so die vielfach bestätigte Annahme – werden wir gemeinsam mit den anderen neue und deutlich bessere Wege des Zusammenlebens finden.

Weil es sich bei diesen Störmanövern um eine individuelle Sache handelt, können nur die Beteiligten wissen, wie sie konkret aussehen sollten. So könnten wir die Flaute im Bett zu überwinden versuchen, indem wir die Bettseite tauschen, in der eigenen Stadt gemeinsam im Hotel übernachten oder exakt das ansprechen, was wir am entschiedensten verbergen wollen. Das kann aber auch ganz anders laufen – Hauptsache, wir bringen ordentlich Unordnung in das gewohnte Problemeinerlei.

Weil also nur wir selbst uns eine Lösung ausdenken können, beschränkt sich die Mitwirkung unserer Umgebung – Partner, Freundinnen, Sachbuchautoren – auf dreierlei: Uns an die eigenen Kompetenzen zu erinnern. Uns freundlich darauf hinzuweisen, es zur Abwechslung mal mit einem neuen Verhalten zu versuchen. Und uns ein paar erklärende Herleitungen aufzuschreiben. Das war's dann aber auch. Mehr haben sie uns nicht zu sagen und sollten es auch nicht.

Sie werden daher in diesem Buch vergeblich nach Kapiteln suchen, die mit «In sieben Schritten zum Glück» betitelt sind. Sie würden mit solchen Vorgaben nur bedingt etwas anfangen können. Weil Sie andere Vorstellungen davon haben dürften, worin dieses «Glück» bestehen könnte; und weil Sie vielleicht lieber «zwölf Sprünge» machen oder es gewohnt sind, ans Ziel zu schwimmen. Daher verwandeln sich konkrete Ratschläge auch oft in neue Probleme, anstatt uns zu helfen.

Weil sich dieses Buch also grundsätzlich mit Lösungen beschäftigt, die Feinarbeit aber Ihnen überlässt, erscheint es auch nicht notwendig, möglichst viele konkrete Problemfälle durchzudeklinieren. Es kann also sein, dass Sie Ihren Spezialfall hier nicht finden. Das macht nichts, denn jeder einzelne in diesem Buch vorgestellte Lösungsansatz erfüllt die Funktion eines «Dietrichs».[3] Und mit diesen Dingern lassen sich bekanntlich sehr unterschiedliche Problemschlösser öffnen. Selbst solche, die Ihnen ein Rätsel sind und die Sie nicht erklären können oder wollen.

Doch lassen Sie sich bei alledem etwas Zeit. Denn Lösungen können zwar etwas Wunderbares bewirken, aber auch einigen Schaden anrichten. Und zwar immer dann, wenn wir aus einem unserer Probleme einen Gewinn ziehen. Das tun wir in den allermeisten Fällen – auch wenn Ihnen der Gedanke im ersten Augenblick widersinnig erscheinen mag. Wer zum Beispiel mit einem dominanten Partner zusammenlebt, obwohl er sich immer wieder gegen dessen Durchsetzungsversuche wehren muss, erspart es sich, selber etwas zu entscheiden und zu organisieren. Der Dominante wiederum hält an der Beziehung fest, weil er in den allermeisten Fällen bestimmen kann, wo es hingeht, obwohl die aus seiner Sicht mangelnde Eigeninitiative des anderen immer wieder zu Streit führt.

Das heißt: Wenn Sie vorhaben, ein altbekanntes Problem endlich zu lösen, dann denken Sie darüber nach, was Sie an Liebgewonnenem verlieren könnten. Erst wenn Sie das wissen, ist die Zeit reif, Ihrer Partnerin beim nächsten Krach wortlos einen Dietrich beziehungsweise einen Keks zu überreichen oder sich beim nächsten Meeting auf den Platz exakt jenes Kollegen zu setzen, den Sie aus der Reserve locken wollen – zwei überraschende Störaktionen in allzu vertrauten Situationen.

Zum Abschluss noch ein Hinweis, der mir besonders am Herzen liegt. Es gibt Probleme, die keinesfalls in die Hände von Sachbuchautoren gehören, sondern in jene von Spezialistinnen und Spezialisten. Sollten Sie also ein Thema mit sich herumschleppen, das Sie übermäßig belastet – legen Sie dieses Buch beiseite und suchen Sie unter dem Stichwort «lösungsfokussierte Therapie» nach Profis in Ihrer Nähe. Aber nur, wenn Sie den Grundgedanken dieses Buches plausibel finden, denn es folgt eben diesem Ansatz in vielen Punkten. Diese Profis werden Ihnen zur Seite stehen, unvergleichlich besser als der Autor eines solchen Textes das jemals könnte.

Christian Ankowitsch
Berlin, Mai 2018

PS: Ich verwende in diesem Buch zufällig und möglichst abwechselnd die weibliche und männliche Form von Personenbezeichnungen.

I. TEIL
ÜBER EINFACHE LÖSUNGEN IM ALLGEMEINEN

• • • • • • •

Wer nach einfachen Lösungen sucht, muss sich erst mal durch ein kleines Dickicht an Einwänden und Irrtümern kämpfen. Nur Mut. Es warten ein paar erhellende Einsichten auf Sie: dass Sie immer die Chance haben, etwas zu ändern. Dass miese Gefühle von Nutzen sind. Dass selbst größte Probleme durch kleine Interventionen gelöst werden können. Und dass es mitunter genügt, eine Stunde früher ins Büro zu gehen, um Karriere zu machen.

WIE MAN MIT WASSERPISTOLEN
KINDER ERZIEHT

Am schnellsten lösen wir unsere Probleme, indem wir nach der
denkbar einfachsten Lösung suchen. Man sollte nicht glauben,
wie viele Menschen diese Strategie für falsch halten.

Der nachfolgende Witz kursiert in einigen Varianten. Stets spielt ein Mann die Hauptrolle, der seine Lebensgefährtin mit verschiedenen Verhaltensweisen in den Wahnsinn treibt. In einer Version geht er mit ihr durch die Straßen der Stadt und kommentiert laut und vernehmlich das Aussehen der Entgegenkommenden und macht sich über sie lustig. Eines Tages hat die Ehefrau genug und zwingt den Mann, mit ihr zur Therapie zu gehen. Dort schildert sie, was sie seit langem ertragen muss. Der Psychologe hört sich die Klagen geduldig an. Dann nimmt er den Mann zur Seite, legt ihm vertraulich den Arm um die Schulter und flüstert ihm ein paar Sätze ins Ohr. Der Mann nickt, der Psychologe nickt, Ende der Beratungsstunde.

Als das Paar eine Woche später wieder erscheint, kommt der Psychologe gar nicht dazu, eine Frage zu stellen. «Ein Wunder», erzählt die Frau strahlend, «er ist wie ausgewechselt! Mein Mann hat schlagartig mit dem Unsinn aufgehört! Was haben Sie ihm bloß zugeflüstert?» Worauf der Psychologe freundlich lächelnd erwidert: «Ich habe ihm gesagt, dass er damit aufhören soll!» Sagt's und wünscht der Frau noch einen schönen Tag.

Ein Witz, ich weiß. Und doch steckt in ihm eine tiefe Weisheit. Sie lautet: Versuche es erst einmal mit der denkbar einfachsten Lösung, auch wenn das Problem noch so vertrackt erscheint. Der renommierte Psychologe Steve de Shazer etwa hatte den Mut, an diesem Grundgedanken festzuhalten. So zum Beispiel, als ihn eine gewisse Frau Y. zu Rate zog. Sie sei durchaus erfolgreich in ihrem Job, erzählte sie ihm, wäre da nicht die Sache mit den Telefonaten. Trotz aller Bemühungen schaffe sie es einfach nicht, sie zu erledigen. De Shazer ließ sich schildern, was die Frau schon alles unternommen hatte. Als sie fertig war, bekam sie zur Antwort: «Was Sie bisher versucht haben, hat nicht funktioniert, deshalb machen Sie morgen, wenn Sie zur Arbeit kommen, etwas anders.» Darauf habe die Frau erst gestutzt, dann gelächelt und schließlich gefragt: «Ist das alles?» De Shazers Antwort: «Das ist alles.»

Zwei Wochen später. Frau Y. kommt wieder und erzählt, was geschehen ist: Am nächsten Tag sei sie, ohne groß zu überlegen und aus einer Laune heraus, einfach eine Stunde früher als gewohnt ins Büro gegangen. Keiner da, mit dem sie hätte reden können. Also habe sie nichts zu tun gehabt, außer zu telefonieren.[1] Lösung gefunden, Problem erledigt. Ohne den Vorwurf zu fürchten, er mache es sich unverantwortlich einfach, betont de Shazer, dass Lösungen im Grunde aus nichts anderem bestünden, als «dass jemand etwas anders macht oder etwas anders sieht».[2]

So einfach kann es also sein. Und so einfach sollten wir es uns auch machen. Wenn wir uns erlauben, diesem Gedanken ein wenig nachzuhängen, werden uns ein paar verblüffend simple Optionen für einige hartnäckige Probleme einfallen. So könnten wir das nächste Mal einfach «Nein» sagen, bevor wir zum tausendsten Mal gegen unseren Willen «Ja» murmeln. Oder unseren Partner liebevoll in den Arm nehmen, wenn wir uns in endlose Beziehungsdebatten zu verstricken beginnen. Seit einigen Jahren kursiert in den sozialen Netzwerken eine Liste, die den Titel «Das Leben ist zu kurz für Dramen» trägt. Ihre Beliebtheit lässt darauf schließen, dass viele Menschen sie zumindest bemerkenswert finden, wenn nicht sogar hilfreich. Wir lesen: «Du vermisst jemanden? Ruf ihn an! – Du weißt nicht weiter? Frag! – Du willst verstanden werden? Erklär dich! – Dir geht etwas auf die Nerven? Verändere es! – Du liebst jemanden? Sag es ihm! – Du willst andere treffen? Lade sie ein!»

Diese radikale Einfachheit wird vielen trivial, naiv oder provokant erscheinen, und sie mag es mitunter auch sein. Das kann aber nicht bedeuten, dass wir uns die Chance verbauen, nach einfachen Lösungen zu suchen. Ganz so, wie wir das mit einem Computer machen, der sich aufgehängt hat: Ihn einfach aus- und wieder einschalten. Problem meistens gelöst. Und wenn nicht, stehen uns immer noch die etwas ausgefeilteren Lösungen zur Verfügung. Zum Beispiel den Rechner ein zweites Mal aus- und wieder einzuschalten.

Wer einfache Lösungen verspricht, findet sich schnell in eine dubiose Ecke gedrängt

Man muss nicht lange suchen, um Leute zu finden, die nichts von einfachen Lösungen halten. Vor allem, wenn es um schwierige Probleme geht. Die wohl am liebsten zitierte Kritik stammt von H. L. Mencken, einem US-amerikanischen Journalisten und Satiriker. Sie lautet: «Es gibt immer eine wohlbekannte Lösung für jedes menschliche Problem – eingängig, plausibel und falsch.»[3]

Womit wir uns auch beschäftigen, stets werden wir davor gewarnt, es uns *keinesfalls* zu einfach zu machen: Vorsicht sei angebracht, heißt es etwa in einem Artikel über die Risiken der Naturheilkunde, wenn «jemand simple Lösungen für komplizierte Probleme» verspricht.[4] Über Volksabstimmungen ist zu lesen, diese seien «organisierte Verantwortungslosigkeit», denn sie versprächen, «was Politik niemals liefern kann: einfache Lösungen».[5] Referenden würden eine «vereinfachte Schwarz-Weiß-Zweiteilung» erzwingen, und diese wiederum «bevorzugt populistische Politiker, die einfache Lösungen für komplizierte Probleme anbieten».[6] Schöne Bescherung.

Je mehr Einwände gegen einfache Lösungen man vernimmt, umso verantwortungsloser fühlt man sich, wenn man ihnen doch Gutes abzugewinnen versucht. Wie kann man nur auf die bescheuerte Idee kommen, sie würden uns irgendetwas bringen außer Unglück? Wo sich doch auch Verschwörungstheorien dadurch auszeichnen, «einfache Antworten auf komplizierte Fragen und komplizierte auf einfache» zu geben?[7] So ist es nur logisch, dass der deutsche Bundespräsident Frank-Walter Steinmeier anlässlich seines Dienstantritts Anfang 2017 eindringlich warnt: «In vielen Ländern gibt es einen steigenden Bedarf an einfachen Antworten auf gesellschaftliche Fragen. Und leider auch politische Kräfte, die vorgeben, diese zu haben.»[8]

Von dem US-amerikanischen Cartoonisten Wiley Miller gibt es eine Zeichnung, die unser Dilemma ganz wunderbar auf den Punkt bringt. Darauf sehen wir eine Menschenschlange vor einer Weggabelung. Links geht es zu den «einfachen, aber falschen Antworten», rechts hingegen zu den «komplexen, aber richtigen». Die überwiegende Zahl der

Leute folgt natürlich dem Weg nach links und stürzt kopfüber in einen Abgrund. Die wenigen Klugen hingegen machen sich auf einen langen, beschwerlichen Weg, der sie zu einem Berggipfel führt, wo sie die gesuchte Antwort finden. Als zusätzliche Belohnung können sie dann (höhnisch? Bedauernd? Mitleidig?) in die Schlucht hinunterschauen, wo die vielen doofen und vor allem toten Leute liegen, die schnelle, einfache Antworten auf schwierige Fragen wollten. Selber schuld.

Bei so viel Ablehnung hilft nur zweierlei: sich warm anzuziehen und genauer hinzusehen. Das lässt uns erkennen, dass die geballte Kritik stets am selben Punkt ansetzt. Sie wirft einfachen Lösungen in immer neuen Formulierungen vor, sie seien angesichts der komplexen Welt viel zu simpel. Ganz so, als bestünde zwischen Problem und Lösung ein unauflösbarer Zusammenhang; als wäre es ein Naturgesetz, dass die Größe der Lösung jener des Problems entsprechen müsse. Wie wir das eben im Alltag so gelernt zu haben glauben: Liegt da ein Haufen Sand auf der Straße und versperrt uns die Zufahrt (kleines Problem), dann können wir ihn mit unserer Schaufel (einfache Lösung) innerhalb kurzer Zeit bewältigen. Stehen wir hingegen vor einer Schlammlawine, nutzt nur mehr schwerstes Gerät, um das Hindernis aufwendig und mit vielen Helfern zu beseitigen.

Diese Grundannahme hat zur Folge, dass wir angesichts großer Probleme selten auf die Idee kommen, wir könnten sie schnell, beiläufig und unangestrengt lösen. Ein Beispiel, um zu illustrieren, wie sehr wir dabei irren: Eines Tages kam eine Mutter in die Praxis eines Therapeuten, die völlig entnervt war von den plötzlich auftretenden Wutanfällen ihrer Tochter. Nach eingehender Beratung erhielt sie folgenden schlichten Rat: Sie möge eine Wasserpistole kaufen, diese füllen und bereitlegen. Wenn die Situation das nächste Mal entgleise, solle sie zur Waffe greifen und ihr Kind nass spritzen. Gesagt, getan. Die Mutter kaufte eine Pistole, füllte sie und trug sie «schussbereit» mit sich herum. Es dauerte nicht lange, da war es wieder so weit. Als die Mutter jedoch ihren Plan in die Tat umsetzen wollte, geschah etwas ebenso Überraschendes wie Plausibles: Sie begann schallend zu lachen, und das Kind vergaß schlagartig seine Wut. Vorbei. Nichts war es mehr mit einer Wiederholung des bekannten Spiels. Vielmehr hatte die Mutter die Erfahrung gemacht, dass sie das wiederkehrende Problem lösen konnte, indem sie auf überraschende Weise darauf reagierte. Was sie so lange tat, bis es verschwunden war.[9]

Weil jedoch einfache Lösungen nicht sein dürfen, fühlen wir uns in schwierigen Zeiten nicht nur von Problemen belastet; vielmehr sehen wir uns auch noch dazu verpflichtet, aufwendig nach großen Lösungen zu suchen. Wer danach fragt, wo diese zu finden seien, wird in erstaunte Gesichter blicken. Was für eine eigenartige und einfältige Frage. In der Vergangenheit natürlich. Wo sonst sollten sie liegen, die Ursachen für unsere aktuellen Querelen?

Nun gut. Schauen wir eben nach, was wird dort finden, in dieser Vergangenheit. Und ob es uns dabei hilft, unsere aktuellen Probleme zu lösen.

ZURÜCK IN DIE GEGENWART

Nur wer die Ursache eines Problems kennt, kann es lösen.
So sagt man. Das mag für defekte Geschirrspüler gelten,
nicht aber für zwischenmenschliche Schwierigkeiten.

Marty hat ein Problem: Sein Vater George trägt weiße Hemden mit vielen Kugelschreibern in der Brusttasche, lässt sich von seinem Chef Biff mies behandeln und ist auch sonst ein ziemlicher Versager. Als Marty vor ein paar Verfolgern fliehen muss und sich dazu in ein Zeitreiseauto setzt, verschlägt es ihn in die Vergangenheit; im Jahr 1955 angekommen, verliebt sich auch noch seine Mutter in ihn. Es dauert knapp zwei Spielfilmstunden, bis Marty den Schlamassel beheben kann. Er verkuppelt seine Eltern und sorgt dafür, dass sein schüchterner Vater George eine einschneidende Erfahrung macht: nämlich in der Lage zu sein, den dominanten Biff k. o. zu hauen. Als Marty in die Gegenwart zurückkehrt, trifft er auf völlig veränderte Verhältnisse. Biff hat sich zu einem unterwürfigen Mann entwickelt, Martys Vater hingegen wurde durch das lang zurückliegende Erlebnis zu einem ebenso erfolgreichen wie selbstbewussten Buchautor, der eine glückliche Ehe mit seiner Frau Lorraine führt.

Die Rede ist vom ersten Teil der Science-Fiction-Komödie «Zurück in die Zukunft». Er ist nicht nur sehr unterhaltsam, sondern zeigt auch, wie wir uns die Entstehung zwischenmenschlicher Probleme vorstellen. Und damit auch deren

Lösung. So schlüssig uns diese Bilder auch erscheinen mögen – sie lassen uns am falschen Ort nach Antworten suchen. Genauer gesagt: in der falschen Zeit. Und das kommt so:

Sprechen wir mit anderen über unsere Probleme, bekommen wir schnell zu hören: «Da steckt doch mehr dahinter!» oder «Woher kommt das bloß?». Diese Fragen verweisen auf eine weitreichende Annahme: dass sich nämlich hinter unseren Problemen etwas verbirgt, das es zu entdecken gilt. Erst wenn wir das geschafft hätten, wären wir in der Lage, eine Lösung zu finden. Wer danach fragt, wo *genau* wir dieses Verborgene finden könnten, wird zur Antwort bekommen: in der Vergangenheit, wo sonst? Jedes Problem habe doch eine Ursache, und die liege irgendwo in alten Zeiten begraben.

Nach dieser Logik haben wir nur eine Chance, unsere Probleme zu lösen. Wir müssen in die Vergangenheit reisen. Dort angekommen gilt es dann, besagte verborgene Ursache aufzustöbern. Das ist meist ziemlich schwierig, weil sie ganz unterschiedliche Gestalt annehmen kann. Manchmal tarnt sie sich als verdrängte Schlüsselszene, ein andermal als verschüttetes Trauma und wieder ein andermal als unscheinbarer Konflikt. Sind wir aber erst einmal fündig geworden, wird unser Problem verständlich und lösbar, so die Annahme. Wir suchen also nach einer Art Ursache-Wirkung-Perlenschnur, die unser heutiges Kuddelmuddel mit seinem Ursprung verbindet. Sobald wir diese logische Kette hergestellt hätten, bekämen wir auch die Mittel an die Hand, unser Problem zu lösen. Ganz so, wie wir das in «Zurück in die Zukunft» beobachten können: George muss in seiner Jugend bloß dem richtigen Mann eins auf die Nase geben, schon ist er seine Schüchternheit für immer los. Biff ist gleichsam der verdrängte Schlüssel, die Antwort auf die Frage nach Georges mangelndem Selbstbewusstsein.

Weil wir Normalos leider keine Zeitmaschinen besitzen, müssen wir uns anders behelfen, um die eigene Vergangenheit bereisen zu können. Daher sprechen wir mit Freunden, schreiben Tagebücher, führen Selbstgespräche oder begeben uns in Therapie – immer angetrieben von dem Glauben, im Gestern die Lösungen fürs Heute zu finden.

So schlüssig dieses Vorgehen auch erscheinen mag – es ist nur dann zu empfehlen, wenn wir mit einem kaputten Auto in der Werkstatt stehen. Dann sollten wir dem Herrn im blauen Overall besagte Perlenschnur präsentieren können. Ihm also darüber Auskunft geben, wann das eigenartige Geräusch erstmals zu hören war, wer sich schon am Motor zu schaffen gemacht hat und wann wir das letzte Mal Öl nachgefüllt haben. Je mehr Informationen wir liefern, umso größer die Chance, bald wieder fahrbereit zu sein. Während wir dem skeptisch dreinblickenden Herrn (Mechaniker schauen immer skeptisch drein) die Geschichte unseres Autos schildern, nimmt das automobile Problem jene Gestalt an, die Schwierigkeiten dieser Art auszeichnet: Es verfestigt sich, lässt sich in seinem ganzen Ausmaß überblicken, herleiten, analysieren und klar beschreiben. Zudem können wir das Problem einkreisen, seinen Schwierigkeitsgrad abschätzen und verschiedene Methoden erwägen, es zu beseitigen.

Die Wissenschaft nennt Probleme dieser Art «kompliziert». Sie zeichnen sich durch die oben angeführten Eigen-

Wer sein defektes Auto reparieren lassen will, sollte dessen Problemgeschichte kennen

arten aus. Ein bisschen ähneln sie also kniffligen Denk-
sportaufgaben oder gigantischen Puzzles. Neben kaputten
Maschinen zählt man zu den komplizierten Problemen auch
vertrackte Go- und Schachpartien, die aufwendige Konstruktion von Raketen, die uns zum Mond fliegen, sowie die
mühselige Programmierung einer Software, die ein soziales Netzwerk mit zwei Milliarden Mitgliedern organisieren
kann. Manche dieser Aufgaben mögen nur durch den Einsatz gigantischer Ressourcen zu bewältigen sein – letztlich
sind sie es aber. Wir müssen uns nur möglichst intensiv
mit ihnen beschäftigen, sie in ihrer Entstehungsgeschichte
studieren, besonderes Fachwissen mitbringen, die passenden Werkzeuge ebenso einsetzen wie Zeit und Geduld.
Während wir an der Lösung arbeiten, können wir davon
ausgehen, dass unsere Werkzeuge ungefähr das bewirken,
was wir von ihnen erwarten. Irgendwann wird es dann so
weit sein: Wir können uns zufrieden zurücklehnen und aus-
rufen: «Geschafft!» Wer scheitert, ist bloß zu doof für das
Problem.

Wer in die eigene Vergangenheit reist, wird viel Spannen-
des entdecken – nur keine konkreten Ursachen für unsere
zwischenmenschlichen Probleme. Ein Grund: unser Gedächtnis. Wir Menschen sind nämlich vergesslich, unsere
Erinnerungen löchrig. Daher füllen wir sie mit passenden
Storys aus anderen Zusammenhängen auf oder mit jenen
fremder Menschen, manchmal sogar mit Erfundenem.
Nicht, weil wir perfide Lügner wären. Vielmehr tun wir das
aus Selbstschutz und weil wir uns eine ideale Biographie
zurechtbasteln wollen. Ein löchriges Gedächtnis lässt uns
an den eigenen geistigen Fähigkeiten zweifeln, ein schein-

bar funktionierendes hingegen signalisiert uns: Alles okay mit dir. «Konfabulation» wird diese angeborene Strategie unseres Gehirns genannt, Erinnerungslücken mit Fiktivem oder Geliehenem zu stopfen. Es gibt jede Menge Studien, die das eindrucksvoll zeigen und alle zum selben Ergebnis kommen: Unser Gedächtnis zeigt eine höchst individuelle Version unseres Lebens wie der Weltgeschichte. Das bedeutet also: Reisen wir in die Vergangenheit, finden wir Gründe, die wenig mit der Realität, aber viel mit unserer Fähigkeit zu tun haben, uns etwas plausibel zu machen. Man könnte auch sagen: Wir verwandeln unser Leben im Rückblick in ein Stück Literatur.

Ein anderer Grund für die Schwierigkeit, so etwas wie klar benennbare Ursachen zu entdecken, ist unsere Subjektivität. Mit welchen Phänomenen wir uns auch beschäftigen mögen, stets nehmen wir sie aus unserem persönlichen Blickwinkel wahr. So schauen wir auf unsere Jugend zurück und sind überzeugt, darin eine logische Abfolge von Ereignissen zu entdecken, die uns dorthin geführt hat, wo wir heute stehen – ohne zu realisieren, dass wir dieselben Fakten auch ganz anders lesen können. So finden wir immer wieder neue Belege dafür, eine schwere Kindheit erlebt zu haben – ohne wahrhaben zu wollen, dass wir positive Gegenbeweise einfach ignorieren, um unsere Überzeugung nicht zu gefährden. Und so sind wir davon überzeugt, nur dank unseres Fleißes zum tollen Job gekommen zu sein – ohne auf die Idee zu kommen, dass es auch bloßes Glück gewesen sein könnte. Die einschlägige Wissenschaft spricht von «kognitiven Verzerrungen», wenn sie die menschliche Eigenart beschreibt, sich die Dinge irgendwie zurechtzubiegen. Über den wahren Verlauf unserer Vergangenheit zu streiten ist daher wenig sinnvoll. Es kann kein objektives Bild von ihr geben. Jeder produziert sein eigenes.

Und selbst wenn Ereignisse sich wie Perlen auf der bereits zitierten Schnur aufzufädeln scheinen, eines nach dem anderen, logisch aufeinander folgend, bedeutet das – gar nichts. Und das aus zwei Gründen. Zum einen lässt sich einfach nicht bestimmen, welchem dieser Ereignisse die Rolle des *wirklichen* Auslösers zukommt. Ist das erste Zusammentreffen von George und Biff daran schuld, dass George sich bis heute nicht durchsetzen kann? Oder ist es die erste Rangelei zwischen den beiden, in der der sanfte George unterliegt? Oder vielmehr der finale Showdown vor dem Tanzsaal? Ganz anders verhält es sich mit dem kaputten Auto. Dessen Defekt materialisiert sich in einer einzigen fehlenden Schraube, die eine klar benennbare Kettenreaktion auslöst. Bei uns Menschen hingegen bleibt diese Frage unbeantwortbar. Es zeige sich immer wieder, schreibt die Psychologin Insa Sparrer, «dass selbst dann, wenn man die Wirkungskette kennt, die Festlegung einer Ursache willkürlich ist. Wittgenstein nennt daher das Denken in Ursachen und Wirkungen einen Aberglauben.»[10]

Zum anderen sind Zweifel an vermeintlich logischen Ereignisabfolgen angebracht, weil alles ganz anders sein kann, als wir zu wissen glauben. Ein berühmtes Gleichnis veranschaulicht das sehr schön; es geht auf den Philosophen Bertrand Russell zurück. Darin spielt ein Huhn die Hauptrolle, das auf einem Bauernhof lebt. Jeder seiner Tage läuft nach demselben Muster ab: Auftritt des Bauern, Futter, Abgang des Bauern. Nach einiger Zeit kommt das Huhn zur Überzeugung: Wenn Ereignisse mit solcher Regelmäßigkeit über einen längeren Zeitraum eintreten, dann wird das wohl so bleiben. Und tatsächlich: Ein ganzes Jahr lang steht es auf, geht zum Napf, findet ihn wohlgefüllt, frisst, stakst herum, schläft, um am nächsten Tag dieselbe Erfahrung zu machen. Bis es eines Morgens wieder auf den Bauern trifft. Doch anstatt dem Huhn ein weiteres Mal Futter hinzustreuen, packt er es diesmal an den Füßen und hackt ihm den Kopf ab. Da es sich um ein außergewöhnlich kluges Huhn handelt (kein Wunder, wurde es doch von einem Philosophen ersonnen), wird ihm kurz vor seinem Ende noch bewusst, dass es schrecklich danebengelegen hat. Da hatte es offensichtlich einen Sinnzusammenhang gegeben, der jenseits seiner Vorstellungskraft lag.

Wenn wir die eigene Geschichte nach sinnvollen Mustern durchsuchen und zu einem logischen Ganzen verdichten, so tun wir das nicht aus freien Stücken. Vielmehr folgen wir einer mächtigen Gewohnheit. Wo immer wir sein mögen, womit auch beschäftigt – unser Kopf kann gar nicht anders: Er stellt «zur Rekonstruktion der Außenwelt fortwährend Schlussfolgerungen und Vermutungen» an; sinnvolle und weniger sinnvolle, verständliche und weniger verständliche, immer aber höchst subjektive. Daher nennt der Neurowissenschaftler Eric Kandel unser Gehirn auch eine «Kreativitätsmaschine».[11]

Wir haben die Gewohnheit, die Welt zu entschlüsseln und mit Gefühlen aufzuladen

Diese bedingungslose Bereitschaft, Sinnvolles zu entdecken, bestimmt unsere Wahrnehmung ebenso wie unser Gedächtnis und unsere Identität. Wir hören ein wildes Gemisch aus Straßenlärm, Vogelgezwitscher, Musik und Stimmen, filtern es und entdecken darin ein Lautmuster, das nach unserem Vornamen klingt – und schon heben wir erfreut den Kopf. Wir blicken in das Gesicht eines anderen, nehmen dessen heruntergezogene Mundwinkel wahr, interpretieren sie als Trauer und suchen nach einer Bemerkung, die wir für witzig genug halten, um seine Mimik so zu verändern, dass sie für uns fröhlich aussieht. Wir betrachten ein weites sonnendurchflutetes Tal, eine Baumgruppe, einen grün schillernden See und nehmen die absolute Ereignislosigkeit dieses Stücks Landschaft als einen schlüssigen Beleg dafür, dass es da mehr geben muss als das bloße Vorsichhinwuchern der Natur. Wir erinnern uns an eine Reihe von Ereignissen, die wir erlebt zu haben glauben, als wir zwischen vierzehn und achtzehn Jahre alt waren, bringen sie in einen uns logisch erscheinenden Zusammenhang und basteln daraus etwas, das man eine «Jugend auf dem Lande» nennen könnte. Und wir kommen bei einer entspannten Fahrt übers Land von der Straße ab, stürzen in einen See, können uns in letzter Minute aus dem versinkenden Auto retten und frieren dieses Erlebnis ein zu einer uns prägenden Erfahrung.

In all diesen Situationen spielen unsere Gefühle eine wichtige Rolle. Sie ermöglichen es uns, das Wahrgenommene zu bewerten. So fühlen wir uns angesichts der friedlich daliegenden Seenlandschaft ruhig und behütet, während wir in jenem Moment, da wir mit dem Auto im Wasser versinken, von mächtigen Wellen der Angst überflutet werden. Im Laufe unseres Lebens häufen wir viele solcher Erfahrungen und Erinnerungen an, die alle mit mehr oder weniger starken Emotionen verknüpft sind. Erleben wir eine neue Situation, durchsuchen wir unser Gedächtnis nach Vergleichbarem. Finden wir etwas, erfassen uns die bekannten Gefühle, und dementsprechend verhalten wir uns – auch wenn die aktuelle Szene nichts mit der gespeicherten gemeinsam haben mag. Situationen, die uns an den Autounfall erinnern, werden wir hingegen zu vermeiden versuchen, ebenso wie wir jene Momente festhalten wollen, die das Bild der Seeidylle wachrufen.

Kurz gesagt: An welchen Punkt unserer Vergangenheit wir auch reisen mögen, welche Erinnerungen wir hervorkramen, welche Erfahrung wir reaktivieren – wir treffen immer wieder auf uns! Auf unsere subjektive Weltsicht, auf unsere persönlichen Irrtümer und Phantasien, auf unsere selbst gebastelten Erkenntnisse und Dummheiten, auf unsere alles färbenden Gefühle. Das hat natürlich seinen Sinn. Nach dem Neuropsychologen Gerald Burgess von der University of Leicester ist unser Gedächtnis «eine bindende Kraft, die aus den vielen Fragmenten und Splittern des Alltags eine Biographie zusammenbaut. Erinnerungen sind damit der Stoff, der die Persönlichkeit formt, prägt und letztlich das ganze Leben über zusammenhält.»[12]

Von eindeutigen Kausalzusammenhängen ist also weit und breit nichts zu sehen. Was tun? Am besten, ich halte mich an jene Empfehlung, mit der ich den vorhergehenden Abschnitt eingeleitet habe, und stelle möglichst einfache Fragen: *Wann* schlagen wir uns eigentlich mit unseren Schwierigkeiten herum? *Wann* bemühen wir uns darum, selbstsicherer zu werden? *Wann* kämpfen wir um die Zuneigung anderer? Die triviale, aber weitreichende Antwort: jetzt, genau jetzt, in diesem Moment, während Sie diese Zeilen lesen. Die Bühne unserer wiederkehrenden Probleme ist ganz offensichtlich die Gegenwart. Es hilft also alles nichts: Wir müssen dorthin zurückkehren. Und sehen, was wir finden. Es mag zwar nicht ganz so spektakulär erscheinen wie schillernde Kindheitserinnerungen und dramatische Familiengeheimnisse, es erhöht aber die Chancen, einfache Lösungen für aktuelle Probleme zu finden.

SIE MACHEN ES SICH ABER EINFACH!

Selbstverständlich. Wir haben gar keine andere Wahl. Um in einer komplexen Welt nicht unterzugehen, müssen wir unser Talent zur virtuosen Ignoranz ausspielen. Eine Würdigung.

Hier wären wir also wieder. Zurück in der Gegenwart. Und, was entdecken wir? Erst mal ein ziemliches Durcheinander, selbst in unserer allernächsten Umgebung. Bevor wir versuchen, es zu verstehen, sollten wir es ein wenig genauer beobachten. Was würde sich dazu besser eignen als eine harmlose Alltagssituation? Sehen wir also einem Ehepaar, seinen beiden Kindern und zwei Freunden zu, wie sie sich beim Italiener um die Ecke treffen. Ein Dramolett in zwei Akten – mit ein paar erläuternden Worten.

ERSTER AKT: WER WILL HIER EIGENTLICH WAS? Um herauszufinden, ob Sie da eben eine gute Idee hatten, fragen Sie erst mal Ihren Partner, was er davon hält, gemeinsam mit Ihren Freunden spontan essen zu gehen. Sie glauben sich daran zu erinnern, dass er in vergleichbaren Fällen stets freudig zugestimmt hat, heute aber nickt er nur und zieht eine Grimasse, die Ihnen unwillig erscheint; auf Nachfrage kommt jedoch die vertraute Versicherung: «Klar, gerne gehe ich zum Italiener, du weißt ja!» Hm. Kind 1 liegt auf dem Sofa, starrt auf sein Handy und lässt Ihre Einladung über sich ergehen, ohne zu reagieren; oder hört es aufmerksam zu und signalisiert es Ihnen bloß nicht? Auf Nachfrage murmelt das Kind etwas, das Sie als «komme mit» verstehen oder verstehen wollen. Hm. Kind 2 wiederum sagt, dass es sehr müde sei und lieber einen Klassenkameraden besuchen würde – eine Aussage, die Ihnen unlogisch erscheint, es sei denn, das Kind trifft sich mit dem anderen, um sich auszuruhen. Eine definitive Antwort bleibt aus. Schweigen (vielsagendes? Ablehnendes?). Hm. Als Sie schließlich die Festnetznummer Ihrer Freunde wählen, meldet sich jener, den Sie weniger gut kennen: Er wirkt stets freundlich auf Sie, hilfsbereit, zugewandt, letztlich aber unverbindlich (desinteressiert an Ihnen? An allen? Ein diskreter Mensch?). Und, was sagt er, ohne seinen Partner zu fragen? «Wir freuen uns – bis gleich!» Da stehen Sie nun und wissen nicht, ob Sie Ihre Idee immer noch gut finden sollen, aber weil die Sache nun schon mal läuft, machen Sie weiter. Hm.

Kurzanalyse: Unser Alltag besteht darin, uns auf die Worte, die Mimik und das Verhalten unserer Mitmenschen einen Reim zu machen. Wir stellen uns vor, was sich da im Inneren der anderen abspielt, was sie wollen, welcher Zwiespalt sie gerade beschäftigt, welche Gewichtsprobleme, ob wir sie richtig verstanden haben oder nur andeutungsweise. Wenn wir ehrlich gegen uns selber sind, müssen wir uns eingestehen, letztlich keine Ahnung davon zu haben, ob unsere Vermutungen stimmen oder nicht. Wir sind und bleiben gefangen in unserer subjektiven Sicht der Dinge. Mit dieser Entschlüsselungs- und Interpretationsaufgabe sind wir nicht nur bei spontanen Abendessen beschäftigt, sondern auch im Job, beim Sex, im Schwimmbad und im Rest unseres Lebens. Viele Ratlosigkeiten, einige Irrtümer, jede Menge Vermutungen, Probleme jederzeit möglich.

ZWEITER AKT: WAS GESCHIEHT HIER EIGENTLICH? UND WAS TUN? Welche Überraschung, Kind 2 ist mitgekommen und sitzt mit den anderen beim Italiener! Es scheint über die eigene Spontaneität wenig begeistert, denn es sitzt, in Ihren Augen muffig dreinblickend, neben Ihnen. Kind 1 starrt auf sein Handy. Handlungsbedarf! Sie sollten das eine Kind aufmuntern, das andere Kind muss das Ding weglegen! Leider haben Sie es versäumt, die Ankommenden an bestimmte Plätze zu dirigieren; so sitzt Ihr Partner gemeinsam mit den beiden Freunden an einem Ende des Tisches, Sie am anderen, die Kinder dazwischen (Zufall? Planung?). Sie beugen sich zu Ihrem Kind, flüstern ihm freundlich Gemeintes zu, es dreht sich weg; Sie heben die Stimme, um dem anderen Kind das Handy zu verbieten, es dreht sich ebenfalls weg. Die beiden machen einfach weiter. Die Freunde und Ihr Partner trinken das erste Glas Wein, lachen, Sie verstehen kaum, was sie sprechen (Hauskauf? Schulangelegenheiten? Tratsch?), ziemlicher Betrieb hier.

Nun wendet sich der eine Freund Ihrem handybewehrten Kind zu, lässt sich etwas zeigen, die beiden starren darauf, dann lachen sie, mehrfach. Zwei Kinder vom Nebentisch, ungefähr so alt wie Ihre, bleiben auf dem Weg nach draußen an Ihrem Tisch stehen, schauen ebenfalls aufs Handy, kommentieren, lachen nicht. In dem Moment ruft Ihr Partner dem vor sich hin starrenden Kind etwas zu, das steht auf, nimmt seinen Stuhl und setzt sich zu ihm. Jetzt sind Sie alleine am Tischende – Sie, obwohl Sie diesen Abend organisiert haben. Sie rufen Ihrem Partner und Ihrem Kind zu, ob sie sich nicht ein wenig näher setzen wollen, die beiden winken Ihnen zu, was viel bedeuten kann («Rede du nur!» oder «Komm rüber!» oder «Du bist nicht zu verstehen, ziemlich laut hier!»). Sie sind hin und her gerissen (Näherrücken? Rübergehen? Mit einem der Freunde sprechen? Mit beiden? Dem Kind das Handy abnehmen? Die beiden Kinder vom Nebentisch einladen, sich dazuzusetzen, damit die eigenen Gesellschaft haben?). Vorhang.

Kurzanalyse: Nicht nur, dass wir über das Befinden, die Aussagen und die Handlungen unserer Lieben nur mutmaßen können – nun sitzen diese auch noch gemeinsam beim Italiener, treten in Kontakt und knüpfen ein verwirrendes Geflecht aus Mimik, Gestik und Verhalten, das deren subjektiver Weltsicht folgt: Ihr Partner reagiert auf das muffige Gesicht des Kindes, Sie auf das Winken Ihres Partners, die Freunde auf Sie, den Abseitssitzenden, das Kind auf die SMS, die es bekommt, und so weiter und so fort. Wenn Sie nun noch bedenken, dass jeder an diesem Tisch ein selbständig agierendes Individuum und prinzipiell unberechenbar ist – dann, ja, dann bekommen Sie langsam eine Ahnung davon, wie unser Zusammenleben beschaffen ist. Und wie unsere Probleme.

Wir können in dieser Welt nur zurechtkommen, indem wir unser Talent zur Ignoranz pflegen

Unsere Gegenwart ist also ein ziemliches Kuddelmuddel. Ein meist liebenswertes, unüberblickbares und nur ansatzweise zu verstehendes Kuddelmuddel. «Das mag ja alles sein», höre ich Sie nun einwenden, «aber Ihre Beispielfamilie war ja ganz offensichtlich in der Lage, Nudeln zu bestellen und zu essen. Die Bundesregierung beschließt erfolgreich Gesetze. Und ich schaffe es ebenfalls, meine Beziehung zu managen, wenn das auch deutlich besser laufen könnte.» Damit haben Sie zweifellos recht, liebe Leserin, lieber Leser! Dass unsere Welt ziemlich verwirrend erscheint, bedeutet nicht, dass wir handlungsunfähig wären. Es ist zwar nie ganz sicher, ob wir unser Gegenüber verstehen und was bei unseren Bemühungen herauskommt, aber irgendwie kommen wir doch voran, und irgendwann gewinnen wir eine Art Überblick, wenn auch einen beschränkten. Voraussetzung dafür ist eines unserer mächtigsten Talente: jenes zur Ignoranz. Etwas freundlicher formuliert: zur Vereinfachung.

Es gibt keinen Moment in unserem Leben, in dem wir nicht dazu genötigt wären, das allermeiste in unserer Umgebung zu ignorieren. Deshalb sind wir auch so geübt darin und beherrschen diese Disziplin, ohne uns der eigenen Virtuosität bewusst zu sein. Wir verlassen das Haus, eilen den Gehweg entlang, biegen nach links ab und sitzen wenige Minuten später in der U-Bahn, während wir die ganze Zeit daran gedacht haben, wem wir gleich eine E-Mail schreiben müssen und was drinstehen soll. Geschafft haben wir das nur, weil wir unserer Routine gefolgt sind und daher neunundneunzig Prozent der Umwelt ignorieren konnten. Oder denken Sie nur an die Szene beim Italiener: Nichts von diesem angedeuteten Geflecht an Beziehungen und Rückkopplungen wird den Beteiligten in der Regel bewusst (was aber nicht heißt, dass es sie nicht dennoch beeinflusst). Stattdessen gehen sie einfach darüber hinweg und konzentrieren sich auf das Wesentliche: das Sprechen und Trinken. Die Wissenschaft nennt diese – seltsamerweise nicht olympische – Disziplin «Komplexitätsreduktion».

Wären wir dazu nicht in der Lage, würden uns der Weg zur U-Bahn oder Verabredungen wie die im Restaurant in den Wahnsinn treiben: Jede Geste unseres Tischnachbarn, jede Andeutung, jede Handlungsmöglichkeit wahrnehmen, einordnen und bewerten zu müssen, um anschließend einen umfangreichen Entscheidungsprozess anzustoßen? Ständig abwägen, wohin wir unseren nächsten Schritt setzen sollen? Was die uns entgegenkommenden Unbekannten planen könnten? Was die Aufschriften an den Häusern uns sagen wollen? Die Nummernschilder der abgestellten Autos? Nicht zu bewältigen. Weg damit. Volle Konzentration aufs Wesentliche.

Es gibt einige Strategien, auf die wir zurückgreifen, um die überschießend bunte Welt in den Griff zu bekommen. Auf eine davon möchte ich kurz eingehen. Obwohl sie von existenzieller Wichtigkeit für uns ist, kommt sie uns in diesem Zusammenhang überhaupt nicht in den Sinn. Die Rede ist vom Vertrauen. Wer wissen will, wie sehr wir davon abhängig sind, muss sich nur an einem einfachen Kinderspiel versuchen. Dabei geht es darum, ein beliebiges Wort so lange zu wiederholen, bis es uns immer eigenartiger erscheint. Sprechen Sie mir also langsam nach: «Ba-na-ne, Ba-na-ne, Ba-na-ne, Ba-na-ne, Ba-na-ne, Ba-na-ne, Ba-na-ne…» Spätestens nach dem siebten Mal verliert das Wort seine Selbstverständlichkeit. Es beginnt fremd zu klingen, und wir fragen uns, was das eigentlich sein soll, diese «Ba-na-ne», und wer auf die Idee mit dem komischen Namen gekommen ist. Ein Effekt, der auch dann eintritt, wenn Sie ein Wort immer wieder aufschreiben und es sich dabei ganz genau ansehen.

Seltsam, nicht? Und im Alltag wenig hilfreich, denn wir können mit unseren Mitmenschen nur dann schnell und sinnvoll kommunizieren, wenn wir der Bedeutung der Wörter vertrauen. Und wir kommen nur dann einigermaßen stressfrei durch den Alltag, wenn unsere Vorstellungen von

Vertrauen macht nicht nur bessere Gefühle, sondern vereinfacht unser Leben

den Mustern der Welt stabil bleiben und die Verabredungen mit den anderen ebenfalls. Stellen Sie sich nur einen Moment lang vor, es wäre wie mit der «Ba-na-ne». Dass durch irgendeine rätselhafte Katastrophe plötzlich sämtliche vertrauten Regeln unseres Zusammenlebens ungültig wären oder vertauscht: dass «Banane» ab sofort «Jacke» bedeutet; dass man sich von anderen einfach nehmen kann, was man will; dass rote Ampeln ein Zeichen dafür sind, loszufahren; dass die Stadtwerke über die Wasserleitungen verteilen können, was sie wollen; und dass der Arzt statt des Blinddarms auch irgendetwas anderes herausschneiden kann, wenn wir in Vollnarkose vor ihm liegen und er eine lustige oder gewinnbringende Idee hat.

Um in einer derart unberechenbar gewordenen Welt irgendwie über die Runden zu kommen, müssten wir ganz von vorne beginnen und mit den anderen jeden Tag von neuem aushandeln, was geht und was nicht. Die Folge dieses Verlusts aller Verabredungen: Die von uns mühsam geschaffene und verteidigte Überschaubarkeit der Welt wäre hinweggefegt, ihre Komplexität ins Größtmögliche gesteigert. Es würde sich Chaos verbreiten und unser Alltag geriete zur Hölle. Klingt dramatisch, ich weiß, aber genau das würde geschehen.

Nur gut, dass wir Menschen eine Fähigkeit entwickelt haben, die der Soziologe Niklas Luhmann in einem einzigen Wort zusammenfasste. Es lautet: «Vertrauen». Er meint damit unsere Bereitschaft, erst mal davon auszugehen, dass sich alle an Konventionen, Regeln und Gesetze halten, uns eingeschlossen. Dass wir mit «Banane» immer die krummen, gelben, essbaren Früchte meinen; dass wir eine freundlich wirkende Geste als Einladung interpretieren dürfen; dass der Arzt nichts anderes tut, als uns das Leben zu retten; dass uns der Italiener ums Eck nicht nur keine vergiftete, sondern wohlschmeckende Pasta serviert; und dass wir bedenkenlos durch die nächstgelegene Fußgängerzone spazieren können, ohne damit rechnen zu müssen, von einem anderen vorsätzlich überfahren zu werden. Nur durch diese stillschweigende Übereinkunft bleibt unsere komplexe Welt ansatzweise überschaubar, und wir bekommen die Chance, einigermaßen verlässliche Annahmen zu treffen, was die anderen tun werden und was nicht. Es bleibt dennoch kompliziert genug.

Wer hautnah erleben will, wie sehr wir darauf vertrauen, im Alltag richtig verstanden zu werden, muss nur in einen anderen Kulturkreis verreisen. Wie das der Onkel einer Freundin getan hat. Er kommt aus dem Iran, und dort äußert man Wünsche sehr ähnlich wie in Österreich. In beiden Ländern gilt es als unhöflich, bereits auf die erste Frage, ob man etwas essen oder trinken wolle, mit einem klaren «Ja» zu antworten. Vielmehr inszenieren Iraner wie Österreicher (und sicher viele andere Kulturen ebenso) ein Dramolett, das mit der Frage «Willst du etwas essen?» beginnt und mit einem freundlich-unbestimmten «Vielleicht» weitergeht.

Wer mit dieser Art der Kommunikation vertraut ist, erkennt darin sofort die unmissverständliche Botschaft: «Hunger und Durst!» Also geht das Fragen und Antworten noch ein bis zwei Mal hin und her, bis der Gast irgendwann sagt: «Sehr gerne!» Dann wird aufgetragen, was vorbereitet wurde. In Norddeutschland hingegen, dem Reiseziel des Onkels, gilt Nachhaken als zudringlich. Wer also nach der ersten ablehnenden Antwort fragt, ob der andere nicht *doch* etwas essen wolle, kann zu hören bekommen: «Ich habe doch gesagt: Nein, danke!» Es kam also, wie es kommen musste: Der persische Onkel erreicht den Norden und wird von seinen deutschen Gastgebern freundlich empfangen. Eine der ersten Fragen zielt auf das leibliche Wohl des Ermatteten; immerhin ist er fast zwei Tage lang unterwegs gewesen, muss also hungrig sein. Doch gelernt ist eben gelernt, weshalb Onkelchen auf die erste Frage leise und freundlich «Nein, danke» erwidert, obwohl er sich schon seit Stunden auf etwas zu essen und zu trinken freut. Worauf sich die Gastfamilie etwas verwundert anderem zuwendet. Und der Gast mit knurrendem Magen ins freundlich gemachte Bett geht.

Letztlich können wir den ganzen Prozess der Komplexitätsreduktion in einem simplen Satz zusammenfassen: Sie ist die einfache Lösung für ein sehr komplexes Problem. Damit bekommt die Kritik an den einfachen Lösungen erste Schrammen. Denn wenn wir prinzipiell keine andere Chance haben, als zu vereinfachen, dann stellt sich die Frage nicht, ob es legitim ist oder nicht; genauso wenig wie sich die Frage stellt, ob wir atmen sollen oder besser nicht. Beides geschieht ganz selbstverständlich und ist Voraussetzung dafür, dass wir am Leben bleiben. Und sollten wir tatsächlich eines Tages mit einem von beidem aufhören, werden wir in den alltäglichsten Momenten scheitern. Oder Schlimmeres.

Es sind daher andere Fragen, mit denen wir uns beschäftigen sollten. Sie lauten: Gibt es erkennbare Muster, nach denen unser Zusammenleben funktioniert? Wie ist das mit den einfachen Lösungen? In welchen konkreten Situationen können sie uns das Leben leichter machen? Und wie finden wir jene, die am besten zu uns passen? Mit dieser Verschiebung der Perspektive sieht die Sache schon deutlich anders aus.

ALLES HÄNGT MIT ALLEM ZUSAMMEN

*Das Leben mag uns verwirren, aber da sind ein paar grund-
sätzliche Dinge, die wir erkennen können: dass wir unsere
Probleme selbst erschaffen, dass wir immer Teil der Lösung sind
und Ausreden daher ab sofort nicht mehr akzeptiert werden.*

Wer seine Beziehung retten will, benötigt dafür nur ein
Blatt Papier, einen Bleistift und ein paar Minuten Zeit.
Das sagt der Psychologe Gregory M. Walton, der mit seinen Kolleginnen eine Reihe von Studien durchgeführt hat,
in denen er zeigt, wie man schwierige Probleme mit einfachen Mitteln löst – er nennt sie «weise Interventionen».[13]
Sie brauchen nicht viel Zeit, entfalten aber große Kraft, und
das über Jahre hinweg. In einer seiner Studien geht es um
Beziehungsprobleme.[14] Anstatt die Paare in langwierige
Beratungen zu verstricken, sollten sie Notizen über ihre no-
torischen Konflikte machen, etwa worüber sie sich in den
vergangenen Monaten am heftigsten gestritten haben. An
den Gefühlen der Beteiligten jedoch sind Walton & Co. nicht
interessiert – vielmehr gilt es, in möglichst sachlichem Ton-
fall zu berichten, wer sich wie verhalten habe und wie man
das einschätze. Ende der Übung.

Ein Jahr lang wiederholt sich die Prozedur alle vier Monate. Als das zweite Jahr anbricht, ändern die Wissenschaftler das Ritual, aber nur minimal: Die eine Hälfte der Ehe-
paare, zufällig ausgesucht, soll wie gewohnt Auskunft
geben – der anderen wird eine weitere Übung aufgetragen,

die darin besteht, an die Auseinandersetzungen mit dem Partner «aus der Perspektive einer neutralen dritten Person» zurückzudenken; diesen Dritten möge man sich als jemanden vorstellen, «der das Beste für alle Beteiligten will».[15]Anschließend solle man überlegen, welchen positiven Effekt diese Person in dem Streit entdeckt haben könnte. Ende der Zusatzübung. Ende der Studie.

Die Ergebnisse? Eindeutig. Während des ersten Jahres berichten alle Paare von mieser werdenden Verhältnissen. Das Blatt wendet sich im zweiten Jahr, und zwar bei den Paaren mit der Zusatzaufgabe. Während es bei den unveränderten Streitenden und davon Berichtenden weiter bergab geht, senden die anderen positive Signale aus: Leidenschaft – gut! Vertrauen – besser! Sie verstrickten sich zwar ebenso oft in Konflikte wie früher, erlebten diese aber als weniger stressig und fanden, dass sie zu irgendetwas gut seien; ein Eindruck, der nicht auf die Zeit der Studien beschränkt bleibt, wie Mr. Walton später berichtete.[16]

Um unsere Probleme am Leben zu erhalten, müssen wir uns ziemlich anstrengen

Wie kann das sein? Wie kann ein simples Ritual eine Ehe retten? Und wie kann die vorhin zitierte Empfehlung, «etwas anderes» zu machen, Telefonangst beseitigen? Um das zu verstehen und dem Geheimnis einfacher Lösungen auf die Spur zu kommen, müssen wir von zweierlei Gebrauch machen: unserem Talent zur Vereinfachung und der Fähigkeit, sinnvolle Muster zu entdecken. Es lässt uns erkennen, was passiert, wenn wir eine Beziehung eingehen oder mit anderen zusammenarbeiten.

Unsere Beziehungen sind bekanntlich keine Solokonzerte; vielmehr braucht es beide Partner, damit sie bestehen bleiben. Tut oder sagt der eine etwas, reagiert der andere darauf; es folgt eine weitere Antwort, die wiederum den anderen animiert, sich auf eine bestimmte Weise zu verhalten. Dieses Hin und Her bindet uns aneinander und muss gepflegt werden.

Grundsätzlich unterscheiden sich Menschen, die eine Beziehung eingehen. Sie haben individuelle Erinnerungen, machen subjektive Erfahrungen und entwickeln ihre eigene Weltsicht. So kommt es, dass sie in vielen Fällen unterschiedlich agieren. Der eine zeigt dem anderen etwa seine Liebe, indem er ihn häufig umarmt oder ständig liebevolle Dinge sagt; angetrieben von der Überzeugung, große Zuneigung brauche starke Signale. Der andere reagiert darauf zurückhaltend und belässt es bei einem zaghaften Lächeln; nach seiner Vorstellung bedarf wahre Liebe keiner besonderen Beweise, ja, sie zeichnet sich sogar dadurch aus, dass sie nur empfunden, nicht aber bewiesen wird.

Das kann nur bedeuten: Wir Menschen *haben* keine Probleme. Also *haben* im Sinne von *besitzen* – so, wie wir kaputte Geschirrspülmaschinen besitzen, die es endlich zu reparieren gilt. Vielmehr *erschaffen* wir unsere Probleme – in diesem Fall durch unterschiedliche Vorstellungen von Nähe und Distanz. Zwischenmenschliche Konflikte sind also Sonderanfertigungen, die es so nur in konkreten Kontexten und zwischen bestimmten Menschen geben kann. Und die nur so lange existieren, wie die daran beteiligten Partner sie pflegen. Sobald einer damit aufhört, dem anderen den Rücken zuwendet, ist das Problem verschwunden. Was man von kaputten Geschirrspülern und Autos nicht behaupten kann.

Zwischenmenschliche Probleme können aufgrund jedes beliebigen Themas entstehen: wenn es um das korrekte Maß an Ordnung in der Wohnung geht, den richtigen Zeitpunkt fürs Kinderkriegen, die Farbe des neuen Sofas, das Tragen von weißen Socken. Vollkommen egal. Sobald die beiden Partner auf ihren Meinungen beharren, schaffen sie ein Problem. Am Leben erhalten wird es aber nicht durch die Brisanz des konkreten Falls; der ließe sich – nach langen Debatten – irgendwann klären oder unerledigt beiseitelegen. Wenn Probleme bestehen bleiben, dann deshalb, weil die beiden Partner einfach so weitermachen, wie sie es für richtig halten: der eine also den anderen hartnäckig mit den Beweisen seiner Liebe bombardiert, um endlich selbst welche geliefert zu bekommen. Und der andere sich immer weiter zurückzieht, um dem einen zu zeigen, dass es auch deutlich dezenter geht.

Man braucht nicht viel Phantasie, um sich vorzustellen, wie auf diese Weise ein jahrelanges Problempingpong entsteht. Ein Phänomen, das Paul Watzlawick als «Spiel ohne Ende» bezeichnet hat; der Kommunikationswissenschaftler führte es anhand einer unternehmungslustigen Frau und ihres trägen Mannes vor.[17] Je aktiver sie wird, umso mehr lehnt er sich zurück. Und je unbeweglicher er daliegt, umso aktiver wird sie. Ohne dass sich jemals sagen ließe, wer recht hat und wer nicht. Durch solch wechselseitige Beharrlichkeit jedoch können Probleme chronisch werden.[18] Was dazu führt, dass wir jahrelang miteinander ringen, ohne in der strittigen Sache auch nur einen Millimeter voranzukommen. Ein Phänomen, das vielen nicht nur aus ihrem Privatleben bekannt vorkommen dürfte, sondern auch aus der Politik oder dem Beruf. Probleme sind also das Ergebnis gemeinsamer Anstrengungen; sie aufrechtzuerhalten macht Mühe und erfordert die Mitwirkung aller Beteiligten. Das ist auch der Grund, warum schwierige Beziehungen und sture Arbeitskollegen so anstrengend sind.

Der Psychiater und Psychoanalytiker Fritz B. Simon hat versucht, jenen Basiskonflikt zu finden, der solchen Problemen zugrunde liegt. Seine These: «Entweder ist etwas da, was nicht da sein sollte, oder es ist etwas nicht da, was da sein sollte. Wenn dieses Zuviel oder Zuwenig als wichtig und störend bewertet wird, dann hat es gute Chancen als ‹Problem› bezeichnet zu werden.»[19] Sie erscheint sehr hilfreich, diese These. Und das nicht nur, weil sie sich ganz wunderbar auf das obige Beispiel von den Liebesbeweisen anwenden lässt. Vielmehr wird wer seine hartnäckigen Probleme genauer in den Blick nimmt, immer wieder dasselbe entdecken: ein Zuviel oder ein Zuwenig. Wovon auch immer.

Nun gibt es eine Menge Leute, die dem Paar mit seinem Nähe-Distanz-Problem empfehlen würden, sich mit seiner Vergangenheit zu beschäftigen, dann ließe sich schon eine Lösung finden. Ich will kurz ausprobieren, ob das ein kluger Ratschlag ist. Also. Was können wir im Gestern entdecken? Jede Menge Erklärungen dafür, warum sich der eine so und der andere so verhält: wegen einer distanzierten Mutter, eines klammernden Vaters, eifersüchtiger Geschwister, wegen autoritärer Großeltern oder unberechenbarer Onkel und Tanten. *You name it.* Die Leidensgeschichte des anderen zu kennen lässt uns ihn besser verstehen, das ja. Aber wirklich hilfreich ist das nicht – es sei denn, wir sehen die Lösung in einer Art Problemwettlauf zwischen den streitenden Partnern. Dessen Regel: Wer die härtere Kindheit hatte, darf die Beziehungsregeln bestimmen. Das ist keine gute Idee, denn Lösungen sind nur dann von Dauer, wenn sie von allen Beteiligten mitgestaltet werden.

Ein zweiter Lösungsansatz lautet: Wenn es uns doch nur gelänge, den anderen von unserer (zweifellos vernünftigeren) Sicht der Dinge zu überzeugen! Dann müsste er seinen Widerstand gegen unsere Lebenseinstellung aufgeben und die seine ändern. Doch auch das wird wahrscheinlich nicht klappen. Es gibt einfach keine festgelegten Regeln, an denen sich objektiv messen ließe, wann ein Mangel oder ein Überschuss an Liebesbeweisen vorliegt. Wir werden zwar aufgrund eigener Vorlieben eine der beiden Haltungen sympathischer finden – grundsätzlich aber gilt: Jeder hat für sich genommen recht. Wir sollten uns also von dem tief verwurzelten Mythos verabschieden, zwischenmenschliche Probleme wären nur zu lösen, indem wir uns genauer mit ihrer Vorgeschichte beschäftigen.[20]

Wir können uns tatsächlich am eigenen Schopf aus dem Problemsumpf ziehen

Unsere Probleme sind also Gemeinschaftswerke. Und wir werden keine klar erkennbaren Fehlerquellen entdecken können, die sich ersetzen ließen wie ein defekter Generator oder ein durchgebranntes Relais. Vielmehr müssen wir uns mit einer einfachen, aber folgenschweren Erkenntnis anfreunden: Wenn es in unseren Beziehungen hakt, dann sind wir daran beteiligt. Immer. Ausnahmslos.

Diese These klingt ziemlich unbequem. Und ist es auch. Wer sie akzeptiert, verzichtet auf eine naheliegende, weit verbreitete Gewohnheit: erst einmal den anderen in der Pflicht zu sehen. Und zu behaupten, alles werde gut, wenn der bloß einsehe, wie falsch er liegt. Damit ist es ab sofort vorbei! Wir hängen immer mit drin, wie groß, fremd und vertrackt uns ein Problem auch erscheinen mag. Das hat aber auch etwas Gutes, sehr Gutes. Denn so sind wir auch Teil der Lösung. Im Idealfall[21] begegnen sich zwei selbstbestimmte Individuen, die eigene Entscheidungen treffen können und damit jederzeit in der Lage sind, Probleme zu verändern, wenn nicht gar zu lösen. Die gute Botschaft lautet also: Wir sind nicht dazu verdammt zu warten, bis andere für uns tätig werden. Vielmehr haben wir es selbst in der Hand, etwas zu verändern. So schwer das auch zu akzeptieren sein mag: «Die Verantwortung für Veränderung bleibt bei *jedem* einzelnen», denn «paradoxerweise besteht die einzige Möglichkeit, in den Genuß einer anderen, besseren und möglicherweise bekömmlicheren Umwelt zu gelangen, darin, sie sich zu schaffen».[22]

Es gibt verschiedene Beispiele, die zeigen, dass es sogar in extremen Situationen möglich ist, handlungsfähig zu bleiben. In winzigen Details, das ja, aber eben handlungsfähig. Die Lebensgeschichte Nelson Mandelas etwa belegt, dass wir immer eine Chance haben, uns als handelnde Subjekte zu beweisen.[23] Siebenundzwanzig Jahre war der südafrikanische Bürgerrechtler in Haft, achtzehn davon auf der Gefängnisinsel Robben Island. Die dortigen Lebensbedingungen hätten jedem von uns innerhalb kürzester Zeit das Genick gebrochen: Mandela musste in einer feuchten Einzelzelle leben, in der ununterbrochen das Licht brannte, drei Schritte lang, mit einem Eimer als Toilette. Er besaß keine Uhr, hatte keinen Kontakt zur Außenwelt und durfte nur alle sechs Monate jeweils einen Brief schreiben und einen empfangen, oft bis zur Unkenntlichkeit zensiert. «Verstöße» wie ein offener Knopf wurden mit dem Entzug des ohnehin kargen Essens bestraft. Was Mandela diese lange Zeit nicht nur überstehen, sondern bewältigen ließ, war seine Strategie, um winzigste Kleinigkeiten zu kämpfen. Um das Recht, eine Sonnenbrille zu tragen, ein einziges Buch zu lesen, eine lange Hose zu bekommen. Dabei erlebte er sich als jemand, der etwas bewirken konnte, der die Verantwortung für das eigene Leben nicht an andere delegierte, obwohl das in seiner Lage mehr als verständlich gewesen wäre. Diese Erfahrung sollten wir uns zu Herzen nehmen.

Wir sind nicht darauf angewiesen, dass andere uns retten (wenn deren Hilfe auch höchst willkommen sein mag). Wir können das im Rahmen unserer Möglichkeiten selbst erledigen. Wie? Dafür gibt es eine Menge Strategien; wir werden in den nächsten Kapiteln von ihnen hören. Wie auch immer sie konkret aussehen mögen, eines lässt sich bereits an dieser Stelle sagen: Der Aufwand spielt keine Rolle. Nicht die geringste. Ganz im Gegensatz zu den Behauptungen der hartnäckigen Kritiker einfacher Lösungen: Size doesn't matter! Und das aus einem naheliegenden Grund. Wenn zwei Menschen gemeinsam Probleme entwickeln, tun sie das aufgrund bestimmter Regeln. Der eine tut etwas Bestimmtes, worauf der andere auf eine ebenso bestimmte Weise reagiert, und immer so fort. Um Probleme über längere Zeit am Leben erhalten zu können, müssen die daran Beteiligten sich an diese Regeln halten. Was im Umkehrschluss nur bedeuten kann: Stellt einer der Beteiligten seine Mitwirkung ein, ist es mit dem ganzen Spuk schlagartig vorbei.

Daher genügt es in vielen Fällen bereits, an unserem gewohnten Hin und Her irgendeine Kleinigkeit zu ändern. Und schon kommt die vertraute Problemproduktion aus dem Takt – so wie bereits ein Sandkorn die Mechanik eines Uhrwerks stört. Wer zum Beispiel eine Stunde früher im

Büro auftaucht, kann dadurch jene Zeit finden, die ihm das Telefonieren möglich macht. Weigern wir uns nur eine Minute lang, bei innerfamiliären Konflikten die angestammte Rolle des gutmütigen Schlichters wahrzunehmen, und tun erst mal nichts, kommt die ganze Routine durcheinander, und jemand anderes wird etwas machen müssen, was wiederum zu Neuem führen kann. Und legen wir uns eine gefüllte Wasserpistole bereit, um das aggressive Kind nass zu spritzen, geraten wir derart aus dem Konzept, dass wir erst lachen und dann umdenken können. Stets getragen von jener Hoffnung, die auch Nelson Mandela beflügelte: dass nämlich auch «kleine Schritte größere Veränderungen mit sich bringen können».[24]

Es geht also nicht darum, konkrete Themen «auszudiskutieren», bis eine Sache geklärt ist (das auch, aber die Wahrscheinlichkeit, damit voranzukommen, ist eher gering). Vielmehr besteht das Ziel einfacher Interventionen darin, die Art und Weise zu ändern, wie wir miteinander umgehen. Radikal zu Ende gedacht bedeutet das: Unsere Interventionen müssen sich nicht einmal «unmittelbar auf die Probleme, die sie lösen sollen, beziehen».[25] Wir müssen es bloß irgendwie hinbekommen, dass das leidige Problempingpong ein Ende findet. Steve de Shazer hat für diese Strategie eine anschauliche Metapher gefunden. Er sagt, dass zwar jedes Problem einzigartig sei, vergleichbar mit einem ganz speziellen Schloss, im Prinzip jedoch seien alle nach demselben Muster konstruiert. Hätten wir das erst einmal erkannt, könnten wir uns mit einem «Dietrich» behelfen.[26] Und jedes Schloss öffnen beziehungsweise jedes Problem lösen – ohne seine Vorgeschichte zu

Ständig über Probleme zu sprechen macht sie nur noch schlimmer

kennen, seine Beschaffenheit und seine Dimension. Daran anknüpfend schreibt die Psychologin Insa Sparrer: «Auch wenn etwas heilend wirkt, weist dies nicht darauf hin, was die Ursache ist. Kopfschmerz ist schließlich kein Aspirin-mangel.»[27]

Welche konkreten Auswirkungen unsere einfachen und minimalen Interventionen haben werden, lässt sich aller-dings nur bedingt voraussagen – die Komplexität der Welt, Sie wissen schon. Klar ist hingegen, dass wir uns nicht to-desmutig auf das (vermeintliche) Zentrum unseres Problems stürzen müssen, um es heroisch zu bekämpfen. Es genügt bereits, mit etwas Naheliegendem, Einfachem, schnell Ver-änderbarem zu beginnen. Wirkt ebenfalls. Steve de Shazer verweist auf den systemtheoretischen Hintergrund dieses Ansatzes; dieser gehe «von dem Grundsatz aus, daß ein Un-terschied oder eine Veränderung eines Teils eines Systems zu Rückwirkungen (und Transformationen) in anderen Tei-len des Systems führt».[28] Dieser «einfache Gedanke» sei im Übrigen die Grundlage seiner Kurztherapie und wurde un-ter vielen anderen auch von Paul Watzlawick vertreten, der ihn ganz ähnlich beschreibt: «Jeder Teil eines Systems ist mit den anderen Teilen so verbunden, daß eine Änderung in einem Teil eine Änderung in allen Teilen und damit dem ganzen System verursacht.»[29]

Was für Paare gilt, gilt auch für den Rest der Menschheit. Denn wir haben bekanntlich nicht nur den unwidersteh-lichen Drang, uns zu zweit zusammenzutun, sondern auch in Staaten, Unternehmen und Angelvereinen, in sozialen Medien oder auf Expeditionen. Und selbst, wenn wir keine Lust auf Gesellschaft haben, bleiben wir untrennbar mit der Welt verbunden, so weit wir uns auch zu entfernen versuchen. Da sind immer noch wir und die einsame Insel, auf die wir geflüchtet sind; sie beeinflusst uns und wir verändern sie. Erst unser Tod kappt diese Beziehung zur Welt.

Als Grundregel kann auch hier gelten: Sobald wir in Gruppen gleich welcher Art zusammen sind, verstricken wir einander in ein lebendiges Hin und Her. Ob wir uns in Vereinen bewegen oder in einer Stadt, als Bürgerinnen eines Staates agieren oder als Mitarbeiter eines Unternehmens: Wir werden Teil des jeweiligen Netzwerks, das aus unzähligen Individuen wie uns besteht. In diesem Netzwerk sind alle mit allen verbunden, weshalb es auch kein Entkommen gibt. Solange wir in einem Unternehmen arbeiten, wirkt sich das Tun und Lassen der anderen auf uns aus, so wie unser Verhalten den ganzen Laden beeinflusst. In welcher Weise und in welchem Ausmaß, das variiert natürlich. Eines lässt sich dafür mit umso größerer Gewissheit sagen: In solchen dynamischen Netzwerken bleibt keine noch so kleine Veränderung ohne Wirkung. Daher entstehen auch immer neue Situationen und Probleme, die wir zu verstehen und zu meistern versuchen. Manchmal sind bestimmte Konstellationen über längere Zeit beständig und wir kommen einigermaßen mit ihnen zurecht. Manchmal aber verändern sie sich so rasend schnell, dass wir einfach alles falsch machen müssen, weil wir stets einen Schritt hinterherhinken. Auf diese Weise entstehen jene Verhältnisse, die Wissenschaftler «komplex» nennen; sie verwenden den Begriff immer dann, wenn sie beschreiben wollen, wie vertrackt sich die Welt organisiert.[30]

Das allgemeine Durcheinander wird von vielen Faktoren befeuert: durch die architektonischen Besonderheiten bestimmter Orte, die ausgeprägte Kultur eines Unternehmens, das besondere Klima eines Landes, unsere Subjektivität. Etwa unsere Eigenart, ganz unterschiedlich über weiße Socken zu urteilen: Während die einen sie als absolutes Tabu empfinden, jubeln andere: «Endlich: Die weiße Tennissocke für Männer ist Trend!»[31] Wieder andere halten nur bunte Socken für den Beweis von höchstem Individualismus, während die Nächsten fordern: «Weg mit den ‹lustigen› Socken!», denn: «Die Spaßstrümpfe stehen für nichts außer schlechten Humor von der Stange, ein Stück Scheinindividualität für maximal angepasste Menschenhüllen.»[32] Man kann es natürlich auch ein wenig nüchterner sagen: «Der andere Mensch hat originären Zugang zur Welt, könnte alles anders erleben als ich und kann mich daher radikal verunsichern.»[33] So schreibt der Soziologe Niklas Luhmann.

Dieses Kuddelmuddel hat natürlich Folgen. Eine davon: Kommandozentralen, von denen aus sich die Welt planmäßig und zielgerichtet steuern ließe, kann es nicht geben. Daran ändert auch die Existenz von Stabsstellen, Elternhäusern und Kanzlerinnenämtern nichts. Die jeweiligen Chefinnen mögen ihre Pläne durchzudrücken versuchen – was dabei herauskommt, bleibt offen. Zu viele selbständige Mitspieler. Zu viele unberechenbare Kontexte. Manchmal dringen die Machthabenden durch, manchmal nicht. Und manchmal geschehen Dinge, die nicht gewünscht und / oder nicht vorhersehbar waren und / oder nicht rückgängig zu machen sind. So lassen wir uns jede Kleinigkeit in Plastiktüten verpacken, um den Dingern Jahre später beim Schwimmen im Mittelmeer wiederzubegegnen. Günter Schabowski sagt nicht mehr als die beiden Worte «sofort, unverzüglich» und sorgt damit für den Fall der Berliner Mauer.[34] Oder ein indischer Gouverneur setzt eine Prämie für den Fang von Kobras aus, um diese zu dezimieren, erreicht damit aber bloß, dass sie sich rasend schnell vermehren, weil manche sie des Geldes wegen zu züchten beginnen.[35]

Keine Führungspersönlichkeit gibt gerne zu, dass sie ihren jeweiligen Einflussbereich nur sehr bedingt steuern kann. Da werden deren Beobachter schon deutlicher. So sagt der Verhaltensforscher Chengwei Liu in einem Interview: «Wir haben eine romantische Vorstellung von Anführern und denken, dass das Wohl der gesamten Gruppe, des gesamten Unternehmens oder gar der Nation von ihnen abhängt. Das tut es nicht.»[36] Die meisten Topmanager hätten dieselben Qualifikationen, könnten also prinzipiell dieselben Ergebnisse erzielen, tun es aber nicht. Welche Faktoren entscheiden denn dann über das Schicksal der Unternehmen und der Welt, Herr Liu? Die lapidare Antwort: «Zum Beispiel Glück.»

Noch salopper bringt es der österreichische Fernsehkriminalist Kottan auf den Punkt. Jedes Mal, wenn ihn jemand mit seinem vermeintlichen Dienstgrad (Inspektor) anspricht, schnauzt er: «Inschpekta gibt's kan!» Was sich ungefähr so übersetzen lässt: «Die Macht, die Sie mir da zusprechen, habe ich nicht! Die Welt ist nämlich komplexer, als Sie ahnen, Sie Weh!» Kein Wunder, dass der Satz zum Running Gag wurde, zumindest in Österreich.

Womit wir es also kennengelernt hätten, ein zentrales Geheimnis einfacher Lösungen: Weil alles mit allem zusammenhängt, braucht es keine großen Strategien. Vielmehr stören schon die beiläufigsten Interventionen die komplexesten Gebilde. Was Sie bei dem Versuch, sich als Störenfried zu profilieren, beherzigen sollten – davon jetzt mehr.

JE UNSCHEINBARER, DESTO BESSER

Acht bis neun grundsätzliche Hinweise für all jene,
die nach einfachen Lösungen suchen.

1. BESCHÄFTIGEN SIE SICH MÖGLICHST WENIG MIT IH-
REN PROBLEMEN. Wer ständig in seinen Problemen kramt,
erreicht damit – nichts. So legt zumindest ein Satz aus der
Bibel nahe, genauer, aus dem Evangelium nach Matthäus:
«Wer von euch vermag durch Sorgen seiner Lebenszeit auch
nur eine Elle hinzuzufügen?» (Matthäus 6,27).

Auch zur Mutlosigkeit erziehen wir uns auf diese Weise.
Darauf verweist die US-amerikanische Psychologin Carol
Dweck, eine der wichtigsten Vertreterinnen jener «weisen
Interventionen», die wir bereits kennengelernt haben.[37]
Dweck erforscht seit den siebziger Jahren, warum manche
Menschen bei Schwierigkeiten weitermachen, andere hin-
gegen resignieren. Ihre Erkenntnis: Der Unterschied liege
im Kopf. Die einen hätten eine dynamische Einstellung,
«Growth Mindset» genannt. Die anderen eine starre, «Fixed
Mindset». Erstere gingen davon aus, dass sich ihre Fähigkeiten immer weiterentwickelten; sie würden sich als lernende
Subjekte sehen, die Grenzen überwinden könnten. Zweitere
hingegen glaubten, ihr Können sei ein für alle Mal festge-
legt; angesichts neuer Herausforderungen kämen sie daher
zur Überzeugung, ihre Grenzen erreicht zu haben – und gä-
ben auf.

Wer also seiner Umgebung hartnäckig davon erzählt, mit

welchen Problemen er zu kämpfen habe, wie unerreichbar sein Partner sei oder wie unbelehrbar seine Kollegen, der bastelt sich ein «Fixed Mindset». Wer hingegen über seine Ziele spricht und den Wunsch, sie zu erreichen, der stärkt die Überzeugung in sich, etwas ändern zu können. Ganz im Sinne jenes berühmten «Möglichkeitssinns», von dem der Schriftsteller Robert Musil in seinem Roman «Der Mann ohne Eigenschaften» schreibt.

Wer diesen Sinn besitze, der sage nicht, «hier ist dies oder das geschehen, wird geschehen, muß geschehen». Vielmehr würden Menschen dieser Art eine andere Wirklichkeit, also eine Lösung, erkennen: «Hier könnte, sollte oder müßte geschehn.» Auf den Einwand, die Welt sei eben, wie sie sei, reagiere dieser Mensch mit dem Gedanken: «Nun, es könnte wahrscheinlich auch anders sein.»[38] Ein Satz, den wir uns zum Motto machen könnten.

2. SAGEN SIE, WAS SIE SICH WÜNSCHEN. Je hartnäckiger unsere Probleme, umso mehr beschäftigen sie uns. Daher sehnen wir auch mit aller Kraft herbei, dass wir sie aus dem Kopf bekommen, der Schmerz vergeht und der Stress ein Ende findet. Das ist verständlich, aber wenig hilfreich. Denn zu sagen, was wir *nicht* wollen, bringt uns dem Gewünschten keinen Schritt näher.

Es ist wie in der Bäckerei. Wer sie betritt und dem Verkäufer mitteilt, er wolle *keine* Laugenbrezel und auch *keine* Puddingtasche, wird fragende Blicke ernten. Wir müssen schon beschreiben, was wir wollen, um die Chance zu haben, es auch zu bekommen. Das kann ruhig ein wenig ungenau bleiben, aber eine Tendenz sollte erkennbar werden. Damit lässt sich arbeiten. Wer also mit der Karriere nicht vorankommt, sollte sich wünschen, mehr telefonieren zu können. Wer sich niedergeschlagen fühlt, ein paar unbeschwerte Stunden zu erleben. Und wer unter Konzentrationsschwierigkeiten leidet, ein wenig länger bei der Sache zu bleiben. Erst dann wissen wir, wohin die Reise gehen sollte, wann wir der Lösung einen entscheidenden Schritt näher gekommen sind und das Erhoffte einzutreten beginnt.

3. GLAUBEN SIE AN WUNDER, UM HERAUSZUFINDEN, WAS SIE SICH WÜNSCHEN. Während wir in der Bäckerei irgendwann zu sagen wissen, was wir wollen, fällt uns das bei der eigenen Zukunft deutlich schwerer. Eigenartig. Wir sind offensichtlich so sehr darauf fokussiert, unsere Probleme loszuwerden, dass wir nicht sagen können, was statt ihrer sein sollte. Für diesen Fall hat sich Steve de Shazer eine einfache Übung ausgedacht, die Karriere gemacht und sogar einer Komödie den Titel verliehen hat.[39]

Die Rede ist von der «Wunderfrage», und sie lautet: «Angenommen, es würde eines Nachts, während Sie schlafen, ein Wunder geschehen, und Ihr Problem wäre gelöst. Wie würden Sie das merken? Was wäre anders?» Wie werde Ihr Gegenüber «davon erfahren, ohne daß Sie ein Wort darüber zu ihm sagen»?[40] Das Verblüffende an dieser einfachen Frage: Sobald wir beginnen, über sie nachzudenken, fällt uns nach und nach ein, worin unser neues Verhalten bestehen könnte und was wir folglich anstreben sollten. Die Wunderfrage ist deshalb so beliebt, weil sie uns auch dann zeigt, «wie eine Lösung aussehen könnte, (...) wenn das Problem unbestimmt, verworren, oder unzureichend beschrieben ist».[41]

4. HÖREN SIE AUF ZU GRÜBELN, VERÄNDERUNGEN LAS-
SEN SICH NICHT VERMEIDEN. Um Probleme aufrechtzuerhalten, müssen wir jene Regeln konsequent anwenden,
die sie hervorrufen. Das ist anstrengend und benötigt unsere
ganze Aufmerksamkeit. Weil wir aber manchmal unkon-
zentriert sind oder erschöpft, kann es geschehen, dass wir
dazu nicht mehr in der Lage sind. Dann kommt es zu den
berühmten Ausnahmen von der Regel, erkennbar daran,
dass unser Problem vorübergehend verschwindet. Wer diesen Phasen auf die Schliche kommen will, sollte jene «Stan-
dardaufgabe» erledigen, die de Shazer seinen Klienten gerne
stellte. Sie bestand darin, bis zum nächsten Treffen zu notieren, «was in Ihrer Familie so abläuft, daß Sie der Meinung
sind, es soll so bleiben».[42] Klarer Fall von Lösungsorientie-
rung. Denn anstelle erst mal Probleme zu analysieren, ani-
mierte der Therapeut seine Klientinnen von Anfang an, nach
existierenden Lösungen zu suchen; nichts anderes versteckt
sich ja hinter jenen Dingen, die bleiben sollen. Und siehe da:
Kaum erledigt, berichteten die Menschen davon, «daß etwas
passiert ist, was eindeutig anders ist».[43] Und dieses «anders»
ist die fundamentale Voraussetzung für eine Lösung. Wenn
es nicht schon die Lösung war.

Das heißt: Es ist nicht die Frage, *ob* eine Lösung für unsere Probleme möglich ist oder nicht. Das ist sie ganz zweifellos. Es geht vielmehr darum, *wann* wir sie finden. Die
Kunst besteht also darin, den richtigen Zeitpunkt zu erwischen beziehungsweise die kurze Ausnahme von der Regel
zur neuen Regel zu machen. Davon wird noch zu reden sein.

5. MACHEN SIE ES KURZ UND EINFACH. Wie immer Sie
bei der Suche nach Lösungen auch vorgehen mögen – ma-

chen Sie es kurz und einfach. Wer das Motto umsetzen will, kann sich an ganz unterschiedlichen Persönlichkeiten orientieren. Wie wäre es mit einem Philosophen und Theologen aus dem mittelalterlichen England? Sein Name lautet Wilhelm von Ockham und er rät uns Folgendes: Liebe Leute, bevorzugt bei euren Vermutungen über die Welt und bei der Suche nach einer Lösung immer die einfachste Theorie. Das ist leicht gesagt und leicht befolgt. Sehen wir eine untertassenförmige Lichtformation am Horizont und hören sirrende Geräusche, dann ist es zwar deutlich spannender, darin Außerirdische im Landeanflug zu erkennen – Herr Ockham empfiehlt uns jedoch, alles Spekulative abzurasieren (weshalb diese Regel auch «Ockhams Rasiermesser» heißt).

Auf diese Weise kämen wir zu Schlussfolgerungen, die nicht nur deutlich einfacher, sondern auch näher an der Wahrheit seien. Im konkreten Fall bedeutet das: Wir wurden Zeugen einer bemerkenswerten Wetterlage, und es handelte sich bei dem raumschiffartigen Gebilde wohl eher um eine bizarre Wolkenformation, bei den sirrenden Geräuschen um Wind. Langweilig, ich weiß, erfüllt aber deutlich besser den Zweck, kurzen und einfachen Prozess mit unseren Problemen zu machen. Und sie als das zu sehen, was sie sind: wenig hilfreiche Angewohnheiten. Am Leben erhalten von Menschen, die einfache und naheliegende Gründe für ihr Tun haben.

Wenn also Ihr Partner mit großer Regelmäßigkeit den überquellenden Mülleimer neben die Wohnungstüre stellt, dann sollten Sie nicht davon ausgehen, er wolle Sie umerziehen und Sie müssten sich dagegen vehement zur Wehr setzen. Klassischer Fall von Beziehungsverschwörungstheorie. Ungleich wahrscheinlicher ist es, dass der andere das tut, um selbst daran zu denken, den Müll runterzubringen – oder in der Annahme, dass sich das Müllproblem schon irgendwie von selber lösen werde. Und? Tut es das nicht? So verlässlich, wie Sie den Müll dann doch wegbringen? Zähneknirschend? Eben.

6. RESPEKTIEREN SIE DIE UNSCHEINBARKEIT EINFACHER LÖSUNGEN. Als man Christoph Kolumbus nach der Entdeckung Amerikas zu einem Festessen lud, hatten die Anwesenden nur Spott für ihn übrig. So lange geradeaus zu segeln, bis man eine neue Welt entdecke – das könne jeder! Um die Lästermäuler zu widerlegen, präsentierte Kolumbus ihnen ein Problem: Hier habt ihr ein hartgekochtes Ei, und nun stellt es auf die Spitze. Daraufhin brach großes Getüftel aus, bis die ratlosen Gäste zu dem Schluss kamen: Hierbei handle es sich um ein unlösbares Problem! Wir waren nicht dabei, aber sollte dieses Ereignis tatsächlich stattgefunden haben: Kolumbus dürfte triumphierend gelächelt haben, als er die Spitze des Eis anschlug und es auf die solcherart entstandene kleine Fläche stellte. Höhnische Proteste. *Das* hätte man auch gekonnt. Die Antwort des italienischen Seefahrers: Das möge schon sein, aber *er* hätte es getan und nicht *sie*.

Eine Delle in ein hartgekochtes Ei schlagen, damit es stehen bleibt. Eine Stunde früher ins Büro kommen, wenn die Karriere ins Stocken gerät. Anrufen, wenn wir jemanden vermissen. Lächeln, wenn wir gute Laune bekommen wollen.[44] Das aggressive Kind mit der Wasserpistole nass spritzen, wenn wir uns überfordert fühlen. Von welcher Lösung bisher auch die Rede gewesen sein mag – *eine* Eigenschaft zeichnet sie auf jeden Fall aus: ihre absolute Unscheinbarkeit. Der Soziologe Bernd Ternes hat sehr prägnant beschrieben, warum das so ist: Einfache Lösungen würden «sich so stark mit der Weltläufigkeit der Welt verweben, daß man sie weder bemerkt, noch erfährt, noch zu erklären vermag».[45]

Etwas salopper könnte man auch sagen: Einfache Lösungen sind ungewollte Großmeister der Tarnung. So wie Blattschwanzgeckos. Die leben auf Madagaskar, haben eine rindenartige Körperfarbe entwickelt und zudem die Fähigkeit, sich perfekt an Baumstämme zu schmiegen. Ebenso verschwinden einfache Lösungen im Geflecht des Alltags, weil sie als das Selbstverständlichste und Naheliegendste der Welt daherkommen. Kein Wunder also, dass wir sie kaum entdecken. Gelingt es uns irgendwann doch, passiert häufig etwas Unerfreuliches: Wir reagieren zutiefst enttäuscht. Wie bitte? Diese absolute Selbstverständlichkeit soll der Ausweg aus meiner Misere sein? Ist das dein Ernst? Geht's noch trivialer? *Danach* suchen Leute wie du?

Ja, danach suche ich. Aber: Wer einfache Lösungen gut findet, hat dennoch großes Verständnis für jene, die deren Unscheinbarkeit unbefriedigend finden. Sehr verständlich, diese Ablehnung. Denn wer ein quälendes oder nerviges Problem mit sich herumschleppt, der erwartet eine Lösung, die der Dramatik des eigenen Schicksals angemessen ist. Einen Ratschlag, der spektakulär ist und überwältigend, mit einem breitbandigen Antibiotikum vergleichbar, oder dem ausgefeilt-komplizierten Notfallplan einer Expertengruppe, in dem wochenlange Arbeit steckt.

Weisen wir hingegen unsere Freundinnen und Freunde nach langer und mühevoller Schilderung ihrer Beziehungsprobleme darauf hin, sie könnten doch mit ihren Lebensgefährten einfach mal die Bettseite tauschen, um das gewohnte Beziehungsspiel durcheinanderzubringen – dann werden sie wahrscheinlich fassungslos schauen. Zu Recht. Weil diesem Vorschlag etwas Entscheidendes fehlt, das wir in Momenten der Krise stillschweigend voraussetzen: Drama und Heroismus. Wenn eine langjährige Beziehung zu scheitern oder ein Lebenstraum zu platzen droht, dann erwarten wir großes Theater: Schreiduelle und Tränen, flammende Reden und seitenlange Briefe, über das Treppenhaus verstreute Rosen und nächtliche Autofahrten in weit entfernte Städte. Und als Krönung all dessen eine spektakuläre Lösung, die schließlich in einem hart erlittenen Happy End gipfelt – oder im Beschluss, ein neues Leben zu beginnen. So haben wir das schließlich gelernt, durch Romane, Spielfilme und Familiengeschichten.

Dass gerade ihre Unscheinbarkeit den einfachen Lösungen zum Verhängnis werden kann, ist natürlich auch ihren Befürwortern aufgefallen. So schildert zum Beispiel Steve de Shazer, was ihm durch den Kopf ging, nachdem er Klienten erfolgreich empfohlen hatte, einfach mit dem weiterzumachen, was funktionierte – wie zum Beispiel jener Frau, die im Job schon mehrfach an ihrer Kritikfreudigkeit gescheitert war und der er nahelegte, all das zu tun, was sie vom Herummäkeln abhalten würde (mit dem Ergebnis, dass man ihre Arbeit immer mehr schätzte).[46] «Was für ein furchtbar einfacher Gedanke!», notierte der Therapeut an anderer Stelle, und gleich darauf: «Angesichts unserer früheren Arbeit und der Arbeit anderer war dies ein Schock.»[47] Für den Therapeuten und erst recht für uns, die wir erst lernen müssen, mit einfachen Lösungen umzugehen.

Paul Watzlawick machte ganz ähnliche Erfahrungen. Immer wieder ist er Menschen begegnet, die davon überzeugt waren, einfache Lösungen seien der hochkomplexen Welt der Wirtschaft nicht angemessen. Ihnen habe er entgegnet, dass die Evolution nach ähnlichem Muster überaus erfolgreich funktioniert habe. Die «unerhörte Komplexität des Lebens» sei nämlich «aus einfachsten Ausgangsbedingungen und in kleinsten Schritten» entstanden. Diese These sei jedoch «für viele Weltbeglücker» wenig brauchbar gewesen, sie sahen sie gar als «eine überaus schäbige Idee, mit der man die Massen nicht begeistern kann».[48]

Fritz B. Simon wiederum weist darauf hin, dass die Beschäftigung mit einfachen Lösungen sogar dazu in der Lage sei, die Reputation von Therapeuten zu beschädigen. Wenn diese entspannt und mit sparsamen Mitteln an Schwierigkeiten herangingen, so verstoße das «gegen eine Reihe stillschweigender puritanischer Vorannahmen» dieses Berufsstandes. Die erste Annahme besage: «Wenn viel Mühe gut ist, dann muß mehr Mühsal noch besser sein.» Die Leistungen von Therapeuten seien nämlich objektiv kaum bewertbar, daher würden die meisten «den Wert ihrer Arbeit an dem zeitlichen oder emotionalen Aufwand» messen, den sie investiert haben. Dabei gelte: «Je größer ihre Erschöpfung, desto ruhiger ihr Gewissen, das professionelle wie das private.» Behaupte hingegen ein Therapeut, «mit relativ geringem Aufwand große Wirkungen erzielen zu können», dann mache er sich «nicht nur fachlich, sondern auch moralisch verdächtig».[49] Eine Beobachtung, die der Soziologe Bernd Ternes nur bestätigen kann. Die Befürworter einfacher Lösungen müssten damit umgehen lernen, «von vornherein diskreditiert» zu werden.[50]

7. SEIEN SIE MUTIG. Wer also geglaubt haben sollte, einfache Lösungen seien ganz einfach zu propagieren, der wird

spätestens an dieser Stelle bemerken, dass er sich geirrt hat. Aber, was soll's: Her mit der Lösung für all jene Probleme, die uns einfache Lösungen bereiten. Die erste dieser Lösungen ist erwartungsgemäß einfach. Sie lautet: Seien Sie mutig. Was bleibt uns auch anderes übrig.

8. VERTRAUEN SIE IHREN MIESEN GEFÜHLEN. Eine konkrete Situation wird zum Problem, wenn sie uns missfällt. Wenn wir also schlechte Laune bekommen und uns wünschen, der andere möge uns mehr Aufmerksamkeit schenken oder die zirpende Zikade im Pinienhain endlich die Klappe halten. Es sind unsere Gefühle, die uns denken lassen: nicht gut. Bitte aufhören. Bitte anders. Sie sind es aber auch, die uns signalisieren, wenn sich ein Problem auflöst oder ein Zustand in unseren Augen völlig in Ordnung erscheint. Dann durchströmt uns Zufriedenheit oder was es sonst noch an Emotionen geben mag, die wir als positiv empfinden.

So unangenehm also negative Emotionen auch sein mögen – wir sollten nicht versuchen, sie möglichst schnell wieder loszuwerden. Denn sie weisen uns auf etwas hin, das für uns zum Problem geworden ist. Sie scheuchen uns von der Couch, damit wir endlich tätig werden und nach einer Lösung suchen. Der Philosophieprofessor Michael Brady von der Uni Glasgow vertritt daher die plausible These, dass Leiden – also negative Gefühle angesichts einer als problematisch empfundenen Situation – sehr wertvoll sei: «Ich bin davon überzeugt, dass nur wer leidet, wirklich Tugenden aufbauen kann.» So könne man den wahren Wert einer Beziehung erst dann beurteilen, nachdem man auch schwere Zeiten miteinander durchgestanden habe.[51]

9. DENKEN SIE DARAN, DASS JEDE LÖSUNG EINE STÖ-
RUNG BEDEUTET. Im Rahmen seines Jurastudiums ab-
solvierte der Sohn von Freunden ein Praktikum bei einem
deutschen Bundesamt, dessen genaue Zuständigkeit besser
verschwiegen sei. Kaum hatte er seinen Dienst angetreten,
bekam er von der Abteilung für Rechtsangelegenheiten den
Auftrag, eine Akte zu bearbeiten. Franz, der Student im vierten Semester, setzte sich daran und hatte die Aufgabe zwei
Stunden später erledigt. Stolz präsentierte er dem Zuständigen das Ergebnis. Der reagierte freilich anders als erwartet.
Nämlich unwirsch. «Was heißt, Sie sind nach zwei Stunden
schon fertig? Solche Akten brauchen bei uns normalerweise
eine Woche», belehrte er den jungen Mann. Der – mit der
hausinternen Kultur der Problembewältigung nicht vertraut – war überzeugt davon, alles gewissenhaft bearbeitet
zu haben. Man gab ihm einen guten Ratschlag mit auf den
Weg: «Wenn Sie in Zukunft noch mal innerhalb von zwei
Stunden mit so etwas fertig sein sollten, dann bringen Sie es
erst eine Woche später wieder.»

Es geht mir hier nicht darum, das deutsche Beamtenwe-
sen schlechtzumachen. Was weiß ich schon davon, wie so
ein Amt funktioniert und warum es durchaus einen Sinn
haben kann, sich ein wenig Zeit zu lassen. Die kleine Geschichte erscheint mir aus einem ganz anderen Grunde
erzählenswert. Sie zeigt nämlich sehr anschaulich, wie
schnell einfache Lösungen für Unruhe sorgen können. Und
zwar weniger, weil die Beamten ihren Job schlecht machen
würden (das vielleicht auch, aber das lässt sich aus Franz'
Schilderungen nicht ableiten). Sondern deshalb, weil die
einfache Franz'sche Lösung die eingespielte Routine durcheinanderzubringen drohte. Und dagegen wehrte sich das

Amt, so wie jedes andere System das auch tun würde – ob es sich nun um Paare, Konzerne oder Familien handelt. Wir alle versuchen um jeden Preis, in jenem Gleichgewicht zu bleiben, das wir erreicht haben und das ganz offensichtlich unser Fortbestehen garantiert. Dazu gehören auch jene Rituale, die wir als «Probleme» bezeichnen. Solange sie zur Stabilisierung beitragen, sind sie Teil der jeweiligen Beziehung und gehören selbstverständlich dazu. Also verteidigen wir uns gegen Störungen von außen, und zwar aus purem Selbsterhaltungstrieb. Fachleute bezeichnen diesen Automatismus als «Homöostase».[52]

In so einem Gleichgewicht hatte sich die Abteilung bis zum Eintreffen des jungen Mannes ganz offensichtlich befunden. Akten waren erfolgreich angelegt, bearbeitet und abgelegt worden, nur eben deutlich langsamer, als Franz sich das vorstellte. Daher war es nur logisch, dass sich das System in Person des zuständigen Bearbeiters vor dem Studenten aufbaute und sinngemäß sagte: Störe unsere Kreise nicht! Wenn sich Ämter, Menschen und Konzerne gegen einfache Lösungen wehren, dann tun sie das also nicht aus Dummheit oder Borniertheit. Vielmehr versuchen sie schlicht und einfach, ihre bewährten Strategien aufrechtzuerhalten. So problembeladen, schwierig und absurd diese auch erscheinen mögen – sie haben gegenüber den brillant anmutenden neuen Lösungen einen entscheidenden Vorteil: Die Betroffenen wissen, dass ihre Strategien funktionieren. Diesen Beweis müssen neue Lösungen erst erbringen. Einfache erst recht.

Wenn Sie also daran denken, Ihre Probleme zu lösen, oder anderen anbieten, ihnen dabei behilflich zu sein, werden Sie damit zwiespältige Gefühle auslösen. Freude darüber, dass eine Änderung möglich ist. Und Widerwillen gegen eine Änderung des Status quo. Denn sobald wir vertraute Verhaltensmuster aufzulösen beginnen, beenden wir unsere Routinen, was «Kraft und Aufmerksamkeit erfordert». Zumal uns niemand versprechen kann, dass hinterher alles besser wird. Daher falle uns oft eine «Lösung des Problems schwerer als das Weiterleiden am Problem».[53]

Es führt also kein Weg daran vorbei, uns zu fragen, was wir aufzugeben bereit sind, wenn wir unser aktuelles Problem lösen wollen. Denn irgendwas werden wir aufgeben *müssen* – und sei es nur das vertraute Gefühl, vom Leben überfordert zu sein. Am leichtesten kommen wir über diesen Verlust hinweg, indem wir uns vor Augen halten, was wir statt des vertrauten Alten bekommen könnten. Neue Beweglichkeit, zum Beispiel. Es wird am Ende des Buchs noch eingehender davon die Rede sein.

II. TEIL
ÜBER EINFACHE LÖSUNGEN
IM EINZELNEN

• • • • • • •

Nicht nur der Teufel steckt im Detail – sondern auch
die Chance, vieles zu verändern. Dazu braucht es
bloß ein wenig Übung, um jene einfachen Tricks zu
erkennen, die uns im Alltag zur Verfügung stehen:
Bestimmte Tatsachen bewusst zu vergessen. Uns
auf den falschen Platz zu setzen, wenn wir ein wenig
Schwung in Debatten bringen wollen. Öfter
«noch nicht» zu sagen. Zu gähnen, wenn wir kreativer
werden wollen. Und darüber nachzudenken, was
der eigene Vorname damit zu tun haben könnte,
dass wir uns so gut fühlen.

VERGISS ES

Houston, haben wir überhaupt ein Problem?[1]
Eigentlich nicht. Wir müssen schon etwas dafür tun
und eine Tatsache als Problem betrachten wollen.
Das lässt sich glücklicherweise abstellen. Indem wir
sie zum Beispiel einfach nicht zur Kenntnis nehmen.
Indem wir sie beflissentlich übersehen, uns selbst
vergessen oder unsere Arroganz pflegen.

Es gibt prinzipiell nichts, woraus wir Menschen kein Problem machen könnten. Manche fürchten sich vor großen Höhen oder Krankheiten, andere vor dichten Menschenmengen, Injektionen, Hunden oder Strahlungen. Und wieder andere vor Müdigkeit, Löchern, Clowns oder der Möglichkeit, es könnte uns Erdnussbutter am Gaumen kleben bleiben.[2] Darüber, welche dieser Phobien nun «berechtigt» sind und welche «absurd», wird sich keine Einigkeit erzielen lassen. Denn: «Nicht die Dinge selbst beunruhigen die Menschen, sondern die Meinungen und die Urteile über die Dinge», wie bereits der antike Philosoph Epiktet festgestellt hat.[3] Was nichts anderes bedeutet als: Es gibt keine objektiven Probleme. Vielmehr braucht es jemanden, der einen Tatbestand als solches empfindet. Und dieser Jemand, der sind – wir.

Nun sind wir Menschen bekanntlich hoch individualisierte Gemeinschaftsprodukte der Natur, unserer Eltern und jener Kontexte, in denen wir aufwachsen und uns bewegen.

Jeder durchlebt eine andere Kindheit. Jeder ist anderen Einflüssen und Anregungen ausgesetzt. Jedem widerfahren andere Zufälle und Schicksalsschläge. Und jeder zieht bei der großen Gen-Lotterie ein anderes Los. Dieses fröhliche Durcheinander aus Erbe, Prägungen, Erfahrungen und Können steuert nicht nur unseren Blick auf die Welt. Es lässt uns auch sehr individuelle Vermutungen darüber anstellen, wie die Dinge der Welt zusammenhängen und welche Phänomene wie zu verstehen sind.

All diese Erkenntnisse dürften sich mittlerweile herumgesprochen haben. Dennoch verfallen wir immer wieder auf «die merkwürdige Idee», so Paul Watzlawick, «daß die Art und Weise, wie wir die Welt sehen, die Welt in ihrem objektiven So-Sein widerspiegelt». Das tut sie aber bekanntlich nicht. Es gebe zwar eine «Wirklichkeit erster Ordnung», also die unmittelbar-unverstellte Wahrnehmung der Welt; zu der seien wir jedoch nicht fähig. Leider. Das Einzige, worüber wir verfügten, sei die «Wirklichkeit zweiter Ordnung». Die bestehe aus der «Zuschreibung von Bedeutung, Sinn und Wert» und sei für uns verbindlich. Nur für uns, wohlgemerkt, denn: Es gibt «keine objektive Klarlegung oder Festlegung der Richtigkeit dieser Zuschreibung», so Watzlawick abschließend.[4]

Sosehr wir uns also um Objektivität bemühen mögen – letztlich entdecken wir in allem und jedem bloß eine oder einen: uns selbst. Der Comiczeichner Scot Hilburn hat diese Tatsache sehr schön gezeigt: Auf einem seiner Cartoons sehen wir ein Nashorn im Künstlerkittel und mit Baskenmütze, das soeben einen Elefanten porträtiert. Auf der Staffelei das fast fertige Bild und an der Wand des Ateliers eine Reihe vollendeter Werke: ein Stillleben mit Banane, ein

Haus, eine Giraffe, eine Landschaft. All das treffend festgehalten. Nur eine irritierende Besonderheit taucht auf allen
Kunstwerken auf: Es ist das Horn des Nashorns. Eine
Selbstverständlichkeit aus Sicht des Künstlers, denn wohin
er auch schauen mag, das Ding schiebt sich beharrlich in
sein Gesichtsfeld. Deshalb hat er es auch in alle seine Werke
hineingemalt. Wer nun – als Hornloser – über diese Weltsicht lächelt, soll das ruhig tun. Sich aber gleichzeitig fragen, welches Horn die eigene Sicht der Dinge beeinflussen
könnte, ohne dass er etwas davon ahnt.[5]

Akzeptieren wir die These, dass unser **Etwas als «Problem»**
Weltbild eine subjektive Konstruktion **zu bezeichnen ist der**
ist, werden wir einen vollkommen ande- **Versuch, einem Ereignis**
ren Blick auf unsere Probleme gewinnen. **einen Sinn zu geben**
Es wird uns nicht mehr gelingen, an-
dere Menschen oder unglückliche Umstände für sie verantwortlich zu machen. Vielmehr werden wir uns eingestehen
müssen, die «Ursache allen Übels selbst» zu sein, wie es der
österreichische Schriftsteller Thomas Bernhard formuliert
hat.[6] Wir sind es schließlich, die Beziehungen so mitgestal-
ten, dass es dabei zu Konflikten kommt. Wir sind es, die eine
bestimmte Konstellation als schwierig bewerten. Und wir
sind es, die zulassen, dass das eigene Körpergewicht zum
Problem werden kann, das Geräusch zirpender Grillen, die
Eigenart unseres Partners, vor dem Kühlschrank stehend
Milch aus der Packung zu trinken oder den Müll an der Tür
zu deponieren. Nichts ist davor gefeit, von uns in ein Problem verwandelt zu werden.

Das gilt nicht nur für Zwischenmenschliches, sondern
auch für unser Verhältnis zu Profanerem – wie kaputten
Geschirrspülern. Dass sie nicht funktionieren, ist zwar är-

gerlich, aber kein Problem an sich. Daran ändert auch der Umstand nichts, dass die allermeisten Menschen finden, dass die Pflicht eines Geschirrspülers darin besteht, Teller zu säubern. Das mag sein, aber ein Problem entsteht erst durch unsere Erwartungen: Wenn wir schmutziges Geschirr in diesen Kasten stellen, ihn schließen und ein paar Knöpfe drücken, rechnen wir fest damit, einige Zeit später das Geschirr in einem Zustand aus ihm hervorzuziehen, den wir «sauber» nennen. Tritt diese Änderung nicht ein, sprechen wir von einem «Problem». Erwarteten wir hingegen von der Spülmaschine, was wir von einem normalen Schrank erwarten, dann wäre es ein Problem, wenn wir etwas in diesen Schrank hineinstellen und verändert wieder herausnehmen würden. Der Geschirrspüler jedenfalls kann sehr gut damit leben, kaputt zu sein. Ja, es ist ihm nicht nur egal, sondern ihm fehlt jede Form von Problembewusstsein. Darüber verfügen ausschließlich wir Menschen.

Wer nach einem Ort sucht, an dem es absolut keine Schwierigkeiten gibt, der muss sich sehr weit weg denken. Auf den Planeten Merkur zum Beispiel. Es hat dort nachts minus 170 Grad Celsius und tagsüber bis zu 430 Grad plus, der Planet kann in die Sonne stürzen, oder es kann ein merkurischer Sack Reis umfallen, und zwar mehrfach – all das stellt kein Problem dar, denn es ist schlicht und einfach keiner da, der diese Phänomene als solches bezeichnen könnte. Das ändert sich erst dann, wenn der erste Mensch den Planeten betritt. Nun wäre binnen weniger Momente der gewohnte Zustand wiederhergestellt: Stress, wohin wir blicken.

Womit wir uns dem praktischen Abschnitt dieses Kapitels nähern. Darin wird es um die einfachste Möglichkeit gehen, uns die eigenen Probleme vom Hals zu schaffen: sie zu ignorieren beziehungsweise ihnen die Anerkennung zu verweigern. Sei es uns erst einmal gelungen, unsere Wahrnehmung auf diese Weise zu verändern, werde unsere Welt «eine völlig andere», versprechen uns Psychologen. «Es ändert sich nicht nur *etwas*, sondern das *Ganze*.»[7] Na, wenn das keine Aussichten sind.

1. GAR NICHT IGNORIEREN. Der Schriftsteller Karl Kraus ist empört. Seit über einem Jahrzehnt gibt er in Wien seine sprachmächtige Zeitschrift «Die Fackel» heraus – und dennoch wisse «der reichsdeutsche Journalleser (...) trotz tausend Rezensionen nichts von meinem Dasein». Aber nicht nur das. Jetzt finde in Frankfurt auch noch ein «journalistischer Skandalprozeß» statt, «der sich um das üble Geschäft eines Wurstblattes» drehe. Dessen Name: «Die Fackel». Dessen Themen: «Frankfurter Ehebettaffären». Seit Jahren schon müsse er das Namensplagiat ertragen, schreibt Karl Kraus, weil er sich «in Deutschland auf kein Urheberrecht berufen» könne.

Nun befürchtet Kraus, «daß man irgendwann irgendwo mit so etwas verwechselt wird» und sein Lebenswerk Schaden nehmen könnte. Dagegen helfe nur eines: Er müsse den Fall – «so peinlich es ist» – in der eigenen «Fackel» festhalten. Und tut das im Jahr 1911 auch auf zwei Seiten, «wenn schon nicht mit deutlichen Worten, so doch expressis verbis, und wenn schon nicht leidenschaftslos, so doch sine ira et studio». Doch sein ganzer Sarkasmus nützt Karl Kraus nichts, denn er ahnt, dass er auf verlorenem Posten steht. Mit jedem Wort über das Plagiat steigt die Gefahr, mit dem «Wurstblatt» des «gewinnsüchtigen Schmierers» aus Frankfurt verwechselt zu werden.

Wie der ideale Umgang mit der deutschen «Fackel» aussehen könnte, weiß Karl Kraus durchaus zu sagen: «Das Beste freilich wäre wieder, die Wiener Maxime zu befolgen: Gar nicht ignorieren!»[8] Womit wir auch schon beim Thema wären. Viele Probleme entstehen nämlich erst, indem wir ihnen Beachtung schenken und sie nicht wieder aus dem Kopf bekommen. Der einfachste Weg, alldem zu entgehen, besteht darin, der Anregung von Karl Kraus zu folgen und den Dingen mit selbstverschlingender Ignoranz zu begegnen. Nicht nur Probleme zu ignorieren, sondern auch den Umstand, dass wir sie ignorieren. Leider bleibt uns Karl Kraus den Hinweis schuldig, wie wir das hinbekommen könnten. Alles muss man selber machen.

2. STEUERN SIE IHRE AUFMERKSAMKEIT. Wer zum klugen Ignoranten werden will, muss sich kurz mit der gegenteiligen Fähigkeit beschäftigen: Wie wir es anstellen, von der Welt etwas mitzubekommen. Dreh- und Angelpunkt dafür ist unser Bewusstsein. Es gibt zwar keine verbindlichen Erkenntnisse darüber, wie genau es entsteht, spannende Vermutungen hingegen schon. Eine stammt vom Kognitionswissenschaftler Bernard J. Baars. Um die Funktion des Bewusstseins anschaulich zu machen, vergleicht er es mit einem Theater. In diesem Theater gibt es eine Bühne mit allem, was dazugehört, vor allem mit jeder Menge Schauspielern. Diese treten auf und ab, halten Monologe und agieren miteinander.

Scheinwerfer gibt es natürlich auch. Denen kommt in unserem Zusammenhang eine besondere Bedeutung zu. Wir kriegen nämlich nur *jenen* Teil des Geschehens mit, der von diesen Scheinwerfern beleuchtet wird. Der Rest versinkt im

Dunklen. Uns werden nur die Informationen (Schauspieler) bewusst, auf die wir unsere Aufmerksamkeit (Scheinwerfer) richten. Hinter den Kulissen gibt es aber einen Haufen weiterer Leute. Sie sind sehr wichtig, weil sie während der aktuellen Theateraufführung die Strippen ziehen. Regisseurinnen, Theaterautorinnen, Bühnenbildner, Bühnenarbeiter, Inspizienten. Weil diese Leute hinter den Kulissen im Dunklen agieren (außerhalb unserer Aufmerksamkeit), haben wir keine Ahnung, was genau sie machen und wie sich das konkret auswirkt. Etwas abstrakter formuliert: Die uns bewussten Informationen werden ständig von den unterschiedlichsten Informationsquellen beeinflusst und korrigiert.

Was wir also mitbekommen von der Welt und unserem Leben ist eine hochkomplexe Mischung von bewusst, unbewusst und parallel ablaufenden Prozessen in unserem Gehirn. Hier soll es darum gehen, wie wir diese Bühnenscheinwerfer, also unsere Aufmerksamkeit, steuern können. Diese Fähigkeit ist nämlich ein wesentlicher Schlüssel dafür, bestimmte Probleme erst gar nicht an uns heranzulassen.

Dass Sie diese Zeilen hier lesen, verdanke ich dem Umstand, dass Sie Ihre Aufmerksamkeit erst auf das Buch und dann auf den darin befindlichen Text gerichtet haben. Nun huschen Ihre Augen von Wort zu Wort. Solange es dem Text gelingt, Ihr Interesse zu erregen, werden Sie damit fortfahren. Wenn Sie auf eine Geschichte stoßen, die Ihnen bekannt vorkommt, kramen Sie kurz in Ihrem Gedächtnis, um dann weiterzulesen. Handelt es sich um eine besonders wichtige Erinnerung, kann es geschehen, dass Sie gedanklich in die Vergangenheit abtauchen. Um dann einige Minuten später festzustellen, dass Sie nur mehr mechanisch weitergelesen und sich stattdessen an Ihre erste große Liebe erinnert haben, die Ihnen heute noch ein wohliges Gefühl im Bauch beschert.

Sie ist also ziemlich beweglich, unsere Aufmerksamkeit, und wir können sie mit Hilfe unseres Willens blitzartig durch äußere und innere Welten dirigieren. Vom Text im Buch auf frühe Kindheitserinnerungen und weiter auf die Einkaufsliste, die noch abgearbeitet werden muss. Wer seine Aufmerksamkeit konsequent steuern und lange auf eine bestimmte Angelegenheit fixieren kann (Lateinübersetzung, Buchhaltung, Lektüre, Tennisspielen), von dem sagt man, sie oder er sei jemand, der sich gut konzentrieren könne. Beneidenswerte Geschöpfe. Wer es damit hingegen übertreibt, von dem heißt es, er zeige autistische Züge.

Leben Sie in einem Haushalt mit Kindern, Tieren und modernen Kommunikationsmitteln, so wissen Sie, dass unsere Aufmerksamkeit auch leicht zu irritieren ist. Versuchen Sie an einem ganz normalen Sonntagvormittag, dieses Buch weiterzulesen, stehen die Chancen hoch, dass Sie über einzelne Seiten nicht hinauskommen werden. Ständig ist etwas los, das Beachtung einfordert. Erst hören Sie den hungrigen Dackel winselnd durch die Wohnung streifen und kurze Zeit später, wie ein schwerer Gegenstand krachend zu Boden fällt. Sofort werden Sie aufspringen und nachforschen, um festzustellen, dass das Kind mit seinem Bobbycar die Stehlampe umgefahren hat. Niemand verletzt, alles ganz, weiterlesen.

Zurück auf der Couch zwitschert zum wiederholten Male Ihr Handy. Weil Sie nicht wissen, ob es nicht doch wichtig sein könnte, legen Sie das Buch wieder zur Seite. Sie checken Ihre Nachrichten. Dabei erregt das blaue Icon eines sozialen Netzwerks Ihre Aufmerksamkeit. Sie beschließen, kurz nachzuschauen, da Sie vor kurzem ein Bild von sich hochgeladen haben, das zeigt, wie Sie auf der Couch sitzend dieses Buch lesen. Gibt es Likes? Kommentare? Sie bleiben zwanzig Minuten in dem Netzwerk, weil Sie über die spärlichen Reaktionen enttäuscht sind. Sie kompensieren das mit einem aggressiven Posting zur Lage der Nation; es wäre doch gelacht, wenn Sie Ihre «Freunde» nicht dazu bringen könnten, sich Ihnen zuzuwenden – bis das Schreien des Kindes Ihre Abschweifung abrupt beendet. Weitere Quellen der Ablenkung sind klingelnde Postboten, knurrende Mägen, mangelnder Schlaf und nervende Kollegen. Sie alle wirken ebenfalls darauf ein, wie lange und wie intensiv wir uns womit befassen können, wollen, müssen.

Kurz: Die Welt zerrt ununterbrochen und von allen Seiten an unserer Aufmerksamkeit. Der Konkurrenzkampf tobt deshalb so heftig, weil sie eine kostbare Ressource ist, diese Aufmerksamkeit. Unser Gehirn verfügt nämlich über sehr eingeschränkte entsprechende Kapazitäten und geht daher knausrig damit um. Sie bleiben den wenigen Dingen vorbehalten, die wir für wichtig halten oder denen wir uns zuwenden (müssen), weil sie sich brutal beziehungsweise heimtückisch in unser Bewusstsein drängen: spektakuläre Autounfälle; maßgeschneiderte Werbespots; bizarre Kommentare; verführerische Datingplattform-Mitglieder.

Der Architekt und Philosoph Georg Franck sprach in diesem Zusammenhang von der «Ökonomie der Aufmerksamkeit».[9] Er meint damit, dass wir Menschen also – neben dem Geld – eine weitere Währung eingeführt haben, von der wir nicht genug besitzen können. Reichtum häufen wir an, indem wir andere dazu bringen, uns wahrzunehmen. Wer also in einem sozialen Netzwerk ein Bild veröffentlicht, tut das vor allem, weil er mehr von diesem wertvollen Gut erwerben will – in der Hoffnung, eines Tages zum Aufmerksamkeits-millionär zu werden. Sei es, um reich zu werden, seelisch zu gesunden, einen attraktiven Partner zu finden oder Einfluss auf andere zu gewinnen. Ob das auch wirklich klappt, ist eine andere Frage. Was für den einzelnen Menschen gilt, gilt erst recht für Unternehmen, Politikerinnen und Sachbuch-autoren. Sie alle wollen ebenfalls wahrgenommen, gewählt, gekauft und gelesen werden.

Es wird also nicht ganz einfach, den Scheinwerfer unse-rer Wahrnehmung auf all jene Dinge zu richten, die wirklich gut für uns sind, und ihn all jenem zu entziehen, das uns bloß Probleme bereitet. Denn unsere Aufmerksamkeit «will schweifen», sagt Georg Franck in einem Interview, «sie ist neuigkeitssüchtig, deshalb lässt sie sich gern ablenken».[10] Daher sei es so anstrengend, «diese Unruhe abzustellen und sich zu konzentrieren». Und nicht nur das. Wir stehen zudem vor der Aufgabe, unsere Aufmerksamkeit selber ins Zentrum unserer Aufmerksamkeit zu rücken. Also darüber nachzudenken, wie wir nachdenken. Klingt kompliziert, lässt sich aber machen.

3. VERGESSEN SIE SICH. Die radikalste Methode, unnötige Probleme zu vermeiden, besteht darin, im «Theater des Be-wusstseins»[11] das Licht auszumachen. Wo keine Scheinwer-fer, da keine Schauspieler, die wir sehen könnten. Übersetzt bedeutet das: Wo keine Aufmerksamkeit, da keine Bewer-tungen, keine Ungeduld, kein Ich, also auch keine Schwie-rigkeiten. Stattdessen wohliges Selbstvergessen. Das klingt erst mal ein wenig ungenau und esoterisch, ist es aber nicht.

Jeder von uns kennt diesen Zustand aus seinem Alltag. Wir erleben ihn immer dann, wenn wir ganz bei der Sache sind. Also derart verschmolzen mit unserer jeweiligen Tätigkeit, dass alles um uns herum verschwindet, die Zeit inklusive. Keine Sache ist zu geringfügig, als dass sie uns nicht die Tür in so einen weltabgewandten Raum öffnen könnte. Manche Menschen stehen in der Küche, schneiden selbstvergessen und mit Hingabe Knoblauch und Sellerie, um daraus eine Spaghettisoße zu kochen. Andere sind so sehr mit dem Bügeln ihrer Hemden beschäftigt, dass die Welt in diesen Minuten aus nichts anderem besteht als aus zischendem Dampf und der gleichförmigen Bewegung des Arms. Die Nächsten sitzen vor ihren Computern und geben sich so vorbehaltlos dem Schreiben ihrer Texte hin, dass sie der Text sind und der Text sie (klappt selbstverständlich auch mit Computerspielen). Und wieder andere ziehen sich abends die Sportschuhe an, um schon nach zehn Minuten gleichförmigen Vorsichhinlaufens von jenem schwebenden Gefühl durchflutet zu werden, das die Wissenschaft «Flow» nennt.

Das Paradoxe an diesem Zustand: Er wird uns erst im Rückblick bewusst. Stecken wir mittendrin, verschwenden wir keinen Gedanken daran, wer wir sind, was wir wollen, wie wir aussehen, was andere von uns denken – und was es da an Nervositäten noch so geben mag. Vielmehr herrscht pure Gegenwart. In diesem Zustand gibt es keine Schwierigkeiten. Und wenn, dann sind sie selbstverständlicher Bestandteil der aktuellen Tätigkeit. So besteht das wunderbare «Problem» der Kochenden darin, den richtigen Zeitpunkt zu erwischen, um die Nudeln abzugießen. Und das «Problem» des Joggenden darin, die Steigung im richtigen Tempo hinaufzulaufen. Der Autor Peter Praschl meint sogar, die größte aller Fragen mit dem Hinweis auf dieses Hemdenbügeln und Spaghettisoßekochen beantworten zu können. «Am Ende bleibt von der Glücksforschung nur ein einziger Befund, den man fürs eigene Leben mitnehmen kann: Ganz besonders glücklich ist man immer dann, wenn man etwas so gerne tut, dass man dabei vergisst, wer man ist.»[12] Wem es gelinge, diesen Zustand immer wieder herbeizuführen, sorge nicht nur für punktuelle Befriedigung, sondern könne damit auch «das allgemeine Wohlbefinden, die geistige und körperliche Leistungsfähigkeit sowie die Lebenszufriedenheit steigern», lesen wir dazu im Magazin «Gehirn & Geist».[13]

Es geht also nicht darum, etwas Neues zu erlernen. Vielmehr müssen wir eine vertraute Fähigkeit würdigen und sie ins Zentrum unseres Interesses rücken. Das Schöne daran: Prinzipiell bietet uns jede Tätigkeit die Chance, in diesen Flow zu geraten. Es gibt nichts, was zu banal oder zu nebensächlich wäre. Nur zwei Dinge sollten wir berücksichtigen. Zum einen müssen wir eine gewisse emotionale Nähe zu der jeweiligen Tätigkeit besitzen. Also gerne kochen oder bügeln oder schreiben. (Auch wenn man sich manchmal in den Hintern treten muss, um anzufangen – wissend, dass wir uns gleich in den gewünschten schwebenden Zustand hineingelaufen, hineingebügelt oder hineingekocht haben werden.)

Und zum Zweiten: volle Konzentration auf das eine. Paul Watzlawick erzählt eine kleine Geschichte, die den Ratschlag anschaulich macht. «Ein in Meditation erfahrener Mann wurde einmal gefragt, warum er trotz seiner vielen Beschäftigungen immer so gesammelt sein könne. Er antwortete: ‹Wenn ich gehe, dann gehe ich. Wenn ich sitze, dann sitze ich. Wenn ich esse, dann esse ich.› Da fielen ihm die Fragesteller ins Wort und sagten: ‹Das tun wir auch. Aber was machst du noch darüber hinaus?› Er aber sagte zu ihnen: ‹Nein. Wenn ihr sitzt, dann steht ihr schon. Wenn ihr steht, dann lauft ihr schon. Wenn ihr lauft, dann seid ihr schon am Ziel.»[14]

Dieser Hinweis scheint mir deshalb so wichtig, weil er unseren gehetzten Versuchen widerspricht, möglichst viel möglichst gleichzeitig zu erledigen. Doch wer sich auf nichts wirklich, aber auf alles ein wenig konzentriert, der überfordert nicht nur seine kognitiven Fähigkeiten und produziert miese Ergebnisse. Sondern er vollzieht auch einen zivilisatorischen Rückschritt, so die These des Philosophen Byung-Chul Han. In seinem Essay über die «Müdigkeitsgesellschaft»[15] schreibt er, nur ein Tier in freier Wildbahn müsste multitaskingfähig sein, «damit es beim Fressen nicht selbst gefressen» werde. «Die kulturellen Leistungen der Menschheit» hingegen verdankten wir der entgegengesetzten Fähigkeit: «einer tiefen, kontemplativen Aufmerksamkeit». Ganz ähnlich argumentiert Paul Watzlawick, wenn er (Viktor Frankl zitierend) schreibt, der Mensch könne sich nur in dem Maße selbst verwirklichen, «in dem er sich selbst vergißt, in dem er sich selbst übersieht».[16]

4. VERGESSEN SIE ES. Wenn es uns gelingt, die eigene Person zu vergessen, dann sollte das auch mit unnötigen Problemen klappen, oder? Dazu müssen wir bloß unser Vorurteil über Vergesslichkeit vergessen. Die kann nämlich durchaus bei der Lösung unserer Probleme behilflich sein. Wie hilfreich, das führen uns Menschen wie Jill Price vor Augen. Sie erinnert sich nämlich «an jeden einzelnen Tag»

seit ihrem vierzehnten Geburtstag; als sie das in einem Interview erzählt, ist sie knapp fünfzig Jahre alt und hat «fünf
depressive Episoden» hinter sich.[17] Ihre Erinnerungen tauchen blitzartig auf und laufen wie ein Film in ihrem Kopf ab.
Das oft Unerträgliche daran, so Jill Price: «Ich trage ständig
49 Jahre an Gefühlen mit mir herum; alles fühlt sich so an
wie an dem Tag, als es passiert ist.» Im Ergebnis sei sie oft
«wie gelähmt».

Jill Price sagt zwar, sie würde keine Pillen nehmen wollen, um ihre außergewöhnliche Begabung des totalen Erinnerns zum Verschwinden zu bringen – es wäre freilich verständlich, wenn sie es dennoch täte. Denn es ist nicht nur
völlig irrelevant, uns an das Marillenmarmeladenbrot zu
erinnern, das wir am späten Morgen des 27. Februar 1980
im 9. Wiener Gemeindebezirk gegessen haben (bei strahlendem Sonnenschein und einem leichten Muskelkater nach
der Squashrunde am Vortag). Darüber hinaus verringert dieses Riesengedächtnis auch unsere Chance, einigermaßen
gut durchs Leben zu kommen. Erinnern wir uns nämlich an
jede winzige Kränkung durch unseren Partner, an jede im
jugendlichen Suff begangene Kläglichkeit und an all unsere
Niederlagen – wir würden uns in diesem mit biographischen
Kleinmöbeln vollgestellten Lebenslauf kaum mehr bewegen
können. Wir würden unserem Partner stets von neuem seine
Unachtsamkeit vorwerfen; wir würden jedes Mal in Scham
versinken, wenn wir uns an frühere Peinlichkeiten erinnerten; und wir würden kaum mehr wagen, etwas Riskantes
zu beginnen, weil all unsere Niederlagen wie fiese, kleine
Kommentatoren am Spielfeldrand stünden und jeden unserer Versuche mit höhnischen Sätzen bedächten.

Nur gut, dass wir die Fähigkeit besitzen zu vergessen. So

gelingt es uns, die unzähligen Nichtigkeiten verschwinden zu lassen, die sich in unserem Kopf festsetzen wollen. Und so unterziehen wir unser gespeichertes Wissen auch einer ständigen Sichtung. Rufen wir bestimmte Inhalte über längere Zeit nicht ab, so verblassen sie langsam, bis sie sich schließlich auflösen. Die dadurch entstehenden Freiräume im Kopf verhelfen uns zu jener geistigen Beweglichkeit, die wir für die wechselnden Herausforderungen des Alltags ebenso benötigen wie für das Erlernen von Neuem. Einziges Problem sind all jene Erinnerungen und Lektionen, die sich gegen das Vergessenwerden wehren, obwohl sie genau das in unseren Augen verdient hätten. Aber es gibt Abhilfe.

5. ÜBERSCHREIBEN SIE ALTES MIT NEUEM. Nein, es ist prinzipiell nicht falsch, belastende Ereignisse und bestimmte Probleme verschwinden zu lassen. Wenn Sie wissen, dass ein konkretes Problem Sie nur belastet, anstatt Ihnen weiterzuhelfen, spricht vieles dafür, es bewusst zu vergessen. Ganz nach dem vielzitierten Motto aus der Operette «Die Fledermaus» von Johann Strauss, in der es heißt: «Glücklich ist, wer vergisst, was doch nicht zu ändern ist!» Wie das klappt, haben die Psychologen Karl-Heinz Bäuml und Magdalena Abel von der Uni Regensburg untersucht.[18] Dafür baten sie 360 Personen, sich eine Liste mit Worten einzuprägen. Anschließend teilten sie die Versuchsteilnehmer in drei Gruppen. Die erste sollte gleich im Anschluss eine zweite Liste zu lernen versuchen. Der nächsten Gruppe erzählte man, es habe einen Computercrash gegeben, daher müsse das Experiment wiederholt werden; sie könnten also die erste Liste getrost vergessen, sollten sich dafür aber eine zweite einzuprägen versuchen. Und die Teilnehmer aus

der dritten Gruppe schließlich bekamen die Aufgabe, eine Skizze ihres Elternhauses anzufertigen; direkt danach sollten auch sie die ominöse zweite Wortliste zu lernen versuchen. Hatten die drei Gruppen das erledigt, fragten Bäuml und Abel drei Mal die erste Wortliste ab: nach drei Minuten, nach zwanzig Minuten und nach einem Tag.

Mit einem eindeutigen Ergebnis: Am schlechtesten schnitt jedes Mal Gruppe zwei ab. Also jene Menschen, denen man schlicht und einfach aufgetragen hatte, die erste Liste aus dem Gedächtnis zu streichen. Was nur einen überaus hilfreichen Rückschluss zulässt: Wer sich den Befehl erteilt «Vergiss die peinliche Szene beim Abendessen vergangene Woche, bei dem du dem Gastgeber den Truthahn in den Schoß gekippt hast!» und sich gleichzeitig dazu auffordert, sich an den versöhnlichen Abschluss des Abends zu erinnern, der hat eindeutig bessere Chancen, die Sache aus dem Kopf zu bekommen, als all jene, die sich immer wieder an die Story erinnern. Der unerwünschte Nebeneffekt, dass man sich solcherart um eine Anekdote bringt, mit der man seine Freunde unterhalten könnte, ist zu verschmerzen.

6. WERFEN SIE IHRE PROBLEME EINFACH WEG. Um diese einfache Lösung plausibel zu machen, bedarf es einer kurzen Herleitung. Wir Menschen haben eine innige Beziehung zu unserem Körper. Nicht nur, weil er über unser Ach und Weh entscheidet, sondern auch, weil wir mit seiner Hilfe die Welt von Anfang an zu begreifen lernen – und das im unmittelbarsten Sinne des Wortes. Wir gehen, liegen, stehen, heben hoch, werfen weg, ziehen heran, berühren, streicheln, boxen. All unsere frühkindlichen Erfahrungen machen wir mit Hilfe unserer Sinne, und die haben immer

etwas mit unseren Armen, Beinen und Füßen zu tun. Dieser handgreifliche Umgang mit der Welt prägt sich uns tief ein. Kein Wunder also, dass wir unser Leben lang damit weitermachen; sogar Abstraktes wie Ideen oder Werte betrachten wir, als wären sie buchstäblich greifbar – es wird im dritten Abschnitt noch genauer die Rede davon sein. Das zeigt sich nicht zuletzt an unserer Sprache. So sagen wir zum Beispiel, es herrsche ein ständiger Kampf zwischen Gut und Böse, als wären diese Kategorien zwei Personen, die sich mit ihren Fäusten niederzustrecken versuchen. Oder wir verwenden die Formulierung, wir hätten den «Kopf voll», als wäre unser Gehirn ein Lagerraum, in den wir nicht beliebig viel hineinstopfen können.

Solche Sprachbilder haben nicht nur den Vorteil, Kompliziertes einfach und anschaulich auszudrücken, sie sind außerdem ein simples Mittel, mit Problemen oder belastenden Erinnerungen umzugehen. Genau in diese Richtung weisen viele psychologische Studien, die nahelegen, wir könnten «Gedanken wie physische Objekte behandeln» – etwa indem wir sie auf einen Zettel schreiben.[19] Ob die solcherart festgehaltenen Ideen verblassen oder Gestalt annehmen, hängt nicht von deren Kraft ab, sondern allein davon, was wir mit dem entsprechenden Stück Papier anstellen. Wenn wir etwa den Namen einer ungeliebten Person aufschreiben und den Zettel wegwerfen, habe das «dieselbe Wirkung, als würden wir diese Person auch mental wegwerfen», so die wenig freundliche, aber vielversprechende Formulierung der Wissenschaftlerinnen. Wen oder was auch immer Sie notieren – eine eherne Regel gibt es in jedem Fall zu beachten: Sie müssen es tatsächlich tun, also aufschreiben und wegwerfen. Sich das Ganze nur vorzustellen bleibt wirkungslos.

Wer diese These akzeptiert, dem stehen schlagartig eine Menge einfacher Lösungen zur Verfügung. So könnten wir nicht nur Zettel beschriften und wegwerfen, sondern das Konzept auf – gleichsam von der Erinnerung beschriftete – Gegenstände ausdehnen. Also Neustarts befördern, indem wir das emotionsbeladene Sofa verschenken oder die Büroeinrichtung der gescheiterten Firma verkaufen. Es ist nämlich nicht egal, ob wir noch Monate nach dem Ende der unglücklichen Beziehung im Lieblings-T-Shirt der oder des Ex herumlaufen. Vielmehr tragen wir die schmerzende Erinnerung im wahrsten Sinne des Wortes auf dem Leib. Wenn Sie also einen freien Kopf benötigen, dann sehen Sie zu, alles Belastende so schnell wie möglich loszuwerden. Würdigen Sie den zu verabschiedenden Gegenstand, damit Sie ihn auch wirklich loslassen können. Es klingt zwar ein wenig absurd, aber Sie können sich in einem kleinen Abschiedsritual bei einem liebgewonnenen Gegenstand dafür bedanken, dass er Ihnen gute Dienste geleistet hat. Um ihn dann wegzugeben. Und mit ihm die ganzen Probleme, die er symbolisch gespeichert hat.

Wenn Sie sich bei alledem ein wenig albern vorkommen, ist das ganz normal. Sie sollten es dennoch versuchen. Als Einstimmung könnten Sie sich an das «Denkarium» von Albus Dumbledore erinnern. Diese Steinschale aus «Harry Potter» dient der Aufbewahrung jener Gedanken, die der Magier sich mit Hilfe seines Zauberstabs aus dem Kopf gezogen hat, eindrucksvoll lange und ätherische Gedankenfäden. Sollte Ihnen auch dieses Bild nicht helfen, sich mit dem Wegwerf-Prozedere anzufreunden, dann schreiben Sie bitte den folgenden Satz auf einen Zettel: «Es ist lächerlich und mit den Grundsätzen eines rationalen Erwachsenen nicht vereinbar, problematisches Zeug auf Zettel zu schreiben und diesen dann zu vergraben.» Nehmen Sie den Zettel, falten Sie ihn zweifach und machen Sie einen kleinen Spaziergang in eine Gegend, die Sie nicht kennen (und von der Sie wissen, dass es so bleiben wird). Sind Sie dort angekommen, graben Sie ein kleines Loch und legen den Zettel hinein. Zuschütten, drauftreten, umdrehen, weggehen, vergessen. Vergessen! Sie werden sehen, es wirkt.

Es spricht absolut nichts dagegen, dieses Notieren, Wegwerfen und Verschenken nach eigenen Vorstellungen zu gestalten. Und ein eigenes Ritual draus zu machen, wie immer es auch aussehen mag. In Familienaufstellungen etwa stehen Kissen für innerfamiliäre Probleme, die Kinder von ihren Eltern übernommen haben und die sie diesen nun symbolisch zurückgeben. Allein, für sich, aber real. Dazu sagt man Sätze wie: «Ich achte euer Schicksal, aber ihr habt mir da etwas gegeben, das zu euch gehört. Ich gebe es euch zurück.»

Der Psychologe Steve de Shazer hat bereits 1969 ein entsprechendes Ritual entwickelt, das er «Aufschreiben, Lesen und Verbrennen» nannte.[20] Im Gegensatz zum bisher Gesagten empfiehlt er ein deutlich strukturierteres Vorgehen für den Fall, dass wir von Erinnerungen an die große gescheiterte Liebe gequält werden. Um die Trauer zu überwinden, sollten wir am besten so vorgehen: Uns jeden Tag zur selben Zeit an einen geschützten Ort begeben, und zwar für mindestens eine, maximal eineinhalb Stunden. An ungeraden Tagen sollten wir uns in dieser Zeit ganz den Erinnerungen hingeben und sie notieren, «selbst wenn das bedeutete, daß Sie die gleichen fünf Sätze» immer wieder aufschreiben. An den geraden Tagen hingegen gelte es, die Notizen durchzulesen, um sie anschließend zu verbrennen. Wenn sich die quälenden Gedanken zu einer anderen Tageszeit einstellen, gibt es zwei Möglichkeiten: Wir können uns sagen «Jetzt habe ich über andere Dinge nachzudenken; an diese Sache werde ich zur festgesetzten Zeit denken». Oder aber wir machen uns eine Notiz, um uns darauf hinzuweisen, dass es für diese Erinnerungen eine bestimmte Tageszeit gibt. Die Mischung aus Fokussierung und Verbrennen bewirke, dass die Trauer irgendwann jenen Stellenwert bekommt, der ihr zusteht. Wie lange das Ganze dauert? «In aller Regel schreiben die Klienten ihren Kummer nicht mehr als dreimal nieder, bevor sie sich auf etwas Besseres besinnen und die störenden Gedanken ausbleiben.»

7. IGNORIEREN SIE DAS UNERWÜNSCHTE. Wenn Kinder beim Skateboardfahren stürzen und sich ein paar Schrammen holen, dann bemitleiden wir sie. Das ist richtig und falsch zugleich. Richtig, weil wir sie spüren lassen, dass wir mit ihnen fühlen. Und falsch, weil wir so ihre Aufmerksamkeit auf den Schmerz richten. Das hat zur Folge, dass sie ihn intensiver wahrnehmen.[21] Daher sollten Sie sich nach der ersten Versorgung weitere Fragen nach dem Zustand des Knies sparen (es sei denn, die Wunde entzündet sich, klar). Sie können Ihrem Kind auch anders etwas Gutes tun. Realisieren Sie einfach den längst überfälligen Besuch im Eissalon; der Genuss eines extragroßen «Coupe Surprise» zieht alle Aufmerksamkeit auf sich, weshalb fürs Herumjammern kaum Kapazitäten bleiben dürften.

Diese einfache Grundregel lässt sich auch auf all jene seelischen Schmerzen anwenden, von denen wir wissen, dass sich ihr wesentlicher Zweck darin erschöpft, uns das

Leben schwerzumachen.[22] Wenn Sie also das nächste Mal eine Freundin treffen, die unter einer frischen Trennung leidet, dann reduzieren Sie das Gespräch über die emotionale Katastrophe auf ein Minimum. Hören Sie zu, das ja. Aber einmal abgesehen davon, dass Sie in der Vergangenheit keine Lösungen finden werden – je länger Sie Ihrer beider Aufmerksamkeit den Schmerzen, den Kränkungen und den Demütigungen widmen, umso mehr wird Ihre Freundin darunter leiden. Ist das Ihr Ziel? Eben. Deutlich sinnvoller ist es hingegen, nach neuen Zielen zu suchen. Und sei es nur ein Besuch im bereits erprobten Eissalon. Das gilt natürlich auch für die eigene Person. Nach einer Trennung zu trauern ist sinnvoll. Einen kleinen Erinnerungsaltar samt Bild, getrockneter Rosenblüte und Kinokarte aufzubauen weniger. Besser, Sie verbrennen das ganze Zeug. Siehe oben.

Ähnliche Mechanismen können Menschen nutzen, die an chronischen Schmerzen leiden. Der Psychologe Michael Dobe hat sich in diesem Zusammenhang vor allem mit Kindern beschäftigt und für sie die sogenannte Schmerzprovokationstechnik entwickelt.[23] Sie hat das Ziel, den Kindern beizubringen, wie sie ihre Aufmerksamkeit zum eigenen Vorteil lenken können. Erst zeigt Michael Dobe seinen jungen Patienten durch praktische Übungen, dass sie ihre chronischen Schmerzen verstärken, indem sie sich darauf konzentrieren. Auf diese Weise lernen sie, dass sie ihr Empfinden ganz offensichtlich beeinflussen können. Nun ist es nur mehr ein kleiner Schritt, bis die Kinder erfahren, dass die Sache auch andersherum funktioniert. Sie es also in der Hand haben, ihre Schmerzen allein dank der Kraft ihrer Konzentration zu dämpfen und irgendwann sogar ganz zum Verschwinden zu bringen. Nicht, weil sich ihr Gesundheitszustand objektiv verändert hätte, sondern ausschließlich deshalb, weil sie in der Lage sind, den Scheinwerfer ihrer Aufmerksamkeit wie professionelle Beleuchter zu steuern.

Auf ganz ähnlichen Überlegungen basiert das «Positive Parenting»-Programm. Die Vertreter dieses Erziehungskonzepts sind der Überzeugung, dass schon kleine Lösungen Großes bewirken können. Eine Empfehlung lautet, man solle «geringfügiges Problemverhalten» vorsätzlich ignorieren. Dazu zählen Angewohnheiten wie «Jammern, mit alberner Stimme sprechen oder Schimpfwörter benutzen».[24] Wichtig sei es, beim standhaften Ignorieren weder das Kind anzusehen noch mit ihm zu sprechen, nötigenfalls sogar wegzugehen. Und zwar um sich nicht aus der Ruhe bringen zu lassen, wenn es seine Bemühungen verstärke, sich danebenzubenehmen. All das diene nur einem einzigen Ziel: unsere Aufmerksamkeit zu erringen. Und genau das solle man verhindern. Irgendwann werde das Kind einsehen, dass seine Strategie nicht verfange, und sein Jammern einstellen. In diesem Augenblick, so die Vertreter des «Triple P», sollten wir das Kind loben.

8. SEIEN SIE ARROGANT. Einen arroganten Menschen zeichnet aus, dass er sich für bestimmte Dinge zu gut ist. Und zwar für all jene, die ihm schaden. Ich weiß, es handelt sich um eine eigenwillige Interpretation des Begriffs, der zudem noch negativ besetzt ist. Trotzdem würde ich ihn gerne benutzen, denn in ihm steckt ein lateinisches Wort, das uns weiterhelfen kann. Es lautet «arrogare» und bedeutet nichts anderes als «etwas Bestimmtes für sich beanspruchen». Und das sollten wir tun: nämlich für uns beanspruchen, nicht alles und jedes vergleichen zu wollen und zu müssen.

Dieses Vergleichen ist nämlich eine unserer liebsten Alltagsbeschäftigungen. Denn wir können uns nur dann ein Urteil über Gott, die Welt und die aktuellen Leistungen unserer Lieblingsfußballmannschaft erlauben, wenn wir das eine mit dem anderen vergleichen. Das eigene Gewicht mit dem unserer Freunde. Den eigenen Job mit jenem der Kollegen. Und das Fahrrad der einen Marke mit jenem der anderen. Erst wenn wir in einer Gruppe normaler Erwachsener stehen, werden wir erkennen, zum Beispiel ziemlich groß zu sein, weil wir die meisten um einen Kopf überragen. Und erst wenn wir in einen Haufen verschwitzter Basketballer geraten, werden wir realisieren, dass wir ziemlich klein sind, die Bezeichnung «groß» relativ ist und dass es verschiedene Vorstellungen davon gibt, wann es an der Zeit ist zu duschen.

Wir werden also immer dann Dinge miteinander vergleichen müssen, wenn wir uns ein valides Urteil bilden wollen. Über den stabilsten Geschirrspüler, die abenteuerlichste Reiseroute, die knackigsten Äpfel, das Leben im Allgemeinen und das eigene im Besonderen. In jedem einzelnen Fall eine Herausforderung, in der Regel aber machbar. Sobald wir jedoch die reale Welt verlassen und die virtuelle betreten, kann es sein, dass wir uns Probleme einhandeln, die wir ohne soziale Netze nie bekommen hätten.

Viele Menschen haben den Eindruck, sich nur mittels Facebook «vernetzen» zu können, um beruflich wie privat erfolgreich zu sein. Das mag für manche Berufe gelten, keineswegs für alle. Die allermeisten Facebook-User schaffen etwas ganz anderes: sich ihr Leben zu vermiesen. So die Kurzfassung einer Studie, die im US-amerikanischen Bundesstaat Utah durchgeführt wurde.[25] Sie beschäftigte sich mit der Frage, wie realistisch wir das Leben unserer Face-book-Freunde bewerten. Die Probleme beginnen damit, dass Menschen vorwiegend positive Nachrichten und Bilder posten. Eine weit verbreitete Gewohnheit, und daher ein sozial erwünschtes Verhalten. Es gehört zu den Eigenhei-ten solch positiver Nachrichten, dass wir sie besonders gut in Erinnerung behalten. Klingt harmlos, verleitete aber die 425 Teilnehmer der Studie zu einem verhängnisvollen Irr-tum: dass nämlich «die anderen ‹immer› glücklich sind und ein erfülltes Leben leben». Das eigene Schicksal hingegen erschien den Studienteilnehmern im Vergleich dazu deut-lich mieser und freudloser. Weshalb sie auch der Aussage zustimmten, das Leben sei grundsätzlich «nicht fair».

Ein ganz offensichtlicher Irrtum. Und ein gut erforsch-ter noch dazu. Er gehört zu den «Attributionsfehlern» und besteht in der Annahme, das gepostete Glück der anderen begründe sich in deren Charakter. Sie seien also prinzipiell glückliche Persönlichkeiten, hätten uns mithin einiges vor-aus. Auf die deutlich näherliegende Idee komme hingegen kaum jemand: dass die Nachrichten rein situationsbedingt entstanden sein könnten und keine Rückschlüsse auf die Persönlichkeit der Urheber zuließen. Vielleicht hat das Bild, auf dem alle so siegesgewiss-fröhlich in die Kamera grinsen, den einzig ausgelassenen Moment einer ansons-ten sterbenslangweiligen Party festgehalten? Und bei dem hinreißenden Familienporträt handelt es sich vielleicht um die einzig gelungene Aufnahme aus einer langen Serie von Schnappschüssen, auf denen die Familienmitglieder wie Wasserleichen aussehen, weil sie keine Lust auf die Fotoses-sion hatten.

Ist das nicht ein leicht zu durchschauendes Spielchen?

Offenbar nicht. Die Wissenschaftlerinnen beobachteten vielmehr zwei paradoxe Phänomene. Zum einen: Je mehr «Freunde» die Studienteilnehmer hatten, die ihnen persönlich nicht bekannt waren, umso mehr verstiegen sie sich in die Phantasie, die anderen seien prinzipiell glücklicher als sie. Und auch um die Fähigkeit zur Selbsterkenntnis stehe es schlecht. «Eigentlich», schreiben Hui-Tzu Grace Chou und Nicholas Edge in ihrer Studie, «könnte man annehmen, dass erfahrene Facebook-Nutzer wissen, welche Tricks die Leute anwenden, um ihren Eindruck auf andere zu beeinflussen.» Schließlich tun sie selbst genau das Gleiche. Die User müssten sich also dessen bewusst sein, stets nur ein verzerrtes Bild vor Augen zu haben. Doch nichts davon. Vielmehr würden die Studienergebnisse den gegenteiligen Schluss nahelegen. Die erfahrenen Facebook-Nutzer blieben felsenfest bei ihrer Einschätzung.

Gegen diese folgenschweren Irrtümer hilft nur eins: An der eigenen Arroganz zu arbeiten. Betrachten Sie es ab sofort als Beleidigung Ihrer Intelligenz, dass andere versuchen, Sie mit durchsichtigen Jubelmeldungen zu beeindrucken. Stellen Sie sich aufrecht hin und sprechen Sie jene Leute in Gedanken an: «Ich weiß, dass ihr auch bloß über die Runden kommen wollt wie wir alle. Ich will euch gerne dabei helfen. Aber es ist unter meiner Würde, wenn ihr das mit Hilfe so billiger Tricks zu erreichen versucht. Mehr Einsatz bitte! Dann sehen wir weiter.»

Der zweite Ausweg aus dem virtuellen Selbstdemütigungsdschungel: Wenden Sie Ihrem Handy oder Computer den Rücken zu und werden Sie real. Verabreden Sie sich mit jenen Freunden, die Ihnen da eine glücksstrahlende Bildergalerie nach der anderen präsentieren. Sie werden die unterschiedlichsten Geschichten aus ihrem Leben zu hören bekommen. Schöne, traurige, langweilige, erhellende, triviale. Und das hat einen wohltuenden Effekt: Sie werden sich mit dem eigenen Leben zu versöhnen beginnen. Auch das ein naheliegendes, aber hilfreiches Ergebnis der Studie aus Utah.

Warum aber, zum Teufel, bewegen wir uns *überhaupt* in einem sozialen Netzwerk wie Facebook? Was hält uns dort fest? Es ist jene Neuigkeitssucht der eigenen Aufmerksamkeit, jene Gier nach dem Herumschweifen, um die es weiter oben ging.[26] Facebook gelingt es, diese Gier zu wecken und immer wieder neu anzustacheln. Indem es uns den exklusiven Zugang zu den Selbstdarstellungen anderer Menschen gewährt, die exakt dasselbe wollen wie wir: die eigene Neugier befriedigen und die Aufmerksamkeit anderer erregen. Wer hat etwas Aufregendes erlebt, fragen wir uns? Wem gelingt es mit welchem aggressiven Posting, wen aus der Reserve zu locken? Wie viele Likes und Smileys hat uns das eigene Video eingebracht? Jedes einzelne dieser Postings zieht den Scheinwerfer unserer Aufmerksamkeit magisch an, hält ihn ein paar Sekunden lang fest, um ihn schließlich an das nächste zu verlieren. Sobald wir uns darauf eingelassen haben, schwimmen wir durch einen endlosen, sich stets neu erschaffenden Strom von Texten, Bildern, Filmchen, Sprüchen und Gossip. Mit dem Ergebnis, dass wir in einem virtuellen Raum verschwinden, in dem es keine Zeit zu geben scheint – während draußen, im *real life*, die kostbaren Lebensminuten verdampfen.

Es kursieren unterschiedliche Zahlen darüber, wie oft wir täglich aufs Handy schauen (zwischen 88 und 221 Mal) und wie viel Zeit wir täglich in sozialen Netzwerken verbringen (rund zweieinviertel Stunden).[27] Selbst wenn wir eine konservative Schätzung heranziehen, sind es immer noch 75 Minuten. Wären wir Handwerker und würden diese Zeit in Rechnung stellen, dann kämen wir bei einem durchschnittlichen Stundenlohn von 50 Euro auf eine Summe von 1867,50 Euro monatlich. Fertig ist die Verlustrechnung. Erscheint Ihnen diese Schätzung überzogen, installieren Sie doch bitte eine entsprechende Software auf Ihrem Computer oder Handy. Sie wird aufzeichnen, wie oft und wie lange Sie in welchen Teilen des Netzes unterwegs sind. Menschen, die diesen Selbstversuch gewagt haben, berichten von schockierenden Selbsterkenntnissen.

Nur gut, dass wir an alledem selbst schuld sind. So haben wir es in der Hand, etwas dagegen zu tun. Die Lösung ist einfach, aber anstrengend. Sie kann nur darin bestehen, aus einer Haltung der Arroganz heraus diesem selbstschädigenden Spielchen ein Ende zu bereiten. Verabschieden Sie sich von der Phantasie, Facebook und Co. seien harmlose Schoß-hündchen, die ein wenig Freude in unser Leben brächten. Die wir also immer dann herbeipfeifen können, wenn uns nach ein wenig unverbindlicher Nähe eines lebendigen Wesens zumute ist. Das ist ein fataler Irrtum. Wir müssen uns Facebook vielmehr als gefräßiges Monster vorstellen, das sich im Zentrum unseres Lebens breitgemacht hat. Und dem ein einzigartig zynisches Kunststück gelingt: Uns jene Inhalte produzieren zu lassen, die wir gleichzeitig so gierig konsumieren, während es unsere Aufmerksamkeit teuer an Unternehmen verkauft. Es sieht so aus, als hätte Facebook das Perpetuum mobile *doch* noch erfunden, wenn es auch anders aussieht als ursprünglich angenommen. Dass wir beim Nachdenken über die sozialen Medien ruhig ein wenig auf die apokalyptische Tube drücken können, dazu ermuntern uns diverse Wissenschaftler. Sie haben im Jahr 2015 ein Manifest mit dem Titel «Digitale Demokratie statt Datendiktatur» verfasst. Darin heißt es: «Mit ausgeklügelten Manipulationstechnologien» würden Internet-Plattformen uns «in Zukunft zu ganzen Handlungsabläufen bringen können». Und weiter: «Die Entwicklung verläuft also von der Programmierung von Computern zur Programmierung von Menschen.»[28]

Worauf warten wir also noch? Am besten, Sie nehmen Ihren Kalender zur Hand und schaufeln täglich ein paar analoge Stunden frei. In denen ist es ab sofort denkunmöglich, aufs weiße «F» auf blauem Grund zu klicken. Nutzen Sie stattdessen die Zeit, um endlich zu tun, was Sie sich im Laufe eines Tages bisher nicht erlaubt haben. Die Möglichkeiten sind weitreichend: Notizen darüber machen, was in Ihrem Leben genau so bleiben sollte, wie es gerade ist. Mit hinter dem Rücken verschränkten Armen durch den Park gehen und dabei einen seltsamen Gedanken zu Ende denken. Meditieren. Schwimmen. Sich langweilen und warten, was kommt.

DENK DIR ETWAS AUS

*Um ein Problem einfach und schnell zu lösen, kann alles
so bleiben, wie es ist. Wir müssen es bloß hinbekommen,
unseren Blick darauf zu verändern. Und schon haben
wir unsere Bewegungsfreiheit wiedererlangt.*

Am 14. November 2017 erkrankten fünfunddreißig Millionen erwachsene US-Amerikanerinnen und Amerikaner – und zwar von einer Sekunde auf die andere. Eben noch hatten sie als gesund gegolten, nun waren sie krank und schwebten in Gefahr, einen Herzinfarkt zu erleiden, einen Schlaganfall oder eine Gehirnschädigung. Ihre Diagnose: Bluthochdruck. Schuld an diesem dramatischen, sich lautlos ereignenden Desaster war etwas vollkommen Unscheinbares: In den USA waren nur zwei Zahlen verändert worden. Und zwar die eine von 140 auf 130, und die andere von 90 auf 80. Zusammengenommen ergeben sie jenen Grenzwert, der darüber entscheidet, ob man von jemandem sagt, er leide an Bluthochdruck oder eben nicht. Bislang hatten sowohl in Amerika als auch in Deutschland dieselben Werte gegolten, nämlich 140/90 mmHg.[29] Eine zweiundzwanzigköpfige Gruppe amerikanischer Fachleute senkte sie nun auf 130/80 mmHg. Stichtag: der 14. November 2017. Mit dem sehr weitreichenden Effekt, dass nicht mehr 32 Prozent der erwachsenen Amerikaner unter Bluthochdruck litten, sondern knapp die Hälfte. 46 Prozent, um genau zu sein.

Wie die Betroffenen reagierten, wissen wir nicht. Eines

lässt sich freilich mit Gewissheit sagen: Auf dem Papier haben sie ab sofort ein Problem mehr, selbst wenn die Modifikation der Grenzwerte nichts an ihrem subjektiven Wohlbefinden geändert hat. Es genügt, dass die Betroffenen seitdem als gefährdet gelten und spätestens beim nächsten Arztbesuch Dementsprechendes zu hören bekommen. Den Ärzten und Pharmamanagern hingegen muss die kleine Regeländerung als riesengroßer Glücksfall erscheinen. Wo Krankheit, da Gewinne. Der Hauptautor der neuen Leitlinien, Dr. Paul Whelton, sagte zwar, der Großteil der frischgebackenen Kranken könne durch einen gesunden Lebenswandel seine Lage verbessern, nur ein Fünftel von ihnen würde Medikamente benötigen. Wenn ich richtig gerechnet habe, sind das immer noch sieben Millionen Menschen, die von den amerikanischen Ärzten und Apotheken ab sofort als potenzielle Kunden begrüßt werden können. Als man die Autoren und Autorinnen der neuen Leitlinien fragte, ob es bei ihnen irgendwelche Interessenkonflikte gebe, bestätigten fünf, «von Biotech- oder Pharmaunternehmen Gelder zu empfangen». So war das im Spiegel nachzulesen.[30] Hm.

Wir Menschen benötigen Regeln, keine Frage. Nicht nur um kranke von gesunden Menschen unterscheiden zu können, sondern auch, um nicht planlos durch die Welt zu stolpern. Es gibt keinen Moment unseres Lebens, in dem wir nicht auf irgendwelche Vereinbarungen zurückgreifen würden. Fahren wir Fahrrad, halten wir uns rechts und gehen davon aus, dass die anderen es genauso tun; betreten wir einen Raum, fühlen wir uns schlagartig wohl, wenn er unseren Vorstellungen von gutem Geschmack entspricht; steigen wir in die U-Bahn, knistert in unserer Jackentasche ein gültiger Fahrschein; begegnen wir fremden Menschen,

geben wir ihnen die Hand und sagen, **Wie wir eine Situation**
wie wir heißen; wollen wir verstanden **einschätzen, hängt**
werden, benutzen wir Worte, die den An- **vom Rahmen ab, den**
wesenden bekannt sind. **wir ihr geben**

Dass wir manche dieser Regeln nur
halb befolgen, manche gar nicht und wieder andere in Frage
stellen, ändert nichts daran, dass es sie gibt und dass sie
eine grundsätzliche Rolle erfüllen. Sie definieren ganz konkrete Situationen. Es gibt verschiedene Begriffe für dieses
Regelwerk. Einer davon lautet «Frame». Verwendet wird er
von vielen Psychologen, wenn sie jenen «begrifflichen und
gefühlsmäßigen Rahmen» beschreiben wollen, «in dem
eine Sachlage erlebt und beurteilt wird».[31] Frames sind vergleichbar mit den Regeln eines Spiels.[32]

Diese Frames haben eine doppelte Funktion: Zum einen
ermöglichen sie uns, eine gewisse Ordnung in einer bestimmten Situation zu konstruieren. So sichten zum Beispiel
die US-amerikanischen Gesundheitsfachleute die unzähligen Symptome, die wir Menschen so zeigen, und ordnen sie
verschiedenen Krankheitsbildern zu, in diesem Fall einem
namens «Bluthochdruck». Sind wir zu Hause und betreten
einen Raum, in dem wir einen Tisch, ein paar Stühle, eine
schwarze Fläche mit Knöpfen dran und silberglänzenden
zylindrischen Objekten obendrauf entdecken und daneben
einen bunten Haufen von Dingen, die wir als essbar kennengelernt haben – dann werden wir darin eine Ordnung entdecken beziehungsweise sie herzustellen versuchen und sie
unter dem Regelwerk «Küche» und «Kochen» zusammenfassen.

Liegt zwischen dem Knoblauch und den Oliven ein
Schlüsselbund, werden wir vielleicht ein wenig irritiert sein,

weil er gegen die Regel «Auf der Kücheninsel befindet sich, was dem Kochen dient» verstößt. Dafür passt das Ding in einen anderen Rahmen, und zwar jenen, der Sinn und Ordnung unseres Schlüsselbretts definiert. Womit wir die zweite Funktion unserer Frames kennengelernt hätten. Sie lassen uns sinnvoll und zielgerichtet mit der Situation «Küche» und «Schlüsselbund» umgehen, eine neue Ordnung herstellen, die den eigenen Vorstellungen entspricht, und aussortieren, was nicht dazu passt. Der Frame der US-amerikanischen Gesundheitsfachleute hat zur Folge, dass Menschen mit bestimmten Symptomen nicht nur als «krank» bezeichnet werden, sondern dass man sie auch dazu auffordert, ihren Lebensstil zu ändern oder Medikamente einzunehmen. Das Ziel: Ihr Blutdruck soll unter jene Werte sinken, die den geltenden Spielregeln gemäß als ungefährlich gelten. Ist das gelungen, werden die ehemals «Kranken» einer neuen Gruppe zugeordnet, die wir «die Gesunden» nennen oder «die Behandelten». Das heißt: Rahmen sind nicht nur Regeln, «nach denen wir unsere Realität konstruieren»,[33] sondern auch Vorschriften dafür, wie wir mit diesem konstruierten Stück Realität umgehen.

Wie sehr eigene Frames unsere Urteile und Handlungen bestimmen, hängt unter anderem davon ab, wie groß wir sie aufspannen. Um bei der Szene in der Küche zu bleiben: Wenn wir bloß das Sammelsurium auf der Arbeitsplatte in den Blick nehmen, dann werden wir den Schlüssel als störend empfinden und beiseitelegen, aber das war's dann auch schon. Haben wir hingegen immer wieder die Erfahrung gemacht, dass die Mitglieder der Familie alles, was sie gerade nicht brauchen, auf die Kücheninsel werfen in der begründeten Annahme, wir würden es wegräumen – dann werden wir unseren Rahmen deutlich erweitern und das große Ganze betrachten. Das Resultat: Wir werden uns angesichts des Schlüssels ärgern, ein bisschen schimpfen und die Angelegenheit als weiteren Beweis dafür verstehen, dass wir den anderen ständig hinterherräumen müssen.

Wie sehr uns also der Schlüssel beschäftigt und wie wir angesichts seines Herumliegens reagieren, hängt davon ab, welche Dimension wir unserem Frame geben und welche Rolle damit der Schlüsselbund zugesprochen bekommt. Es ist typisch für Riesenframes, dass winzige Details zu einem großen Problem werden können, die den Familienfrieden in Schutt und Asche legen. Die extremste Form sind «globale Bezugsrahmen», wie Steve de Shazer sie nennt. Sie umfassen sprichwörtlich alles und jeden. Um einen solchen zu illustrieren, schildert der Psychologe den Fall eines Mannes, der fest davon überzeugt ist, die CIA wolle ihn ermorden. Aufgrund dieses Frames habe er selbst harmloseste Ereignisse – eine ramponierte Stoßstange – als zwingenden Beweis für die Gültigkeit seiner Annahmen verstanden.[34]

Wer glaubt, die CIA verfolge ihn, hält selbst eine Beule im Auto für ein Attentat

Neben der Größe spielt die Stabilität unserer Rahmen eine ganz entscheidende Rolle. Ob wir sie also konsequent aufrechterhalten oder ob wir bereit sind, sie aufgrund von Einwänden oder Gegenbeweisen in Frage zu stellen. Der Mann in nachfolgender Anekdote ist ganz offensichtlich ein Großmeister unzerstörbarer Frames. Er hat es eilig, setzt sich in sein Auto und rast los. Er fährt auf die Autobahn, beschleunigt und registriert heftigen Gegenverkehr. Gegenverkehr? Auf der Autobahn? Na gut. Da ertönt das typische Dringendeverkehrsnachrichtengedudel: «Achtung auf der

A3!», sagt eine Stimme, «zwischen Diez und Bad Camberg kommt Ihnen ein Geisterfahrer entgegen! Bleiben Sie rechts und überholen Sie nicht!» Kaum hat der Mann die Warnung gehört, schreit er das Radio an: «Was heißt einer! Hunderte!»

Es hängt ganz von der konkreten Situation ab, ob ein formbarer oder stählerner Frame von Vorteil ist. Einer der wichtigsten Autoren des 20. Jahrhunderts zum Beispiel, Samuel Beckett, wäre wohl nie zu Lob und Ehre gelangt, hätte er nicht auf seinem persönlichen Weltverständnis beharrt. Der spätere Nobelpreisträger musste eine längere Phase der Erfolglosigkeit überstehen, jahrelang darauf warten, dass jemand seinen Erstlingsroman «Murphy» verlegte und sein legendäres Theaterstück «Warten auf Godot» inszenierte. Hätte Beckett nicht an seinem Frame «Ich bin ein ernstzunehmender Schriftsteller, und meine Werke sind wichtig» festgehalten, wäre er wohl Englisch-Lektor geblieben. Unserem immer noch auf der Autobahn dahinrasenden Mann hingegen würde es guttun, wenn er seine Bewertung der Lage als das erkennt, was sie ist: bewundernswert eigensinnig, aber stark selbstgefährdend.

Weil Rahmen sich ändern lassen, lösen sich Probleme mitunter in Luft auf

Das Leben wäre zweifellos einfacher, wenn alle Menschen dieselben Frames für dieselben Situationen entwickeln würden. Aber wie Sie aus Erfahrung wissen, ist dem nicht so. Jeder von uns entfaltet seinen eigenen Blick auf jene Unzahl von Situationen, aus denen unser Alltag besteht, und das mitunter in mehrfachen Varianten. Deshalb löst der Schlüsselbund auch immer wieder andere Reaktionen in uns aus. Einmal stört er uns nicht weiter, weil wir ihn als das sehen, was er ist: ein zufällig daliegender Gegenstand. Ein andermal stellt er den sprichwörtlichen Tropfen dar, der das Konfliktfass zum Überlaufen bringt. Knifflig gestaltet sich der Umgang mit eigenen Frames auch deshalb, weil wir mitunter nichts von deren Existenz ahnen. Sie verstecken sich hinter den Kulissen jenes «Theaters des Bewusstseins», von dem wir im vorigen Abschnitt gehört haben. Sosehr wir uns auch bemühen – die Scheinwerfer unserer Aufmerksamkeit werden sie nie erfassen.

Weil wir bereits Schwierigkeiten damit haben, uns mit uns selber zu einigen, gestaltet sich das Zusammenleben mit anderen oft so unendlich mühselig. Sie erinnern sich an das Paar und seine unterschiedlichen Auffassungen von Nähe und Distanz? Zum Problem werden diese unterschiedlichen Frames erst dann, wenn zumindest einer der Beteiligten davon überzeugt ist, seine Spielregeln seien die allgemein verbindlichen. Und deshalb das Verhalten des anderen als «falsch», «bösartig» oder «unsensibel» bezeichnet.

Die beste Nachricht besteht freilich darin, dass unsere Frames hausgemacht sind. Sonderanfertigungen. Zusammengebastelt. Hingefrickelt. Deswegen lassen sie sich auch modifizieren oder sogar ganz auflösen. Das gestaltet sich nicht immer ganz einfach, aber es ist machbar, wenn man weiß, wie's geht. «Reframing» nennen die Psychologen diesen Vorgang. Eine wichtige Bedingung, um einen Rahmen durch einen anderen zu ersetzen, sei, dass dieser «den ‹Tatsachen› der Situation ebenso gut oder sogar besser gerecht wird» als der alte. Dadurch ändere sich die «Gesamtbedeutung» der Situation. Und mit ihr unsere Handlungsoptionen.[35]

Dieses «Reframing» kann eine einfache Lösung für komplexe Probleme sein. Es geht dabei ausschließlich darum, unseren Blick zu ändern. Dahinter steckt die Annahme, dass bereits geänderte Spielregeln uns in die Lage versetzen, anders zu handeln als bisher. Das heißt: Solange wir in dem bereits mehrfach bemühten Schlüsselbund immer nur ein untrügliches Zeichen dafür erkennen, dass die anderen Familienmitglieder uns als ihren Hausbediensteten betrachten, der ihren Alltag organisiert, werden wir uns dementsprechend verhalten. Gelingt es uns aber, die Szene in einen anderen Rahmen zu setzen, verfügen wir auch über neue Handlungsmöglichkeiten. Stellen wir uns zum Beispiel vor, wir wären eine Art Forschungsreisender, der die Gebräuche eines fremden Stammes studiert, dann wird die ganze Küchenszene schlagartig ihren Charakter ändern. Und die Kombination aus Kochgeschirr und Schlüsselbund könnte sich in den Ausdruck faszinierender Riten verwandeln.

Paul Watzlawick setzt große Hoffnungen darauf, dass wir eines Tages verstehen, dass wir «die Konstrukteure» unserer «eigenen Wirklichkeit» sind. Dann «wären wir erstens frei, denn wer weiß, daß er sich seine eigene Wirklichkeit schafft, kann sie jederzeit auch anders schaffen». Zweitens würden wir verstehen, «im tiefsten ethischen Sinn verantwortlich» für all das zu sein, was wir tun; Ausreden wären schlagartig obsolet. Und drittens wären wir dann «im tiefsten Sinne konziliant». Abschließend seufzt der österreichische Psychologe laut und vernehmlich, wenn er schreibt: «Natürlich gibt es solche Menschen sehr, sehr selten.»[36]

Das Faszinierende an der Strategie des Reframing besteht also darin, dass sie genau das leistet, was wir von einfachen Lösungen erwarten: Sie ist schnell zu entwickeln und hat weitreichende Auswirkungen. Denn nicht nur wir werden unser Verhalten aufgrund eines neues Frames ändern, sondern auch die Mitglieder unserer Familie, die da in der Küche ein und aus gehen. Eine Erfahrung, die das Gefühl in uns stärkt, auch komplexe Situationen beeinflussen zu können. Eines muss uns freilich bewusst bleiben: Die realen Verhältnisse bleiben in diesem Kontext unangetastet. Der Schlüsselbund liegt auf der Kücheninsel und bewegt sich keinen Millimeter zur Seite, sosehr wir auch umzudenken versuchen. Ob er dort auch für alle Zeit liegen bleibt, hängt ganz davon ab, welchen Reim wir uns auf ihn machen. Sehen wir ihn als Talisman, der sich positiv auf die häusliche Küche auswirkt, werden wir ihn ganz bewusst liegen lassen. Bleiben wir bei der Einschätzung, in dem Schlüsselbund materialisiere sich unsere subalterne Rolle in der Familie, werden wir Krach schlagen. Und gelingt es uns, aus dem Aufräumen ein fröhliches Familienspiel zu machen, bei dem man Bonuspunkte für Kinobesuche sammeln kann, dann wird sich die Frage nach dem Ding erübrigen.

Was das Reframing so hilfreich macht, schreibt Watzlawick, sei der Umstand, dass der Bewusstseinswandel «eine neue Art des Auftretens mit sich» bringe. Dies drücke sich «durch die mannigfaltigen und subtilen Kanäle menschlicher Kommunikation» aus und verändere «die zwischenpersönliche Wirklichkeit in der gewünschten Weise».[37]

1. ERPROBEN SIE IHRE FRAMES, UM SIE ELASTISCH ZU HALTEN. Lockerungsübungen sind nicht nur der körperlichen Beweglichkeit förderlich, sondern auch der geistigen. Das bedeutet: Wir sollten die eigenen Regeln immer wieder auf die Probe stellen. Ein eindrucksvolles Beispiel dafür gibt der Schriftsteller Manès Sperber in seiner Autobiographie.

Darin schildert er, wie er als Kind «im Bethaus zwischen den Gottesdiensten» jenem «Singsang» gelauscht habe, «mit dem die Talmudstudenten den Text, seine Übersetzung und den Kommentar halblaut vor sich hin sprachen». Die Studenten hätten im Dunkeln an ihren Pulten gesessen, vor sich Folianten, «die das Licht einer Kerze schwach erhellte. Obwohl die Melodien des Rezitativs sich voneinander nicht sehr unterschieden, erweckten sie in mir die Stimmung einer seltsam entspannten, geduldigen Erwartung. Häufig wurden aramäische Sätze wiederholt, dazwischen kehrte eine Frage in jiddisch wieder: ‹Und vielleicht umgekehrt?› fragte der Lernende, nachdem er aus vielen Erwägungen eine Schlußfolgerung gezogen hatte, die ihn jedoch nur einen Augenblick lang befriedigte, und ohne Übergang begann er zu erörtern, ob eine ganz andere, ja diametral entgegengesetzte Folgerung nicht ebenso, ja allein gültig sein könnte.»[38]

Ich habe diese Passage vor vielen Jahren gelesen und sie ist mir bis heute deutlich im Gedächtnis geblieben. Wenn ich im Alltag, in der Schule, in der Kirche etwas gelernt hatte, dann war es das Folgende: «Hier sind die Vorschriften. Halte dich daran.» Jene Talmudstudenten machten in meinen Augen etwas völlig anderes: Sie versuchten weder sich an eine vorgegebene Interpretation des Textes zu halten noch diese durch eine andere zu ersetzen. Vielmehr holten sie immer wieder neue Frames hervor, um zu sehen, was dabei herauskam, wenn sie sie auf den Text anwandten. Es mag sein, dass sie sich irgendwann auf verbindliche Spielregeln einigten. Auf dem Weg dorthin jedoch hatten sie eine existenzielle Erfahrung gemacht: dass sie nur deshalb zu ihrem abschließenden Urteil gelangt waren, weil sie ihren Frames alles Starre ausgetrieben hatten.

Mein Ratschlag lautet also: Wenn eine Situation Sie beschäftigt, dann versuchen Sie erst mal, sie auf die nächstliegende Art zu verstehen. Sind Sie damit durch, beginnen Sie nochmals von vorne, angeleitet durch die Frage der Talmudstudenten: «Und vielleicht umgekehrt?» Wollen Sie sich ganz sicher sein, drehen Sie noch eine dritte und vierte Runde. Es ist davon auszugehen, dass Sie zu einer besseren Lösung kommen, wenn Sie sich nicht mit der erstbesten Bewertung zufriedengeben.

2. LASSEN SIE IHREN PO HINTER SICH. Ideale produzieren Probleme. Sie können gar nicht anders. Sie legen nämlich einen Frame um unsere Person, der uns schlagartig alt aussehen lässt. Nehmen wir als Beispiel die Form des weiblichen Pos. Der US-amerikanische Schönheitschirurg Simon Ourian meint: «Der große Hintern ist dabei, die neue Norm zu werden.» Die Benchmark werde von Kim Kardashian verkörpert, einer Berühmtheit, die fürs Berühmtsein berühmt ist. Wer sich auf dieses Vergleichsspiel einlässt, macht sich schlagartig unglücklich. Denn der Frame vom idealen Po qualifiziert den eigenen mit ziemlicher Sicherheit sofort als ungenügend. Und nicht nur das. Er wird zum «Problem». Damit lösen wir die bekannte Kettenreaktion aus: Wir unternehmen einen Lösungsversuch, er misslingt, das Problem wird größer, was zu weiteren Lösungsversuchen führt. Dass wir den eigenen Po zum «Problem» erklären, kann dem Herrn Doktor nur recht sein. Und der gesamten Schönheitsindustrie ebenfalls. Diese Leute leben davon, dass wir mit «Problemen» zu ihnen kommen, die es bis gerade eben noch gar nicht gegeben hat und die sie nur vorübergehend «lösen» können. Denn der aufs Idealmaß getrimmte Po hält «tech-

nisch» gesehen bloß «bis zu fünf Jahre», wie Simon Ourian erklärt. Dann nähere er sich wieder seiner ursprünglichen Form. Zudem könne es sein, dass der Trend sich wieder ändere, vermutet der Chirurg vorsichtig. Es weiß es natürlich besser. Das Ideal *wird* sich ändern. Und er wird maßgeblich daran beteiligt sein, dass das geschieht.

Schönheitsideale eignen sich besonders gut, um die weitreichende Wirkung von Frames zu erkennen. Sie sind aber nicht unser einziges Problem. Vielmehr wird unser aller Leben von einer Unzahl von Spielregeln (mit)bestimmt, die unter die Kategorie «Ideale» fallen. Sie regeln unsere Vorstellungen, wie schlank, wie klug, wie abgezockt, wie friedlich, wie grün, wie ehrlich oder wie links wir sein sollten. Das Unangenehme daran: Jede dieser Idealvorstellungen hat das Zeug, uns einen Haufen weiterer «Probleme» zu bescheren, die wir ohne sie nicht hätten.

Dazu ein Ratschlag, und zwar in drei Varianten. Die erste lautet: Sprechen Sie Idealen jede Daseinsberechtigung ab. Vor allem, wenn sie Naturgegebenes wie Ihren Körper oder Ihre Persönlichkeit betreffen. Versuchen Sie nie, diesen Idealen nachzueifern. Erkennen Sie, dass Sie sich auf ein Hase-Igel-Rennen einlassen, das Sie niemals, wirklich *niemals* gewinnen können. Die Leute, die die Frames definieren, sind *immer* weiter als Sie, denn sie können sie in jedem beliebigen Moment ändern. Jede Wette, dass das in dem Augenblick geschieht, wenn der Großteil der Menschen erstmals in der Lage wäre, die hohen Anforderungen des aktuellen Ideals zu erfüllen? Dieses Rennen wird erst sein Ende finden, wenn Sie dessen Konstruktion erkennen und darauf herabschauen. Arrogant, wie sonst.

Die zweite Variante lautet: Reframen Sie die herrschenden

Ideale. Entziehen Sie also dem Grenzwert von 130/80 mmHg seinen bindenden Charakter und betrachten Sie ihn als eine Art Boje, die an langer Leine im Wasser liegt. Sie zeigt Ihnen, wo das tiefe Wasser beginnt beziehungsweise welcher Teil des Hafens den Tankern und welcher den Schlauchbooten vorbehalten ist. Aber nur ungefähr. Das lange Tau, mit dem die Boje verankert ist, erlaubt es ihr nämlich, sich vom tief im Wasser verborgenen Fixpunkt zu entfernen. Gemäß dieser Sichtweise sind Ideale willkommene, doch keineswegs bindende Orientierungspunkte. Sie dienen der Selbsteinschätzung und stacheln unseren Ehrgeiz an, sind aber so beweglich, dass man sie auf verschiedene Weise auslegen kann.

Die dritte Variante folgt einer Strategie, der sich unter anderem die Berliner Stadtverwaltung bediente. Auf einer stark frequentierten Allee im Westen der Stadt entstand vor einiger Zeit ein Schlagloch nach dem nächsten. Die Verkehrsteilnehmer begannen, in Schlangenlinien zu fahren, um ihnen auszuweichen. Nicht ganz ungefährlich, vor allem bei höheren Geschwindigkeiten. Anstatt sich nun dem Frame der idealen Straße zu beugen (schlaglochfrei, problemlos zu befahren), griff man zu einer anderen, deutlich billigeren Lösung: Man stellte einfach zwei Straßenschilder auf, ab sofort war nur mehr Tempo 30 erlaubt, das Schlangenlinienfahren also problemlos möglich.[39] Übersetzt bedeutet das: Hebeln Sie all jene Ideale aus, die Ihnen das Leben schwermachen, und suchen Sie nach einer provisorischen Lösung.

3. RECHNEN SIE MIT IRGENDWAS DAZWISCHEN. Unsere Fernsehsendung sollte der ganz große Erfolg werden. So zumindest hatte es der Verantwortliche geplant. Er beauf-

tragte einen Freund von mir, eine neue Talkshow fürs österreichische Fernsehen zu entwickeln. Und der Freund ließ
sich tatsächlich etwas Besonderes einfallen: Vier Männer
an einem Tisch im Extrazimmer eines fiktiven Kaffeehauses. Erst sollten die Herren (einer davon war ich) ein wenig
darüber sprechen, welcher Gast da gleich kommen werde
und was man ihn fragen könne. Dann folgten der Auftritt
des Gastes und ein eingehendes Gespräch, nach einer guten halben Stunde dessen Verabschiedung; als Nachspiel ein
kurzer Austausch darüber, wie er denn nun gewesen sei, der
Gast, und wie man sich geschlagen habe. Als sei das nicht
schon Abenteuer genug, verfügten die vier Männer über
keinerlei Fernseherfahrung. Zudem wurde getrunken und
geraucht, und das zu Beginn des 21. Jahrhunderts. Ganz zu
schweigen von der praktisch unlösbaren Aufgabe, als Män-
nerrunde sympathische Figur zu machen, wenn man einen
weiblichen Gast zu interviewen versucht.

Das Konzept wurde wider alle Wahrscheinlichkeit reali-
siert. Doch bevor die Sache starten konnte, war sie schon
wieder tot. Sie wurde nämlich im Sound einer Vuvuzela
angekündigt: Es handle sich um den legitimen Nachfol-
ger einer legendären Sendung, um die Neuerfindung der
Talkshow schlechthin. So tönte man. Die Wirklichkeit sah
freilich anders aus. Wir lavierten uns so durch, hatten helle
Momente, aber auch klägliche. Entwicklungsfähig, zweifellos. Weil wir aber in den Frame «Hier wird Geschichte
geschrieben» gesteckt worden waren, blieb es vollkommen
egal, wie selbstbewusst wir an den Zigaretten sogen und wie
respektvoll wir die Gäste behandelten. Das konnte einfach
nicht klappen.

Exakt dieses Schicksal droht uns im Alltag, wenn wir die

eigenen Erwartungen zu sehr nach oben treiben. Und zum Beispiel von uns fordern, stets glücklich zu sein. In der Beziehung, im Job, mit uns selbst. Dieses Ideal produziert aus doppeltem Grund nichts als Probleme. Zum einem wünschen wir uns etwas, das wir weder seelisch noch körperlich über längere Zeit ertragen würden. Glück ist nämlich ein Gefühl, das nur in angemessenen Portionen genießbar ist, sagt der Psychologe Ed Diener in einem Interview.[40] Wer hingegen im Dauerglück dahinsegelt, werde seinen Körper überfordern und folglich «alle Gefühle abdämpfen», weil er sich nur so vor dem Überdrehen schützen könne. Aber nicht nur das. Wer für jeden Moment seines Lebens die totale Zufriedenheit einfordert, wird selbst passable Momente als gescheitert betrachten müssen. Denn im Vergleich zur Euphorie ist gute Laune ein Zeichen des Versagens.

Mein Ratschlag lautet also: Erwarten Sie wenig. Wenn es sich machen lässt, nichts. Im Vergleich zu dieser Benchmark ist schon die kleinste Gefühlsregung bemerkenswert. Und erlauben Sie niemandem, Sie in einen ultimativen Erwartungsframe zu stecken. Das *muss* schiefgehen.

4. SORGEN SIE DAFÜR, DASS SIE DEN AUFSCHLAG MACHEN. Nicht alle Frames sind von langer Dauer. Manche entstehen kurzfristig und verschwinden bald wieder. So unterschiedlich die Situationen auch sein mögen – die Sache läuft stets gleich ab: Wer beginnt, der definiert die Regeln des nun folgenden Spiels. Gewiefte Händler etwa setzen alles daran, als Erste einen Preis zu nennen. Nicht, weil sie ihn unbedingt erzielen wollen (daran glauben nicht einmal sie), sondern um das Heft des Handelns in der Hand zu behalten. Fordert Ihr Gegenüber also tausend Euro für ein skandina-

visches Designstück aus den Siebzigern, dann brennt sich diese Marke tief in Ihr Gedächtnis ein. An ihr messen Sie das Ergebnis Ihres Deals.

Gelingt es Ihnen, Ihr Gegenüber auf hundert runterzuhandeln, werden Sie mit dem Gefühl abziehen, sehr geschickt gewesen zu sein. Ist hingegen bei neunhundert Schluss, werden Sie das Ding entweder gar nicht kaufen, oder, wenn doch, mit dem miesen Gefühl nach Hause gehen, ein schlechtes Geschäft gemacht zu haben. Denselben Eindruck haben Sie auch dann, wenn der Händler zu Beginn hundertzehn Euro fordert, um sich auf hundert runterhandeln zu lassen. Obwohl Sie beide Male exakt dieselbe Summe bezahlen, wären Sie im ersten Fall hochzufrieden und in letzterem ganz und gar nicht. Gehen Sie also davon aus, dass ein Profi ganz genau weiß, wie viel er bekommen will und wie er es anstellt, dass Sie diesen Preis im Glauben zahlen, ihn ordentlich abgezockt zu haben. Er will ja, dass Sie wiederkommen. Alles eine Frage des Frames.

Haben Sie dieses Prinzip erst einmal verinnerlicht, werden Ihnen entsprechende Fehler nicht mehr so leicht unterlaufen. Verhandeln Sie zum Beispiel mit Ihrem beinahe erwachsenen Nachwuchs darüber, wann er am Wochenende nach Hause kommen soll, dann starten Sie mit einer absurden Vorgabe: «Um 22 Uhr sind alle wieder hier!» Keinesfalls lachen dabei. Vielmehr grimmig dreinschauen. Gegenangebote abwarten. Und sich im Folgenden auf jene Uhrzeit hochhandeln lassen, die Sie von Anfang an im Kopf hatten. «Aber nur, weil ihr in der vergangenen Woche so zuckersüß wart!» Bei Ihrer nächsten Dinnerparty sollten Sie daher das legendäre Journalisten- und Hollywoodgesetz ignorieren und Ihr Abendessen keinesfalls «mit einem Erdbeben beginnen und dann langsam zu steigern versuchen». Vielmehr sollten Sie das Menü mit einer guten, aber keineswegs außergewöhnlichen Kleinigkeit eröffnen. Andernfalls würden Ihre Gäste erwarten, dass es auf diesem Weltklasseniveau weitergeht. Das bekämen Sie zwar auch hin, würde aber ziemlich viel Arbeit machen.

Exakt andersherum sollten Sie hingegen eine Woche planen, die mit schwierigen Aufgaben vollgestopft ist. Setzen Sie den größten Brocken für den Montag an, und verteilen Sie die restlichen Aufgaben in absteigender Komplexität auf die folgenden Tage. Am Freitag dann nur noch absoluter Kleinkram. Auf diese Weise werden Sie einigermaßen bei der Sache bleiben, weil die zunehmende Leichtigkeit der Jobs Ihnen wie eine Belohnung erscheint.

5. NEHMEN SIE KLEINE TELLER, DENN SIE MACHEN SCHNELLER SATT. Wer weniger essen will und bei der Umsetzung dieses Plans nicht so recht vorankommt, der sollte es mit einem Reframing der einfachsten Art versuchen. Und sehr kleine Teller verwenden, die aber ordentlich vollhäufen. Nicht nur, dass weniger Kalorienhaltiges draufpasst – haben wir die kleine Portion vom kleinen Teller gegessen, macht sich in unserem Kopf der Eindruck breit, satt zu sein. Der Grund: Wir assoziieren «voll» mit «satt» – gleichgültig, wie viel wir real gegessen haben. Das funktioniert (leider) auch umgekehrt. Wer sich einen großen Teller mit Essen vollpackt, wird erst dann das Gefühl haben, satt zu sein, wenn er alles aufgegessen hat.[41] Am besten klappt der Trick, wenn *Sie* es sind, der sich den Teller füllt. An einem Buffet zum Beispiel. Keine Rolle hingegen spielt die Größe des Geschirrs, wenn Sie vor aller Augen essen. Da ist es weniger

der Teller als vielmehr der Umstand, dass Sie sich beobachtet fühlen, der Sie zur Mäßigung animiert. Es gehört zwar streng genommen nicht hierher, aber weil wir schon dabei sind, noch ein einschlägiger Hinweis: Wenn wir nichts sehen und riechen können, dann essen wir ebenfalls weniger. Ganz offensichtlich mögen wir es nicht, wenn uns der sinnliche Rahmen fehlt, um unser Essen einzuordnen.

6. LASSEN SIE DIE VORSCHRIFTEN SEIN. Regeln sollen bekanntlich dazu dienen, ein wenig Ordnung in unsere Angelegenheiten zu bringen. Doch leider haben sie unerwünschte Nebenwirkungen. Halten Sie es zum Beispiel für unabdingbar, dass Ihr beinahe erwachsener Nachwuchs am Wochenende um 22 Uhr zu Hause ist, dann wird es zu Konflikten kommen, wenn er erst um 22 Uhr 27 erscheint. Einmal abgesehen davon, dass Sie in dieser knappen halben Stunde abwechselnd ängstlich und besorgt sein werden. Sie haben nun drei Möglichkeiten, dieses Problem zu lösen. Sie wirken so lange auf den Nachwuchs ein, bis er tatsächlich zur verabredeten Zeit erscheint; Sie legen die Regeln liberaler aus und sehen über ein paar Minuten Verspätung lässig hinweg; oder aber Sie schaffen die Regel ab und warten, was geschieht.

Es ist an dieser Stelle nicht möglich, eine sinnvolle Empfehlung für eine der Optionen abzugeben. Das können Sie nur im konkreten Fall entscheiden. Ich will aber ohnehin auf etwas anderes hinaus: Und zwar möchte ich unser Bewusstsein dafür schärfen, dass wir mit jeder neuen Vorschrift neue Probleme schaffen. Den wohl eindrucksvollsten Beleg für diese These liefert der vor vielen Jahren in den USA durch Präsident Richard Nixon ausgerufene «War on Drugs». Wie diverse Studien ergaben, hatte das weltweite Verbot des Drogenhandels keinerlei Auswirkungen darauf, ob diese hergestellt und konsumiert werden. Stattdessen seien immer mehr Menschen abhängig geworden. Dazu heißt es in einer Studie lapidar: «Für eine generalpräventive Wirkung des Verbotes gibt es keine Belege.»[42]

Vielmehr produzierte dieser «Krieg» eine Unzahl von Problemen. Die Studie zählt auf: «Untergrabung von Entwicklung und Sicherheit, Verstärkung von Konflikten; Schäden der öffentlichen Gesundheit, Verbreitung von Krankheiten und Tod; Verletzung von Menschenrechten; Förderung von Stigmatisierung und Diskriminierung; Schaffung von Kriminalität und Bereicherung von Kriminellen; Abholzung und Umweltverschmutzung; Verschwendung von Milliarden für die Strafverfolgung». Eine desaströse Bilanz. Sie lässt es vollkommen unverständlich erscheinen, warum Politiker unbeirrt glauben, diesem gigantischen Problem mit strengeren Gesetzen beikommen zu können. Wenn diese durch einen globalen Frame geschaffene Katastrophe irgendeinen Sinn hat, dann den, uns zu warnen: Freunde! Lasst, wo immer es geht, die Finger von neuen Regeln. Untersucht vielmehr die bestehenden darauf, was sie alles anrichten.

7. MACHEN SIE KEIN GROSSES DING DRAUS. Unsere Schwierigkeiten sind bekanntlich hausgemacht. Sie entstehen, sobald wir dazu bereit sind, eine Situation als problematisch zu betrachten. Das Problem an so einem problemfixierten Frame: Er setzt eine verhängnisvolle Kettenreaktion in Gang.[43] Nehmen wir folgende Beispiele: Kinder machen mitunter das Bett nass, Männer ejakulieren hin und wieder zu früh, und Frauen empfinden manchmal keinen Orgas-

mus. Sobald wir diese Ereignisse als «Problem» betrachten, beginnt der Schlamassel. Denn mit der Feststellung «So nicht!» ist untrennbar die Aufforderung verbunden, die Sache zu ändern. Meist gelingt das aber nicht. Sei es, weil wir es bei hilflosen Appellen belassen, es das nächste Mal besser zu machen; oder sei es, weil wir die falschen Strategien anwenden. Das fatale Ergebnis: Nun gibt es bereits *zwei* Probleme: das ursprüngliche Ereignis und den gescheiterten Lösungsversuch. Nach unserer Logik muss nun ein weiterer Lösungsversuch folgen, der in der Regel ebenso erfolglos bleibt. «Die Person sitzt also in der Falle, ‹mehr vom selben› zu tun, und zwar von etwas, das nicht funktioniert», analysiert Steve de Shazer.[44] Eine Entwicklung, die oft damit endet, dass das «Problem» chronisch wird und unsere Versuche immer verzweifelter.

Das ungleich einfachere Gegenmodell entlehnt de Shazer der Romanfigur Lord Peter Wimsey. Geschaffen wurde der Amateurdetektiv von Dorothy Sayers, und sie legt ihm einen Satz in den Mund, dessen Herkunft sich nicht einwandfrei klären lässt. Seiner Wirkung tut das keinen Abbruch. Er lautet: «Life is just one damn thing after another.» Also sinngemäß: Das Leben besteht aus einer Abfolge mieser Ereignisse. Wir müssen diese pessimistische Sicht der Dinge nicht teilen, um darin nicht dennoch eine tiefe Lebensweisheit zu entdecken. Wer sie im Hinterkopf behält, der wird sich vom Schicksal so schnell nicht aus der Bahn werfen lassen. Von Problemanhäufungen und zunehmend verzweifelten Lösungsversuchen weit und breit nichts zu entdecken.

Mein Ratschlag lautet also: Verweigern Sie geringfügigen Turbulenzen die Anerkennung als «Problem». Es handelt sich bloß um «one damn thing». Nicht mehr und nicht weniger. Das gilt natürlich auch für Ereignisse, die Sie als positiv bewerten. Auch die passieren meist einfach so hintereinander, ohne dass man dafür im Besitz einer universalen Erfolgsformel sein müsste. Für Erfolgsverwöhnte hieße es dann entsprechend: «Life is just one gorgeous thing after another.» Sinngemäß: Kann passieren, wer ist schon vor einer Glückssträhne gefeit.

8. SUCHEN SIE NACH DER DRITTEN, VIERTEN UND FÜNFTEN MÖGLICHKEIT. Manchmal braucht es nur einen Witz, und schon wird einer der mächtigsten Frames, die unser Leben beeinflussen, ins Wanken gebracht. Der Witz geht so: Ein Mann kommt überraschend nach Hause. Und wen trifft er? Seine Frau und seinen Steuerberater. Die beiden liegen auf dem Sofa, und zwar so, dass es keinerlei Zweifel lässt. Erschrocken stürzt der Mann davon. Sein erster Weg führt ihn zu seinem besten Freund. Da sitzt er nun vor ihm, zitternd und ratlos, nippt an seinem Kaffee. «Was soll ich nur machen?» Sein Freund überlegt kurz und meint: «Das geht sicher schon länger so – lass dich scheiden!» Entsetzt winkt der Mann ab: «Unmöglich! Das wäre mein Ruin! Wir haben gemeinsames Vermögen, die Wohnungen – vergiss es!» Der Freund nickt: «Dann schmeiß den Steuerberater raus!» Wieder reagiert der Mann entsetzt: «Wie stellst du dir das vor? Seit Jahrzehnten macht er unsere Steuererklärungen. Er kennt alle unsere miesen Tricks – wenn die rauskommen, bin ich ruiniert!» Versonnen rührt der Freund in seinem Kaffee. Plötzlich erhellt sich seine Miene: «Jetzt weiß ich, was du machst! Verkauf das Sofa!»

Diesem Witz liegt ein Frame zugrunde, der uns nur zu vertraut erscheint. Er besagt, dass wir in unserem Alltag stets nur die Wahl zwischen zwei Möglichkeiten haben, weil sich die Welt in unversöhnliche Gegensatzpaare gliedert. Bleiben oder gehen? Karriere oder Familie? Eigene Interessen oder jene der anderen? Planung oder Improvisation? Gut oder böse? Schwarz oder weiß? Die Realität auf diese Weise wahrzunehmen ist wenig hilfreich. Dieser Frame lässt uns glauben, dass wir bei allen Entscheidungen prinzipiell vor Weggabelungen stehen, die uns dazu zwingen, uns für eine der beiden Optionen zu entscheiden. Verbunden mit der Notwendigkeit, den nicht gewählten Weg als den «falschen» oder «weniger hilfreichen» zu bewerten (weil wir ja sonst zu keiner Entscheidung kämen).

Dass wir diesen Frame nicht einfach so hinnehmen, sondern einen deutlich konstruktiveren verwenden sollten, hat der Psychologe Matthias Varga von Kibéd gezeigt. Er hat eine Denkfigur entworfen, die er «Tetralemma» nennt und die uns dabei helfen kann, unsere Probleme kreativer zu lösen.[45] Indem sie uns nämlich statt der traurigen *zwei* Optionen insgesamt *fünf* zur Verfügung stellt.

Mal angenommen, wir sind eben dabei, uns zwischen zwei Städten zu entscheiden. Jener unserer Kindheit («die eine») und einer neuen, größeren («die andere»). Klassischerweise werden wir irgendwann zur Überzeugung kommen, dass die Stadt unserer Kindheit zu klein geworden ist für uns, zu piefig, irgendwie «falsch». Während die neue die «richtige» sei. Die Entscheidung kann auch gegenteilig ausfallen, was an der Grundkonstellation jedoch nichts ändert.

So weit, so geläufig, so wenig hilfreich. Kibéd schlägt vor, im ersten Schritt eine dritte Option einzuführen, die er «beides» nennt. Also die beiden Städte auf ihre je eigene Art zu würdigen. Die neue Stadt als Chance und die alte als jenen

Ort, der uns den Umzug nahegelegt hat. Denn wer weiß, wie lange wir noch gegen unsere Interessen am gewohnten Ort ausgeharrt hätten, wenn er uns nicht derart auf die Nerven gefallen wäre? Eben. Kibéd plädiert dafür, «die Kraft des Nichtgewählten in das Gewählte einfließen zu lassen». Ein Blickwinkel, der sich ganz grundsätzlich vom klassischen Entweder-oder-Schema unterscheidet.

Doch auch für den Fall, dass wir von unserer Heimat nicht lassen können und die neue Stadt ganz gut finden, empfiehlt sich die Option «beides». Diesmal trägt sie einen deutlich vertrauteren Namen, nämlich «Kompromiss». Wer ihn sucht, der verabschiedet sich von der Vorstellung, dass wir immer nur das *eine* oder das *andere* haben können. Stimmt gar nicht. Es geht auch anders. Freilich unter einer Bedingung: Wir müssen die Kategorie «Zeit» einführen. Dann sieht unsere Situation schlagartig anders aus, und wir können damit beginnen, zwischen den beiden Städten zu pendeln. Heute hier, morgen da. Und abwarten, wie es sich entwickelt.

Sind wir erst einmal eine Zeitlang zwischen den beiden Städten hin und her gefahren, so werden wir vielleicht eines Tages zu einer neuen Erkenntnis kommen: «Keine von beiden». Weil wir uns von unserer Herkunft zu emanzipieren beginnen und sich die neue Stadt als deutlich unattraktiver herausgestellt hat als angenommen. Womit wir bei der vierten Option angekommen wären, die uns zur Verfügung steht, um bessere Entscheidungen zu treffen.

In dieser Phase sind wir vielleicht immer noch unentschlossen – aber wir können zum ersten Mal «unseren alten Konflikt ... in ruhiger Distanz von außen sehen». Wir stehen *über* der leidigen Frage, welche Stadt die richtige sei, welche die falsche und wie wir es schaffen könnten, widerstreitende Wünsche miteinander zu vereinen.

Bleibt noch das Finale, die fünfte Option. Sie lautet: «All dies nicht – und selbst das nicht!» Sie beschreibt den Abschied von der Frage nach dem Wohnort und zeigt uns an, dass es von nun an um etwas ganz anderes gehen soll. Um das Problem zum Beispiel, welchen Job wir annehmen sollen. Das wird zwar erwartungsgemäß zum wohlbekannten Dilemma «Entweder – oder» führen, uns aber deutlich weniger beschäftigen, weil wir gelernt haben, dass wir mehr als bloß zwei Optionen besitzen.

An dieser Stelle wird deutlich, worum es sich bei der Idee des Tetralemmas handelt: um ein Prozessschema. Das heißt: Die fünf Optionen zeigen uns, welche Stationen wir auf dem Weg zu unserem Ziel nehmen. Wir beginnen bei der Frage nach dem «einen» oder «anderen», vereinen es zu «beidem», lassen diese Phase durch «keines von beidem» hinter uns und springen auf die nächste Stufe, indem wir uns sagen: «All dies nicht – und selbst das nicht!» Je genauer wir darauf achten, wo auf diesem Weg wir uns gerade befinden und was wir noch vor uns haben könnten, umso zügiger schaffen wir es von Mal zu Mal, eine Lösung zu finden. Denn eines steht zweifelsfrei fest: Mit jeder neuen Runde verstehen wir besser, wie es sich anfühlt, über mehr als einen Schatten zu springen.

9. LESEN SIE DIE ÜBERSCHRIFT. Wer einen Ratgeber mit dem Titel «In fünf Schritten zum Erfolg» kauft, der erwirbt das Versprechen, dass die Autoren ihm diese Schritte gleich verraten werden. So weit, so gut. Der Titel enthält aber noch eine zweite Botschaft, die mit dem Kleingedruckten um-

fangreicher Vertragswerke vergleichbar ist. Und die ist weniger hilfreich. Sie lautet nämlich: «Wer mehr als diese fünf Schritte braucht, hat irgendetwas nicht verstanden!» Wie das eben so ist, mit diesen Frames: Haben wir uns erst einmal auf die Verabredung mit den «fünf Schritten» eingelassen, dann wird jeder weitere zum «Problem», das wir ohne besagten Ratgeber nie bekommen hätten.

Ganz abgesehen davon, dass niemand von uns zu sagen weiß, wie viele «Schritte» es nun tatsächlich sind, die uns zu einem Punkt führen, den wir als «Erfolg» empfinden. Und ob es überhaupt «Schritte» sein sollen und nicht besser «Sprünge» oder «Phasen» oder «Spaziergänge». Das heißt: Jeder Buchtitel etabliert einen Rahmen mit all seinen Folgewirkungen. Das gilt natürlich auch für eine Menge weiterer Bücher. «Der direkte Weg zum besten Sex» oder «Idealgewicht ganz ohne Hungern». Sie sollten also stets nach der versteckten Botschaft eines freundlichen Ratschlags suchen. Wenn Sie dadurch unter Druck geraten, lehnen Sie dankend ab. Ansonsten freundlich annehmen.

10. GEBEN SIE SICH SELBER EIN PAAR RATSCHLÄGE. Manchmal besteht die Antwort auf eine verzweifelte Frage aus schallendem Gelächter. So zumindest habe ich das während eines Seminars erlebt. Irgendwann meldete sich Max zu Wort.[46] Es war ihm anzusehen, dass es ihm nicht gut ging. Blasse Haut, verquollene Augen, schlurfender Schritt. Er sei vor kurzem verlassen worden, so seine knappe Mitteilung: «Was soll ich jetzt machen?» Die Antwort der Psychologin ließ ein wenig auf sich warten. Bis sie schließlich fragte: «Lass uns mal schauen, ob du dir nicht selber helfen kannst.» Max nickte. Also bat ihn die Psychologin sich aus-

zumalen, dort, wo er gerade stehe, befände sich die Gegenwart. Er, mit seinen Schwierigkeiten und seinem Schmerz. Und drei Schritte vor ihm läge die Zukunft. Er solle nun langsam losgehen und sich dabei vorstellen, mit jedem Schritt fünf Jahre älter zu werden.

Max stellte sich also in die Mitte des Raums. Erster Schritt. Zweiter Schritt. Dritter Schritt. Pause. «So», sagte die Psychologin, «nun fühle dich noch ein wenig ein, wie du da stehst. Fünfzehn Jahre älter als heute. Wenn du bereit bist, dreh dich bitte um und schaue auf den Punkt zurück, auf dem du vorher gestanden bist. Wenn du dich so stehen siehst, gib dir einen Ratschlag. Als deutlich älterer Mann dürfte das nicht schwer sein. Gut?» Max nickte wieder. Und stand noch ein wenig da, seinem jüngeren Ich den Rücken zugewandt. Bis er sich schließlich umdrehte. Viel sagte Max nicht. Eigentlich gar nichts. Vielmehr brach er, kaum hatte er sich da als jungen, traurigen Mann erblickt, in schallendes Gelächter aus. Ende der kleinen Übung.

Es spricht viel dafür, sich an Max ein Beispiel zu nehmen. Die größte Gefahr bei der ganzen Sache besteht darin, dass Sie sich lächerlich vorkommen, wenn Sie im Zimmer herumgehen, um in die eigene Zukunft zu gelangen. Das dürfte zu verkraften sein. Wenn Sie also vor einer drängenden Herausforderung stehen, die Ihnen Angst einflößt, stellen Sie sich ins Wohnzimmer, und gehen Sie drei Schritte nach vorne. Einfühlen, umdrehen, auf sich selber zurückblicken. Vielleicht besteht Ihr Ratschlag an die jüngere Ausgabe Ihrer selbst aus nichts anderem als einem einzigen Satz, der Ihnen in diesem Moment durch den Kopf schießt. Oder aus einer freundlichen Geste. Sie werden es nie erfahren, wenn Sie es nicht ausprobieren.

Sie haben natürlich auch die Möglichkeit, in die entgegengesetzte Richtung aufzubrechen. Sich also mit drei Schritten um fünfzehn Jahre jünger zu machen (oder nur um fünf, wenn Ihnen das hilfreicher erscheint). Wenn Sie zum Beispiel einen Kredit für die Gründung eines Unternehmens aufnehmen oder sich ein riesiges Tattoo in den Arm stechen lassen wollen. Es dürfte ziemlich spannend werden zu hören, woran Sie sich selber erinnern. Daran zum Beispiel, dass Sie immer Vorbehalte gegen Leute hatten, die sich um jeden Preis jünger machen wollen, als sie sind (Tattoos könnten durchaus in die Kategorie untaugliche Verjüngungsstrategien gehören). Oder daran, dass der Plan fürs eigene Business ganz wunderbar ist, weil Sie es damit endlich schaffen würden, einen lang gehegten Traum zu verwirklichen.

11. VERKLEINERN SIE DEN FRAME AUF EXAKT JENE OPTIONEN, DIE SIE ANDEREN NAHELEGEN WOLLEN. Manche Debatten – vor allem mit kleinen Kindern – sind mitunter unfruchtbar. So kann sich ein kurzer Ausflug in den Wald zum Drama auswachsen, wenn der Bezugsrahmen der Frage zu groß ist. Fragen Sie also die junge Dame oder den jungen Herrn, welche Hose oder welche Schuhe man denn heute anziehen wolle, dann ist das wahrscheinlich ein Fehler, ein schwerer Fehler. In der Regel folgen nun endlose Erörterungen potenzieller Schuh- und Hosenmodelle, die mit größter Wahrscheinlichkeit in der Wahl von Sandaletten und kurzen Hosen enden, obwohl es draußen zwei Grad plus hat. Besser, Sie fragen: «Willst du die Schuhe mit den Schnallen oder die mit Luke Skywalker drauf?» Lässt sich auch auf deutlich erwachsenere Gesprächspartner anwenden: «Machst du die

Wäsche, oder räumst du die Spülmaschine aus?» Weil der geistige Weg zu einer der beiden Optionen («Wäsche») deutlich kürzer ist als auf die Meta-Ebene («Weder noch, weil ich in den Keller muss»), stehen die Chancen gut, dass Sie gleich ein kleines Problem weniger haben. Und wenn nicht: Probieren wird man es doch noch dürfen.

12. TUN SIE SO, ALS WÄRE IHR PROBLEM GELÖST. Wir erleben eine Situation als Problem, weil sie unseren Vorstellungen widerspricht. Meist geschieht das aus guten Gründen. Weil der Partner uns bedrängt, weil wir uns nicht auf bestimmte Aufgaben konzentrieren können, weil es mit der Karriere nicht läuft. Bevor Sie nun reagieren, wie schon zigfach zuvor, könnten Sie etwas anderes versuchen. Es ist zwar radikal, hat aber den unschätzbaren Vorteil, dass nur Sie davon etwas mitbekommen. Es also vollkommen gleichgültig ist, ob es gelingt oder nicht. Bereit? Ich wusste es!

Der Versuch besteht darin, Ihren Frame zu zertrümmern. Und für eine bestimmte Zeit so zu tun, als gäbe es keine Probleme. Als seien sie – durch welches Wunder auch immer – sämtlich gelöst. Es liegt an Ihnen, ob Sie Ihren Frame für eine Stunde außer Kraft setzen wollen oder für einen Tag oder für eine Woche. Besser, Sie beginnen mit kleinen Auszeiten. Wie Sie diese problemfreien Phasen bezeichnen, bleibt Ihnen überlassen. Sie sollten einen Begriff wählen, der Ihnen gefällt. Die Spannbreite reicht von «Urlaub vom Problem» über «beziehungsfördernde Auszeit» bis hin zu «großes Beziehungstheater». Egal. Sie müssen bloß eine einzige Voraussetzung erfüllen, um Ihr Experiment zum Erfolg zu führen: Sie müssen *wirklich* ausblenden, dass es ein Problem gibt, und aus dieser Haltung heraus agieren.

Wenn Ihnen das gelingt, werden Sie feststellen, dass Sie sich anders verhalten. Geht auch gar nicht anders, denn das hartnäckige Problem ist ja weg, oder? Nur vorübergehend, das ja, aber im *Moment* ist es weg. Es gibt also keinen Grund, nicht freundlich mit dem Kind, dem Kollegen oder dem Partner umzugehen. Oder sich nicht hinzusetzen und konzentriert an dem Projekt zu arbeiten oder sich nicht so zu verhalten, als spiele Ihre Karriere keine Rolle. Das wiederum kann nicht ohne Auswirkung auf Ihre Umgebung bleiben, denn bekanntlich hängt ja alles mit allem zusammen. Das heißt: Sowohl das Kind als auch der Kollege und der Partner werden etwas anderes tun als gewöhnlich. Auch Sie werden sich selber gegenüber eine andere Haltung einnehmen. Dass es kein Problem gibt, ist auf lange Sicht gelogen, ich weiß. Aber *jetzt*, in *diesem* Augenblick, ist es verschwunden, so lautet die Verabredung. Keine Angst, Sie dürfen den Problem-Frame später wieder installieren.

Steve de Shazer beschreibt die suggestive Spirale, in die Sie geraten könnten, wenn Sie eines Tages beschließen, sich in den eigenen Problemsack zu lügen (er schreibt darüber im Zusammenhang mit einer seiner Klientinnen): «Wenn es ihr gelingt, anderen wirklich etwas vorzumachen, könnte dies vielleicht wiederum dazu führen, daß auch sie selber sich wirklich etwas vormacht. Im Laufe der Jahre haben viele Klienten berichtet, daß das Vortäuschen, es gehe einem ‹gut›, dazu führt, daß andere meinen, es gehe einem ‹gut›, und einen folglich entsprechend behandeln, was wiederum zur Folge hat, daß es einem zum Schluß wirklich ‹gut› geht.»[47]

Daher mein Vorschlag: Denken Sie sich eine neue Sportart aus. Sie könnte «1-Tag-Problem-weg-Challenge» heißen.

Die Spielregel ist einfach: Tun Sie für exakt einen ganzen Tag so, als sei das jeweilige Problem gelöst. Achten Sie dabei darauf, was sich besser anfühlt. Was Sie anders machen. Und wie die anderen auf Sie reagieren. Ich bin mir sicher, Sie werden die Challenge meistern, und das viele Male hintereinander.

SPRICH SCHÖN

Mit manchen Problemen schlagen wir uns nur herum,
weil wir in der Lage sind, sie zu formulieren. Zeit, ein wenig
genauer zu untersuchen, wie mächtig unsere Sprache ist
und wie wir sie für einfache Lösungen nutzen können.

Wie werden Menschen eigentlich kriminell? Auf diese
Frage gibt es unzählige Antworten. Eine davon formulierten die beiden US-amerikanischen Kriminologen
George L. Kelling und James Q. Wilson im Jahr 1982. Sie
waren der Überzeugung, dass es an falsch verstandener Toleranz liege.[48] Sobald ein Staat oder eine Stadt kleine Verfehlungen akzeptiere, werde eine Spirale der Kriminalität
in Gang gesetzt. Daher müsse die Polizei die öffentliche
Ordnung genauso ernst nehmen wie ihren Kampf gegen das
Verbrechen. Also Betrunkene, Bettler, Prostituierte, Gangs
und Sprayer aus dem Stadtbild entfernen. Dann passiere
zweierlei: Die Menschen würden Zuversicht fassen, weil sie
sich sicherer fühlten. Und die Bereitschaft zur Kriminalität
sänke.

Die These der beiden Kriminologen wurde begeistert aufgenommen. Zwischenzeitlich habe es sich um eines «der
populärsten kriminalpolitischen Modelle» gehandelt, auf
das «sich zahlreiche amerikanische Polizeireformer und
Politiker bei der Legitimierung ihrer alternativen Präventionsmodelle, vor allem in Großstädten», berufen hätten.[49]
Die Sache hat nur einen Haken: Im Laufe der Jahre stellte sich

heraus, dass die Theorie nichts taugt. Zwar war zum Beispiel in New York kurz nach dem Start der Null-Toleranz-Strategie die Kriminalitätsrate tatsächlich gesunken, aber aus anderen Gründen.[50] Doch weder dieser Umstand noch eine lange Reihe kritischer Studien konnten die Popularität der These mindern, sodass bis heute viele Politiker und Polizeibeamte an sie glauben. Warum? Ganz einfach, sie erscheint schlicht zu anschaulich und verständlich, um falsch zu sein. Die beiden Autoren hatten die Komplexität krimineller Entwicklungen nämlich auf ein denkbar einfaches Sprachbild reduziert: «Wenn ein Fenster eines Gebäudes zerbrochen ist und niemand es repariert, dann werden auch die übrigen Fenster bald eingeworfen sein», schrieben sie.[51] Womit sie geboren war, die berühmte «Broken-Window-Theorie». Sie ist in die Kriminalgeschichte eingegangen.

Als der Kriminologe James Q. Wilson die Metapher einst formulierte, ahnte er nicht, «wie mächtig sie werden würde». Heute wisse er, die Qualität des Bildes vom kaputten Fenster bestehe darin, dass es «vereinfachte», es «leicht zu kommunizieren» war und viele Menschen es «wortwörtlich» genommen hatten. Ganz ähnlich argumentieren die Autoren einer der vielen Folgestudien, wenn sie schreiben: «Das eingängige Bild der zerbrochenen Fensterscheibe, die alsbald repariert werden müsse, um weitere Zerstörung, in der Folge den Niedergang ganzer Stadtviertel und schließlich schwere Kriminalität zu verhindern, hat offenbar eine sehr attraktive alltagstheoretische Plausibilität.»[52]

Kann ein einfaches und eingängiges Sprachbild eine solche Macht entfalten? Kann die simple Metapher vom zerbrochenen Fenster den Bürgermeister und den Polizeichef einer Weltstadt wie New York dazu veranlassen, jahrelang

Schwarzfahrer und Schulschwänzer zu verfolgen? In der Annahme, damit die Kriminalität zurückzudrängen?

Ja, das kann sie. Grund genug, uns die Sache mit den
Metaphern ein wenig genauer anzusehen. Auch deswegen,
weil wir ein paar Tipps in Sachen einfa-
cher Lösungen an die Hand bekommen   **Wer Debatten wie**
werden.   **kriegerische Konflikte**

Wer nach wissenschaftlichen Erklä-   **beschreibt, wird sie**
rungen sucht, warum die These vom   **genau so führen**
zerbrochenen Fenster solche Macht ent-
falten konnte, wird nach kurzer Zeit bei George Lakoff und
Mark Johnson landen. Linguist der eine, Philosoph der andere. Die beiden haben sich eingehend mit unserer Sprache
und unseren Metaphern beschäftigt: So beschreiben wir
zum Beispiel eine Diskussion mit Hilfe von kriegerischen
Begriffen. Wir sagen «Er machte alle meine Argumente *nieder*» oder «Sie sind anderer Meinung? Nun, *schießen Sie los!*».
Über den Wert der «Zeit» wiederum sprechen wir mit Hilfe
des Vergleichs «Zeit ist Geld», etwa so: «*Lohnt* sich das zeit-
lich für dich?» Und denken wir über unser Leben nach, dann
versuchen wir, «noch ein As im Ärmel» zu haben, um für
alle Fälle gerüstet zu sein, weil wir es offensichtlich als Spiel
verstehen.[53] In dieser Angewohnheit entdeckten Lakoff &
Johnson nichts Geringeres als ein Weltaneignungssystem.
Metaphern, so ihre These, würden unsere Gedanken ebenso
bestimmen wie unsere Handlungen, und damit natürlich
auch unsere Fähigkeit, einfache Lösungen zu finden.

Und das kommt so: Wollen wir einigermaßen gut durchs
Leben finden, dann müssen wir uns einen Reim darauf ma-
chen. Ohne ein gewisses Grundverständnis der komplexen
Welt würden wir es morgens nicht einmal bis zur Espresso-

maschine schaffen, geschweige denn, sie in Betrieb zu nehmen. Kurz: Wir brauchen «Konzepte», um unser Leben zu bewältigen. Einen anderen Begriff dafür haben wir im vorhergehenden Kapitel kennengelernt: Frames.

Folgen wir der These von Lakoff und Johnson, dann entwickeln wir diese lebenswichtigen Konzepte und Frames mit Hilfe eben dieser Metaphern. Das heißt: Wir leihen uns Erfahrungen aus *einem* (uns verständlichen) Bereich, um damit Erfahrungen in einem *anderen* (abstrakten) Bereich zu strukturieren und zu erklären. Ganz so, wie wir das an den eben zitierten Beispielen gesehen haben: Um uns den Wert des Mysteriums «Zeit» zu erklären, borgen wir uns Begriffe aus dem handfesten Wirtschaftsleben; und die rätselhaften Regeln des eigenen Lebens machen wir uns plausibel, indem wir es mit einem Glücksspiel vergleichen. Wer darauf achtet, wird schnell erkennen, wie konsequent und umfassend wir uns dieser Strategie bedienen. Metaphern durchsetzen unsere Sprache.[54] Wir «schöpfen aus dem Vollen», «bekommen keinen Fuß auf den Boden», «schweben vor Glück über allen Wolken» oder «erledigen die Aufgabe mit links».

Und es wird noch spannender. Denn unsere Strategie, das eine (Abstrakte) durch das andere (Anschauliche) zu erklären, erleichtert uns nicht nur das Denken und Sprechen, sondern wirkt sich auch auf unser Handeln aus. Ganz nach der Formel: Haben wir erst einmal ein plausibles Bild für einen Sachverhalt gefunden, verhalten wir uns auch gemäß dessen Regeln und Eigenheiten – «bis in die prosaischsten Einzelheiten» hinein. So sprechen wir nicht nur darüber, dass Zeit wertvoll sei wie Geld, sondern wir gehen auch entsprechend mit ihr um. Zu erkennen an den vielen Redewendungen, die wir dieser Logik folgend gebildet haben. Wir sagen «Sie *vergeuden* meine Zeit» oder «Dieses Gerät wird Ihnen viel Zeit *ersparen*» oder «Ich habe keine Zeit zu *verschenken*».[55]

Vor diesem Hintergrund entpuppt sich die Broken-Window-Theorie als ein besonders anschauliches Beispiel für ein gelungenes Sprachbild. Zum einen liefert sie ein plausibles Konzept für die Entstehung von Kriminalität, indem sie Erfahrungen aus einem vertrauten Lebensbereich entleiht, den eigenen vier Wänden (aus diesem Kontext wissen wir, dass es mit einer Wohnung oder einem Haus rasch bergab geht, wenn wir nicht ständig nach dem Rechten sehen). Zum anderen schreibt uns die Metapher unmissverständlich vor, was wir zu tun haben: «Bekämpfe Vandalismus. Repariere jeden Schaden, und sei er noch so minimal.» Wer also davon spricht, dass der Untergang ganzer Stadtteile mit einer einzigen kaputten Scheibe beginnt, der kann gar nicht anders, als eine Menge Polizisten loszuschicken, damit sie die kleinsten Anzeichen von Verwahrlosung unterbinden. Machen wir erst einmal die Erfahrung, dass wir mit unseren Metaphern vorankommen, setzen wir den eingeschlagenen Weg fort. So schließt sich der Kreis, und unsere Sprachbilder werden unversehens «sich selbst erfüllende Prophezeiungen».[56]

Wer Metaphern verwendet, sieht einiges klarer, manches aber gar nicht mehr

Ein wesentlicher Aspekt von Metaphern blieb bisher unerwähnt – Stichwort «Vereinfachung». Wenn wir uns nämlich abstrakte und unübersichtliche Phänomene mit Hilfe simpler Sprachbilder erklären, dann tun wir genau das, was wir weiter vorn als Komplexitätsreduktion kennengelernt haben: Wir verengen unseren Blick auf die Welt. Das hat bekanntlich sein Gutes und sein weniger Gutes. Zum einen lenken Metaphern unseren Blick auf ganz bestimmte Aspekte eines chaotischen Geschehens. Auf diese Weise machen sie uns handlungsfähig, denn das Sprachbild sagt uns nicht nur, *dass* wir etwas tun können, sondern auch *was genau* (und was *nicht*). Wer zum Beispiel andere dazu animieren will, sich gemeinsam für ein wichtiges Projekt einzusetzen, der kann davon sprechen, dass es Zeit sei, «die Sache in *Angriff zu nehmen*», die «Bude endlich *zu rocken*» oder «den anderen zu zeigen, *wo der Hammer hängt*» – und was es da an aufmunternden Bildern sonst noch geben mag. Diese Formulierungen suggerieren: Alle Kräfte sind gefordert, und dabei kann es schon mal ruppig zugehen.

Dadurch geraten freilich andere Aspekte und Handlungsoptionen in Vergessenheit. Wer davon spricht, «die Sache in Angriff» zu nehmen, schwört seine Umgebung auf die Vorstellung ein, die anstehenden Aufgaben seien etwas Feindliches, und Ziele könnten nur über Kämpfe erreicht werden. Dadurch werden all jene Optionen und Teammitglieder verdrängt, die Lösungen ganz anders definieren. Zum Beispiel als etwas, das schon längst «da» ist, also seit Jahren einen vertrauten Bestandteil des eigenen Tuns bildet. Solche Schätze kann man logischerweise nur finden, indem man sie sucht. Geht man hingegen davon aus, die zu findende Lösung sei ein scheues Wesen, dann wird man sich überlegen, welche Lockmittel einzusetzen sind, um es kennenzulernen. Es liegt auf der Hand, dass ein Team ganz andere Strategien entwickelt, wenn man es mit Hilfe des Bildes brieft: «Wir haben die Sache schon längst gelöst – wir müssen nur entdecken, wie und wann.»

Und noch etwas ist von entscheidender Bedeutung, wenn

wir Sprachbilder dafür verwenden wollen, unsere Probleme
zu lösen: Wir sollten darauf achten, welche Rolle wir darin spielen. Ob wir uns als Subjekte beschreiben, die aktiv
werden und etwas bewirken können. Oder ob wir eine Formulierung verwenden, die eines der Kinder vor vielen Jahren
verwendet hat. Als wir es fragten, ob es ein Glas zerbrochen
habe, antwortete es: «Das ist so geworden!» Welch wunderbares Vorbild für all jene, die keine Lust darauf haben, konkrete Verantwortung zu übernehmen. Eine durchaus legitime Strategie. Sie ist nur leider damit erkauft, dass wir uns
zu Objekten eines rätselhaften Weltgeschehens erklären, auf
das wir keinen Einfluss haben. So wenig, wie auf den Umstand, dass «es» regnet.

Bevor es nun darum gehen soll, das bisher Gesagte zu einer
kleinen Sammlung von Hinweisen zu verbinden, noch ein
paar Anmerkungen. Welche konkreten Metaphern wir auch
immer benutzen mögen – die Frage danach, ob diese nun
«wahr» oder «falsch» sind, führt uns nicht weiter. Unsere
Sprachbilder sind Ausdruck einer subjektiven Weltsicht,
und über die lässt sich nicht verhandeln. Von ungleich größerem Interesse hingegen ist die Frage, welche konkreten
Folgen und Nebenwirkungen unsere Sprachbilder produzieren. Denn sie dienen ja nicht nur dazu, Abstraktes zu erklären, sondern liefern uns zugleich Gebrauchsanweisungen:
Sie lassen uns Schlussfolgerungen ziehen, Ziele verfolgen,
Verpflichtungen eingehen, Pläne ausführen.[57] Und sie bestimmen, auf welche konkrete Art und Weise wir all das tun.
Wenn wir also das Verliebtsein als eine Art «Verrücktheit»[58]
beschreiben, dann definieren wir es als Macht, die uns er-
greift und durchschüttelt. Das ist durchaus treffend, gleich-

zeitig aber werfen wir damit eine nur schwer zu beantwortende Frage auf. Sie lautet: Wie kann ich diese Liebe bloß am Leben erhalten? Denn Verrücktheit gehorcht undurchschaubaren Regeln. Sie überfällt uns unerwartet und hält uns im Griff, solange sie will.

Da führt uns ein anderes Bild deutlich weiter: dass unsere Liebe ein «gemeinsam geschaffenes Kunstwerk» sein könnte. In diesem Fall haben wir nicht nur deutlich mehr Möglichkeiten, im Sinne unserer Liebe tätig zu werden, sondern die Metapher forciert auch «eine ganz spezielle Art» von Engagement. Dabei müssen wir unter anderem darauf Rücksicht nehmen, was unser geliebtes Gegenüber plant und tut.[59]

Klingt absurd, gelingt uns aber immer wieder: die Speisekarte mit den Speisen zu verwechseln

Weil Sprachbilder also nicht nur der Beschreibung unserer Wirklichkeit dienen, sondern auch eine handlungsleitende Funktion haben, besteht tatsächlich die Chance, uns am eigenen Schopf aus dem (selbst formulierten) Sumpf zu ziehen. Wir müssen nur den Mut und den Fleiß aufbringen, unsere Metaphern zu erkunden, zu kritisieren und zu ändern. «Kultureller Wandel entsteht häufig dadurch, daß neue metaphorische Konzepte eingeführt werden und alte verschwinden.» Wir werden für diese Mühe auf jeden Fall belohnt werden, denn: «Neue Metaphern haben die Kraft, neue Realität zu schaffen.»[60]

1. ERFORSCHEN SIE IHRE SPRACHBILDER. Die allermeisten unserer Sprachbilder sind Erbstücke. Wir haben sie von unseren Eltern übernommen, von Freunden, von der Gesellschaft, bewusst und unbewusst. Es gibt unzählige, immer

wieder entstehen neue, jedem fallen auf Anhieb welche ein, weshalb wir sie auch ständig gebrauchen. Die Wissenschaft nennt sie «konventionalisiert».[61] Doch es liegt an uns, ob wir diese Metaphern weiter verwenden, sie modifizieren oder durch neue ersetzen. In diesem Abschnitt soll es um Ersteres gehen. Dreh- und Angelpunkt dieser Strategie ist die Überzeugung, dass die Realität das *eine* und deren Beschreibung das *andere* ist. Wollen wir schlau aus unseren Sprachbildern werden, müssen wir sie ernst nehmen, also nicht als Versuch abtun, «die Wahrheit» zu verbergen. Berichten uns andere, dass sie sich «von allen Seiten unter Druck gesetzt fühlen», dann sollten wir sie keinesfalls auffordern, sich endlich klar auszudrücken und zu sagen, was Sache ist. Sie tun es bereits. Und zwar auf authentische Weise. Ihre Aussagen mögen zwar ein wenig verschwommen auf uns wirken, nichtsdestoweniger zielen sie auf den Kern des Problems der Sprechenden.

Das bedeutet freilich nicht, diese Metaphern unkommentiert zu lassen. Ganz im Gegenteil. Je genauer wir sie kennenlernen, umso schneller werden wir mit ihrer Hilfe eine Lösung finden. Die allererste Frage auf diesem Weg lautet also: Welches Sprachbild beschreibt unser aktuelles Problem am besten? Das vom «Druck», dem wir uns von allen Seiten ausgesetzt fühlen? Oder ist es vielmehr ein «unüberwindbar hohes Hindernis», das sich drohend vor uns auftürmt? Oder aber sehen wir uns «allein gelassen in feindlicher Umgebung», wenn wir an den nächsten Arbeitstag denken?

Sind wir erst einmal in der Lage, unser Problem in ein plausibles Bild zu packen, kann die spannende Entdeckungsreise zur Lösung beginnen. Wir starten, indem wir uns selber ein paar Löcher in den Bauch fragen: Wo genau fühlen wir jenen Druck, der uns den Job vermiest? Im Rücken, an der Brust, am Kopf? Spüren wir ihn überhaupt körperlich? Gibt es konkrete Personen oder Dinge, die den größten Druck auf uns ausüben?

Es geht also darum, die Vorstellungen zu erkunden, die wir uns von unseren Problemen machen. Je genauer wir sie erforschen, umso besser. Die größte Schwierigkeit besteht darin, die eigenen Vorbehalte abzulegen. Denn es fühlt sich erst mal ziemlich befremdlich an, wenn wir uns danach fragen, ob wir den «Druck» eher im Rücken oder vor der Brust fühlen. Als Motivation, es dennoch zu versuchen, mag Ihnen die Aussicht auf eine einfache Lösung Ihres Problems dienen. Zum Beispiel in jenem Moment, in dem Sie den «Druck» wiedererkennen, und zwar aus einer privaten Situation. Dann können Sie nicht nur erhellende Zusammenhänge herstellen, sondern auch hilfreiche Ideen entwickeln, wie Sie diesem «Druck» ausweichen oder ihn sogar neutralisieren könnten. Oder aber Sie finden bei Ihrer Entdeckungsreise ins «Land des von allen Seiten herrschenden Drucks» heraus, dass er sich manchmal überraschend angenehm anfühlt. Und zwar immer dann, wenn Sie ihn im Rücken spüren und er Sie dazu bringt, mit einer schwierigen Aufgabe weiterzumachen.

Wie gut sich die jeweilige Metapher dafür eignet, Probleme in Worte zu fassen, können Sie daran erkennen, wie viele «Ableitungen» sie zulässt und welche das sind.[62] Denn jedes Sprachbild etabliert «ein kohärentes Netzwerk» dazu passender Bilder und Assoziationen, die ihrerseits weitere Bilder und Assoziationen zulassen. Beschreiben wir also unser Leben als Reise, dann schaffen wir eine (Sprach-)Welt, in der es ausschließlich um dieses Thema gehen kann und in der ganz bestimmte Regeln herrschen. So können wir uns im Rahmen unserer Metapher unterschiedliche Formen der Fortbewegung ausdenken, also fliegen, gehen, fahren, trampen oder schippern. Wir können uns verschiedene Lebensreiseziele stecken, die einmal darin bestehen, einen möglichst exotischen Ort zu besuchen, ein andermal darin, das eigene Innere zu entdecken. Je nachdem, welche Rahmenbedingungen wir für unsere Reise schaffen, ergeben sich weitere Ableitungen. Wollen wir also ein exotisches Ziel erreichen, werden wir andere Vorbereitungen treffen, Verkehrsmittel benutzen und Kleidungsstücke einpacken als im Falle eines Wochenendtrips in ein vertrautes Gebiet.

Kurz gesagt: Es gibt eine Unzahl von Lösungsbildern, die wir aus der Idee des «Lebens als Reise» ableiten können; und es gibt eine Unzahl weiterer Bilder, die sich logisch daraus erschließt. Zusammengenommen bilden sie ein großes Panorama, das uns dabei helfen kann, die Probleme des Alltags zu meistern. Einzige Bedingung: Wir müssen dabei im Bild bleiben. Nur so behält eine Metapher ihre innere Stimmigkeit und ihre Wirksamkeit. Wir können also nicht davon sprechen, eine Reise «gemeinsam aufzubauen», sie «wetterfest zu machen» oder sie «vor einem Erdbeben zu beschützen». Das ergibt keinen Sinn. Das heißt: Unser Leben als Reise zu begreifen versperrt uns alle anderen Beschreibungs- und damit Handlungsmöglichkeiten. Es lenkt unseren Blick in eine ganz bestimmte Richtung – und macht uns blind für andere Sprachbilder. Zum Beispiel für jenes vom «Bauen», dem die eben genannten Beispiele entnommen sind.

Das hat seine Vor- und Nachteile. Einerseits helfen uns

Sprachbilder dabei, die Komplexität der Welt zu reduzieren und uns zu fokussieren, wodurch wir handlungsfähig bleiben. Andererseits jedoch lassen sie uns vergessen, dass es vielleicht deutlich konstruktivere Möglichkeiten gibt, uns einen Reim aufs Leben zu machen. Wir also unser Leben nicht nur als Reise oder noch zu bauendes Haus verstehen können, sondern auch als einen «langen und ruhigen Fluss», wie uns das der Titel eines französischen Films aus dem Jahr 1988 nahelegt.[63] Je nach Sprachbild werden wir andere Strategien entwickeln, um Probleme zu lösen. Regnet es in unser Lebenshaus, dann werden wir das Dach neu decken müssen. Verstehen wir unser Leben hingegen als träge dahinfließenden Strom, dann könnten wir irgendwann Dämme zu bauen beginnen, um ihn in die gewünschte Richtung zu leiten. Es ist leicht nachvollziehbar, dass jede dieser Metaphern ganz andere Verhaltensweisen in uns hervorruft, sie also ganz konkret bestimmt, was wir zur Lösung eines solcherart beschriebenen Problems unternehmen.

Wer nun einwendet, all diese Ausflüge ins Metaphorische würden an der problematischen Realität nichts ändern und seien daher sinnlos, sei nochmals an die Grundthese dieses Ansatzes erinnert: Welchen Reim auch immer wir uns auf die Realität und damit unsere Probleme machen – er ist nicht nur unsere ganz persönliche Hervorbringung, sondern er steuert unsere Weltsicht ebenso wie unser Handeln. Das gilt für die allgemeine Aussage «Ich fühle mich ständig unter Druck gesetzt» genauso wie für deren Ableitung, in der es darum geht, «starken Gegendruck zu entwickeln». Stets bewegen wir uns in einer metaphorischen Welt, die von unseren Vorstellungen und unserer Sprachbeherrschung zusammengehalten und dominiert wird. Dass uns diese Art der

Weltaneignung nicht nur im Privaten voranbringt, sondern auch in der Wirtschaft, zeigt der Unternehmer Götz Werner. Auf die Frage einer Journalistin, ob Druck nicht etwas Gutes sei, antwortete er: «Das ist ein Denkfehler. Im Leben braucht man keinen Druck, sondern Sog.» Die Sache mit dem Druck sei ein Irrtum, den der Teufel erfand.[64] Das Spannende an der Erwiderung von Werner ist neben dem konkreten Inhalt der Umstand, dass er sich ganz selbstverständlich auf eine Metapher einlässt und ihr zwei andere entgegensetzt. Jene vom «Teufel» und vom «Sog».

2. ERSCHAFFEN SIE IHRE EIGENEN SPRACHBILDER. Es gibt Metaphern, die uns nicht weiterhelfen. Für Götz Werner ist es jene vom «Druck», für Lakoff und Johnson die vom Problem als «Rätsel».[65] Dieses Sprachbild ist weit verbreitet und dient vielen Menschen als Anleitung für ihren Umgang mit Schwierigkeiten. Für die beiden Wissenschaftler ist es vor allem deshalb wenig hilfreich, weil es uns Probleme als Geheimnisse verstehen lässt, die bloß enthüllt werden müssten, um für immer erledigt zu sein. Wären wir Menschen komplizierte technische Apparate, ließe sich an dieser These wenig aussetzen. Nicht ohne Grund gehen Automechaniker, Computeringenieure und Tischlerinnen genau so vor: suchen, finden, reparieren, wieder zusammenbauen, fertig. Doch zwischenmenschliche Probleme entstehen grundsätzlich anders, wie wir wissen. Sie sind das Ergebnis lebendiger Beziehungen, kontextabhängig, ständigem Wandel unterworfen und oft nur zu bekannt. Außerdem halten sich unsere Probleme selten an die Verabredung, nach dem ersten Lösungsversuch zu verschwinden. Vielmehr tauchen sie immer wieder auf, und das gerne

in verschärfter Form. Es gibt also triftige Gründe, von der Rätsel-Metapher Abstand zu nehmen. Sie lässt uns falsche Strategien entwickeln und überzogene Erwartungen hegen.

Am besten, wir legen sie beiseite und entwickeln ein neues Bild. Das ist einerseits schwierig, weil es eine Unzahl von Möglichkeiten dafür gibt. Und andererseits einfach, weil wir bei der Wahl nichts falsch machen können: Sobald uns ein Sprachbild hilfreich erscheint, ist es das richtige. Den Anfang könnten wir mit dem Vorschlag von Lakoff und Johnson machen. Die beiden raten nämlich, sich auf den Begriff der «Lösung» einzulassen, von dem im Zusammenhang mit Schwierigkeiten stets die Rede ist. Auf diese Weise würde sich uns «eine neue Sicht auf menschliche Probleme» eröffnen. Ein großes Versprechen, keine Frage. Aber durchaus gerechtfertigt, wie sich gleich zeigen wird.

Sobald wir den Begriff «Lösung» verwenden, entfalte sich ein höchst hilfreiches Bild in unserem Kopf. Wir würden uns eine Art Flüssigkeit vorstellen, in die wir unsere Probleme tauchen könnten; daraufhin würden sich diese verflüssigen und in «Schwebstoffe» verwandeln. Ganz so, wie wir das während des Kaffeetrinkens beobachten können: Feste Materie wird in eine Flüssigkeit gegeben und löst sich kurze Zeit später auf. Diese «*chemische* Metapher» vom Probleme-Auflösen wirke deshalb lebensverändernd, so Lakoff und Johnson, weil sie uns mehreres gleichzeitig plausibel mache. Zum einen, dass wir unsere Probleme nie verschwinden lassen können, was immer wir mit ihnen auch anstellen mögen. Auch wenn der Zucker nicht mehr sichtbar sein mag – jeder Schluck Kaffee wird uns daran erinnern, dass er immer noch da ist. Ganz folgenlos ist unser Handeln nicht; immerhin können wir den Aggregatzustand unserer Schwierigkeiten verändern. So können wir aus kantigen Problemdingern feine Schwebstoffe machen, die in einer «Lösung» herumschwimmen. Endgültig erledigt freilich ist die Sache damit nicht, denn irgendwann können sich aus aufgelösten Partikelchen wieder klebrige Problemdinger beziehungsweise Zuckerstückchen bilden. Sei es, weil das Wasser im Kaffee verdunstet ist oder weil es in unserer «Lösung» zu einer chemischen Reaktion gekommen ist, die die Bildung fester Materie begünstigt.

Die Metapher von der «Lösung» kann also nicht ohne Wirkung auf unser Denken und Handeln bleiben. Zum einen lässt sie uns zu der Überzeugung gelangen, dass es ein Leben ohne Probleme nicht geben kann, sie vielmehr «zu der natürlichen Ordnung der Dinge gehören und nicht zu den Unordnungen, die es ‹zu heilen› gilt». Und zum anderen animiert uns das Sprachbild dazu, die eigenen Ressourcen klüger einzusetzen. Also nicht länger nach dauerhaften Problemlösungen zu suchen, sondern stattdessen der Frage nachzugehen, «welche Katalysatoren die dringlichsten Probleme am längsten lösen, ohne daß sich schlimmere Probleme bilden».

Es gibt natürlich eine Unzahl weiterer Möglichkeiten, eigene Sprachbilder zu entwickeln. Das «Wörterbuch der philosophischen Metaphern»[66] bietet eine davon. Keine Angst: Sie müssen es nicht lesen, um Nutzen daraus zu ziehen (obwohl es ein großer Gewinn wäre). Es genügt erst mal, einen Blick in dessen Inhaltsverzeichnis zu werfen. Darin werden Sie vierzig zentrale Sprachbilder entdecken, die «in der Entfaltung des Denkens und des Wissens» eine wichtige Rolle gespielt haben und immer noch spielen. Die Liste beginnt mit «Band» und «Bauen», reicht über «Meer» und «Schlafen» bis hin zu «Theater» und «Wohnen». Besonders ergiebig scheint mir das Bild der «Reise», wie bereits weiter oben ausgeführt. Sollte es Ihnen ebenfalls zusagen, dann könnten Sie zum Beispiel versuchen, mit dessen Hilfe Ihr konkretes Jobproblem zu lösen.

So würde es sich anbieten, Ihre aktuellen Schwierigkeiten als eine jener Zwischenstationen Ihrer Lebensreise zu begreifen, die Sie bereits mehrfach erlebt und gemeistert haben. Um genauer in den Blick zu bekommen, woran es im Moment hakt, könnten Sie überlegen, ob Sie am Anfang dieses schwierigen Lebensabschnitts stehen oder schon ein Stück vorangekommen sind. Weitere hilfreiche Fragen wären: Führt der Weg bergauf, läuft er eben dahin, oder ist er abschüssig? Ist der Weg gerade, krumm, gepflastert, löchrig, schmal, einsam? Herrscht reger Gegenverkehr? Werden Sie ständig überholt? Überholen Sie andere? Laufen neben Ihnen andere Menschen her? Wenn ja, wer? Gibt es Verkehrsregeln, und wenn ja, werden sie befolgt? Wie weit können Sie vorausschauen? Um Lösungen zu entdecken, blicken Sie sich um. Was sehen Sie? Vielleicht stellen Sie mit ungläubigem Staunen fest, wie weit Sie in relativ kurzer Zeit gekommen sind und was Sie bereits geschafft haben. Eine andere Möglichkeit besteht darin, auf einen nahegelegenen Hügel zu klettern, um von dort einen ganz neuen Blick über die komplexe Situation zu gewinnen oder um eine bequeme Abkürzung zu entdecken, die Ihnen bisher verborgen geblieben ist.

Doch neue Metaphern lassen sich auch auf anderem Wege entwickeln (um im Bild zu bleiben). So könnten Sie sich ins Gedächtnis rufen, welche Fähigkeiten Ihnen bislang

am zuverlässigsten dabei geholfen haben, größere und klei-
nere Probleme zu lösen – um diese Erfahrungen anschließend in anschauliche Sprachbilder zu packen. Sind Sie vielleicht besonders gut darin, «dicke Bretter zu bohren, ohne
dabei müde zu werden»? Ist es Ihre Beweglichkeit, die Sie
«allen Stolpersteinen ausweichen lässt»? Oder verdanken Sie
Ihre heutige Position Ihrer Geduld, die Sie selbst in turbu-
lenten Phasen «in sich ruhen lässt wie ein Fels in der Bran-
dung»? Sobald Sie die passende Formulierung gefunden
haben, steht dem bekannten Spielchen, daraus schlüssige
Ableitungen zu entwickeln, nichts mehr im Wege. Weil Bilder untrennbar mit den passenden Frames verbunden sind,
können Sie sich in den gewünschten Zustand versetzen,
indem Sie Ihre Aufmerksamkeit auf die entsprechende Metapher lenken: Wer «dicke Bretter bohrt», wird seine aktuellen Schwierigkeiten als das erleben, was auch die vergangenen waren: eine Zwischenstation auf dem Weg zum
Gelingen.

3. PRÄGEN SIE SICH EIN PAAR SÄTZE ODER WÖRTER EIN.
Um in kniffligen Situationen schneller eine Lösung zu finden, sollten Sie sich jene Metaphern einprägen, die Sie als
hilfreich kennengelernt haben. Am besten so häufig wiederholen, bis sie Ihnen in Fleisch und Blut übergegangen
sind. Welche konkreten Metaphern in der Lage sind, Sie zu
unterstützen, können nur Sie entscheiden. Vielleicht hilft
Ihnen dabei eine Strategie namens «Refokussierungstechnik» weiter, die von Leistungssportlern, Chirurginnen oder
Piloten genutzt wird.[67] Diese Berufsgruppen müssen in der
Lage sein, jederzeit selbstsicher zu agieren. Daher geraten
Läufer aus dem Konzept, wenn sie überholt werden, und

Chirurginnen aus dem Flow, wenn bei einer OP unerwartete Komplikationen eintreten. Die Folge dieser Irritationen: Die Betroffenen beginnen zu grübeln und machen mit hoher Wahrscheinlichkeit gleich den nächsten Fehler. Es ist also von existenzieller Wichtigkeit für diese Menschen, sich im Handumdrehen in den Zustand der Selbstsicherheit zurückzubeamen. Sich zu «refokussieren», wie das in der Fachsprache heißt.

Dazu braucht es ein wenig Vorbereitung. Die größte Schwierigkeit besteht darin, sich dabei nicht allzu eigenartig vorzukommen. Denn um sich eine erfolgreiche Refokussierungstechnik anzueignen, benötigen Sie einen vertrauten Gegenstand und die Bereitschaft, mit diesem zu reden. Viele Sportler benutzen als Ansprechpartner ihre Kuscheltiere. Sie können natürlich auch irgendein anderes Gegenüber wählen. Einzige Voraussetzung: Sie müssen diesem Etwas anvertrauen, was Sie dazu motiviert, Menschen zu operieren, Flugzeuge zu fliegen oder Ihren Alltag zu meistern. Als Motiv kann das Wohlergehen Ihrer Familie ebenso dienen wie der unbändige Wunsch, der Welt (oder sich selbst) etwas zu beweisen.

Wie immer Sie Ihr Motiv auch beschreiben mögen – es muss einen Zweck erfüllen: Sie animieren und an die eigene Kraft erinnern. Haben Sie erst mal ausreichend viele ernsthafte Gespräche mit Ihrem Kuscheltier geführt, wird es eines Tages all das verkörpern, was Sie antreibt. So genügt es in Notsituationen, bloß an das vertraute Etwas zu denken – und Sie werden schlagartig in den Modus «Ich bin mir meiner Sache sicher» zurückkehren. Weil all das vollkommen lautlos und unsichtbar abläuft, lässt sich die Refokussierungstechnik an jedem Ort und in jeder Situation einsetzen. Bei der Kindererziehung ebenso wie im Job oder in einer erotischen Beziehung.

Sie können die Sache aber auch deutlich unterhaltsamer angehen, einige ungewöhnliche Zitate auswendig lernen und sie dazu nutzen, knifflige Situationen in einen neuen Frame zu packen. Wie wäre es mit ein paar Zitaten von Lawrence Peter «Yogi» Berra? Der 2015 verstorbene US-amerikanische Baseballspieler wurde für seine originell-verqueren Lebensweisheiten berühmt, «Yogiisms» genannt. Drei besonders schöne Beispiele lauten: «We were overwhelming underdogs» – «When you come to a fork in the road, take it» – «I wish I had an answer to that, because I'm tired of answering that question».[68] Diese Leitsätze scheinen mir sehr gut dafür geeignet, schwierigen Situationen ihren Schrecken zu nehmen und für jene kurze Verschnaufpause zu sorgen, die wir brauchen, um einigermaßen gefasst weiterzumachen.

4. ACHTEN SIE AUF DIE DETAILS. Klassischer Universalratschlag. Gilt für jeden Lebensbereich, so auch für den Umgang mit Sprache. Der Psychologe Manfred Prior bietet eine Sammlung einschlägiger Tipps.[69] So ist es zum Beispiel ratsam, das Wörtchen «immer» immer sehr vorsichtig einzusetzen. Vor allem wenn es darum geht, eigene oder fremde Probleme zu beschreiben. Diese erscheinen durch das kategorische «immer» unverhältnismäßig groß, und das erschwert eine schnelle Lösung.

Öfters. Statt also zu behaupten «Wir streiten uns *immer* so», sagen Sie lieber, man habe sich «in der Vergangenheit» gestritten oder es komme «öfters» zu Konflikten. Und schon ist das Problem auf eine händelbare Größe geschrumpft.

Außerdem signalisieren wir durch das kleine «öfters», dass es Ausnahmen von der problematischen Streitregel gibt, die man zur neuen Regel machen könnte (davon weiter hinten mehr).

Nicht. Ähnlich verhält es sich mit dem Wörtchen «nicht»: Manfred Prior berichtet von seinem Versuch, einen Klienten mit Hilfe positiver Formulierungen zu unterstützen. Irgendwann freilich musste er einsehen, dass er damit keinen Millimeter vorankam. Sobald Prior auch nur davon sprach, dass das Wetter schön, ein Thema wichtig oder ein Zimmergenosse nervig sei, wehte ihm die steife Brise des Widerspruchs entgegen. Das Wetter sei mies, das Thema schwierig und der Zimmergenosse okay. Irgendwann erinnerte Prior sich daran, dass man die Sprache des Klienten sprechen müsse, um von ihm verstanden zu werden. Und tatsächlich: Kaum konfrontierte er sein Gegenüber mit der Feststellung «Das ist ja heute nicht gerade das allerschönste Wetter», stimmte ihm dieser plötzlich und erstmals zu: «Nein, das kann man nicht sagen.» Kurze Zeit später ging Prior einen entscheidenden Schritt weiter und baute das «nicht» auch in seine Interventionen ein. Das klang dann so (es ging dabei um den nervigen Zimmergenossen): «Und wenn man so von jemand genervt ist, dann kann man ja auch nicht mehr entspannt bleiben und zum Beispiel den einen Arm entspannt auf der Armlehne liegen lassen ... obwohl der ja trotz dieses blöden Themas, das einen nicht ganz kalt lässt, relativ ruhig geblieben war ...»[70] Die Reaktion des Klienten: Er blickte den Therapeuten «demonstrativ entspannt» an und forderte ihn auf, den Zustand seines rechten Armes zu prüfen. Und tatsächlich: Er war, was er nach dem Wunsch des Therapeuten sein sollte: sehr entspannt. «Oh, das hätte ich nicht gedacht», sagte dieser darauf. Und zog die Schraube der Negation eine weitere Windung an: «Aber mit dem anderen Arm kriegen Sie das wahrscheinlich nicht auch so entspannt hin ...» Überflüssig zu sagen, was dann geschah.

Diese Strategie ist laut Prior vor allem dann nützlich, wenn wir auf den Widerstand anderer treffen. Am besten gehen wir damit um, indem wir «verständnisvolle verneinende Sprachformen» anwenden. Mit der Folge, «dass der Kampf überflüssig wird, da es nichts mehr gibt, wogegen man Widerstand leisten und sich wehren muss». Weil auch wir nicht immer in der Lage sind, den eigenen Ratschlägen widerspruchslos zu folgen, erscheint es daher durchaus überlegenswert, diese Strategie auch uns selbst gegenüber anzuwenden. Obwohl: Es dürfte doch nicht besonders sinnvoll sein, dass Sie es einmal in einem ruhigen Moment versuchen. Weiß ich, was Ihnen guttut? Nein, das weiß ich nicht. Am besten, Sie denken einfach nicht mehr dran.

Noch. Wenn Sie nun diesem «nicht» in bestimmten Fällen ein «noch» voranstellen, steht Ihnen ein weiteres hilfreiches Sprachdetail zur Verfügung. Und zwar in all jenen Momenten, in denen irgendwer darüber klagt, etwas Bestimmtes «nicht zu wissen» oder eine Aufgabe «nicht zu schaffen». Klingt endgültig, dieses Statement, finden Sie nicht? Suchen Sie nach einem einfachen Ausweg aus dieser Sackgasse der Negation, dann bringen Sie das erwähnte «noch» zum Einsatz. Und schon sprechen Sie davon, dass Sie eine Aufgabe «*noch* nicht schaffen», manches «*noch* nicht wissen». Übersetzt bedeutet das: Sie mögen etwas in einer aktuellen Situation nicht hinbekommen – geschenkt! Irgendwann wird es so weit sein. Vielleicht schon morgen. Andernfalls einen Tag später.

Fühlen. Wer andere danach fragt, wie es ihnen geht, bekommt häufig zu hören: «Ich bin niedergeschlagen» oder «Ich bin besorgt». Und auch uns selbst raunen wir zu: «Ich bin gestresst» oder «Ich bin sauer». Das Problem an diesen Formulierungen besteht weniger darin, dass sie allesamt Unangenehmes zum Ausdruck bringen, sondern vielmehr in der Verwendung des kleinen Hilfsverbs «sein». Das verwandelt nämlich eine flüchtige Emotion in die stabile Eigenschaft einer ganz konkreten Person. Wer also seine Gefühlslage beschreiben will, der sollte besser das Verb «fühlen» verwenden und seine Aussage mit einem Wort wie «manchmal» relativieren: «Manchmal fühle ich mich niedergeschlagen». Klingt doch schon deutlich weniger dramatisch, weil uns dieses Framing erlaubt, «manchmal auch nicht niedergeschlagen zu sein». Womit der erste Schritt unternommen wäre, um aus einer Ausnahme («Es geht mir gerade einen Moment lang gut») eine neue Regel zu machen («Es geht mir gerade gut»).[71]

Werden. Endlich haben wir uns dazu durchgerungen, die Abstellkammer auszumisten. Dabei sind wir freilich nicht nur mit den Ergebnissen jahrelanger Sammeltätigkeit konfrontiert, sondern auch mit der mantraartig wiederholten Frage: «Kann ich das noch gebrauchen?» Tennisschläger, Blumenkübel, Laptop, Spielzeug, Tasche, Zeug? Und, wie lautet unsere ebenso mantraartig wiederholte Antwort? Richtig. «Ja, kann ich.» Das führt zu dem Ergebnis, dass wir nach stundenlanger Arbeit einen kleinen, schrumpeligen Müllsack in den Händen halten, in dem ein paar zerbröselte Campingbecher und ein verbogener Regenschirm stecken, während die Rumpelkammer immer noch aussieht wie zuvor. Streben Sie genau dieses Ergebnis an, dann machen Sie

ruhig weiter so. Wollen Sie jedoch ein paar Dinge mehr los-
werden, empfiehlt sich eine kleine sprachliche Änderung.
Fragen Sie sich von nun an einfach: «*Werde* ich das noch
brauchen?» Jede Wette, dass Ihre Antwort deutlich radikaler
ausfällt als zuvor. Und Ihre Entrümpelungsaktion ebenso.

PS: Vergessen Sie nicht, neue Müllsäcke zu kaufen und
einen kleinen Flohmarkt für karitative Zwecke zu planen.

PPS: Von emotional aufgeladenen Dingen wie Kinder-
zeichnungen und Selbstgebasteltem trennen Sie sich leichter, wenn Sie sie vor dem Weggeben fotografieren.[72]

5. VERGESSEN SIE HORST. Wir haben bereits einige un-
scheinbare Wörtchen kennengelernt, die sich als unerwartet mächtig herausgestellt haben. Sie sind nichts verglichen
mit unseren – Vornamen. Die sind nämlich in der Lage, über
unser Ansehen und unseren Erfolg zu bestimmen. Am einfachsten lässt sich diese These anhand von Kindern zeigen,
die den Vornamen «Kevin» oder «Chantal» tragen. Mit großer Wahrscheinlichkeit werden sie von ihren Lehrern als
Problemfälle behandelt. Wer seine Kinder so nennt, kann
nur aus der bildungsfernen Unterschicht stammen, so das
mächtige Vorurteil. Kevin und Chantal seien daher auch
keine Vornamen, «sondern eine Diagnose».[73] Und zwar eine
verheerende. Daran ändert auch die strenge Ermahnung
nichts, die Menschen sollten nicht so oberflächlich sein.
Sind sie aber bisweilen.

Die Macht unserer Vornamen reicht aber noch deutlich
weiter: Nicht nur, dass sie uns in den Augen anderer stig-
matisieren oder auszeichnen – sie bestimmen sogar unser
Äußeres. So das Ergebnis einer Studie, die den vielsagenden
Titel «Wir sehen aus wie unsere Namen» trägt. Ihr Ergeb-

nis: «Von der Minute unserer Geburt unterliegen wir einer sozialen Gestaltung, nicht nur durch Geschlecht, ethnische Zugehörigkeit und sozioökonomischen Status, sondern einfach durch die Wahl, die andere für unseren Namen getroffen haben.»[74]

So eindeutig die Forschungsergebnisse, so naheliegend der Ratschlag: Vorsicht! Sind Sie auf der Suche nach einem Vornamen für Ihr Kind, können Sie die Namensforscherin Damaris Nübling konsultieren. «Michael» etwa sei ein «neutraler Name, der trendresistent ist und kaum soziale Informationen mit sich trägt».[75] Von «Lallnamen» wie zum Beispiel «Lilly» rät Nübling hingegen ab, weil diese zu kindlich klängen und Erwachsenen zur Last werden könnten. Verhängnisvoller wirke der Name «Chantal-Sue», der seinen Ursprung aus dem Privatfernsehen nicht verbergen könne und ebenfalls stigmatisierend sei. Noch schlimmer ist nur «Horst». Als Vorname vollkommen untauglich, «als Schimpfwort» hingegen «umso präsenter». Kein Wunder, dass er im Jahr 2017 deutschlandweit nur mehr neunzehn Mal vergeben wurde, und das als Zweitname.[76] Machen Sie Ihr Kind also keinesfalls «zum Horst», sondern besser zur «Hannah» oder zum «Alexander».

6. SPRECHEN SIE MENSCHEN ALS DIE AN, DIE SIE WERDEN SOLLEN. Wie sich unser Gegenüber verhält, liegt unter anderem auch daran, wie wir es ansprechen. Diesen Rückschluss legt eine Studie des Psychologieprofessors Gregory Walton nahe, von dem bereits die Rede war.[77] Walton ist Spezialist für «weise Interventionen», also für jene Aktionen, mit deren Hilfe das Verhalten anderer Menschen zum Besseren verändert werden kann. «Weise» deshalb, weil sie trotz

ihrer Kürze weitreichende (positive) Auswirkungen haben. So gelang es Walton im Rahmen einer Studie, durch «subtile sprachliche Hinweise» das Wahlverhalten von Menschen zu beeinflussen. Fragte er sie: «Wie wichtig ist es für Sie, bei der morgigen Wahl ein Wähler zu sein?», gingen deutlich mehr von ihnen in die Wahllokale (neunzig Prozent) als aus der Gruppe jener, die Walton fragte: «Wie wichtig ist es für Sie, am nächsten Tag zu wählen?» (knapp achtzig Prozent). Es genügte also bereits, Menschen in jener Rolle zu adressieren, die sie nach dem Wunsch des Fragenden einnehmen sollten. Die Erklärung für den Effekt: Wer als «Wähler» angesprochen wird, modifiziert nicht nur sein Selbstbild, sondern verhält sich auch demgemäß.

Wie valide Waltons Erkenntnisse sind und wie leicht für jeden von uns anwendbar, zeigt das Beispiel der US-amerikanischen Schriftstellerin und Komikerin Sarah Silverman. Als sie am 29. Dezember 2017 auf Twitter von einem Mitglied namens «Jeremy jamrozy» mit einem einzigen rüden Wort beschimpft wurde, antwortete sie ihm so: «Ich glaube an dich. Ich lese deine Timeline und ich sehe, was du tust und dass deine Wut nur kaum verhüllter Schmerz ist. Aber du weißt das. Ich kenne das Gefühl.» Und dann fügte sie noch an: «Probiere aus, was geschieht, wenn du dich für die Liebe entscheidest. Ich sehe sie in dir.»[78] Die Reaktion des Mannes ließ nicht lange auf sich warten. Anstatt sie weiter wüst zu beflegeln, klang er wie verwandelt: «Ich kann mich nicht für die Liebe entscheiden. Ein Mann, der Kevin Spacey ähnelt, hat sie mir weggenommen als ich acht Jahre alt war. Ich kann keinen Frieden finden. Wenn ich diesen Typen finden könnte, der meinen Körper zerrissen hat, der mir meine Unschuld weggerissen hat, würde ich ihn töten. Er hat mich fertig gemacht, aber ich bin arm, und daher ist es schwer, Hilfe zu finden.»[79] Das heißt: Sarah Silverman war es mit ein paar kurzen Sätzen gelungen, den Habitus des Fremden völlig umzukrempeln. Und Zugewandtheit und Verletzlichkeit in ihm zum Vorschein zu bringen.

In der Folge entspinnt sich ein Dialog zwischen den beiden, in dem sich Sarah Silverman in ihrem Mitgefühl nicht beirren lässt. Sie bringt Verständnis für «Jeremy jamrozy» auf, macht ihm aber gleichzeitig klar, dass Rache ihm nicht weiterhelfen werde. Vollkommen zu Recht, denn was immer wir auch unternehmen – es kann uns in einem System, in dem alle mit allem verbunden sind, nicht unberührt lassen. Daher könne der Mord an dem Peiniger letztlich nur auf eines hinauslaufen: «Selbst, wenn du ihn töten könntest, würdest du nur dich selbst bestrafen.» Der Dialog endet damit, dass sich «Jeremy jamrozy» bei Sarah Silverman entschuldigt, ihr für die Zuwendung dankt und den vielen anderen Menschen auch, die sich im Lauf der Zeit eingeschaltet hatten. Um sich schließlich bei einer Selbsthilfegruppe zu melden.

Der einfache Ratschlag lautet also: Sprechen Sie mit den Menschen genau so, wie Sie sich wünschen, dass sie agieren. Wie schrieb Sarah Silverman so schön? «Mein Psychiater sagt, dass wir nicht das bekommen, was wir uns wünschen, sondern das, von dem wir glauben, dass wir es verdienten. Ich sage dir, du verdienst viel mehr, als du weißt.»[80]

7. ERZÄHLEN SIE GESCHICHTEN. Wenn Sie abends Ihren Kindern Geschichten erzählen oder beim geselligen Essen Ihren Gästen, dann sorgen Sie nicht nur für Unterhaltung. Sie helfen den anderen außerdem, ihr Leben ein wenig zu ordnen. Denn «Geschichten sind offenbar eine höchst öko-

nomische Art, mit der Komplexität der Welt umzugehen»,
wir Fritz B. Simon schreibt.[81] «Sie setzen unterschiedliche
Akteure in einer spannenden und daher gut merkbaren
Form zueinander in Beziehungen.» Wir würden damit nicht
nur lernen, uns in andere, ihre Kommunikations- und Verhaltensweisen einzufühlen, sondern wir bekämen durchs
Geschichtenerzählen auch ein wichtiges Mittel an die Hand,
die eigenen Erfahrungen zu deuten.[82] Zudem, so lässt sich
ergänzen, etabliert jede Story einen bestimmten Frame und
wirkt dadurch handlungsanleitend. Kein Wunder also, dass
erfolgreiche Menschen in Wirtschaft und Politik mit Hilfe
konkreter Geschichten kommunizieren. Auf diese Weise gelingt es ihnen nicht nur, anderen ihren Blick auf die Welt zu
vermitteln, sondern auch, ihnen ein bestimmtes Verhalten
nahezulegen.

Wie groß Ihre Aussichten sind, Probleme allein durch
gute Storys zu lösen, zeigt eine Studie von US-amerikanischen Psychologen.[83] Sie beschäftigten sich mit Menschen,
die es ablehnen, ihre Kinder impfen zu lassen. Das führt
dazu, dass die Zahl der Masern-Infektionen seit Jahren
steigt. Das Ergebnis der Studie: Rationales Argumentieren
bringt nichts. Wer überzeugt ist, Impfen könne Autismus
verursachen, lässt sich durch den Hinweis, dass keine einzige Studie dies belege, kaum davon abbringen. Ungleich
wirkungsvoller sei es, den Skeptikern zu erzählen, was alles schiefgehen könne, wenn ihr Kind tatsächlich Masern
bekomme. Dabei wurden keine Horrorstorys erzählt, die
Wissenschaftler boten ihnen einfach ein anderes, sachliches
Narrativ an. Das war deutlich besser in der Lage, ein Vorurteil zu entkräften, als der Versuch, diesem direkt zu widersprechen. Wir Menschen sind nämlich ganz ausgezeichnet

darin, selbst eindeutige Beweise zu ignorieren, sobald sie nicht mit der eigenen Weltsicht übereinstimmen. Der klare Ratschlag lautet also: Erzählen Sie lieber Ihre eigene, ganz neue Geschichte, anstatt zu versuchen, eine bereits existierende zu widerlegen.

8. RUHE! Nein, nicht alle Probleme lassen sich lösen, indem wir bessere Namen oder Wörter finden, neue oder andere Formulierungen. Manchmal liegt der einzige Ausweg darin, kein Wort mehr über jenes Thema zu verlieren, das uns so beschäftigt, wie folgende kleine Geschichte illustriert: Eines Tages kam das Ehepaar W. zum Therapeuten. Während die Frau grundsätzlich guter Dinge war, beklagte sich der Mann darüber, «daß seiner Ehe der Schwung fehlte».[84] Genaueres wussten beide nicht zu sagen. Im Grunde sei alles wie immer – mit dem einen entscheidenden Unterschied, dass Herr W. «das Feuer» vermisste. Auch nach längerem Nachdenken wusste er nicht zu sagen, ob es im vergangenen halben Jahr einen Moment gegeben hatte, in dem es da gewesen war. Es herrschte dichtester Beziehungsbodennebel, in dem niemand nichts entdecken konnte. Auch der Therapeut nicht. Denn auch auf die Frage, woran zu bemerken sein werde, dass das Problem gelöst sei, wusste der Mann nur zu antworten, sobald er sich wieder «in Ordnung fühlte».

In der Folge bat der Therapeut die beiden, auf all jene Zeichen dafür zu achten, dass die Beziehung noch eine Chance habe. Als die beiden wiederkamen, erzählten sie von ihrem Zusammenleben, das ganz in Ordnung gewesen sei, ohne große Kräche, mit kleinen Freuden durchsetzt, aber dieses unbestimmte Irgendetwas fehlte immer noch. Weitere Suchtrupps wurden losgeschickt. Wieder nichts. «Herr und

Frau W. waren eindeutig verblüfft. Wo sie auch suchten und sich bemühten, aus dem Problem schlau zu werden, sie landeten stets in einer Sackgasse.» Was nun?

An diesem Punkt belegte der Therapeut das Ehepaar mit einem Schweigegelübde. «Sprechen Sie nicht über das Problem!» Und das aus einem naheliegenden Grund: «Wenn es ein Problem wäre, das durch Reden gelöst werden könnte, hätten Sie beide es schon längst gelöst. Es hat keinen Zweck, irgendetwas weiter zu machen, was nicht funktioniert.» Gesagt, geschwiegen. Das Ehepaar machte weiter wie gewohnt, lebte sein Leben, tat, was es immer tat, und ein jeder dachte sich seinen Teil – mit dem entscheidenden Unterschied, dass das fehlende «Feuer» des Herrn W. nicht mehr zur Sprache kam. Das Ergebnis? Irgendwann meinten Frau und Herr W., «daß alles mehr Schwung hätte oder spontaner war» als zuvor. Die beiden «waren davon überzeugt, daß sie das Problem irgendwie gelöst hatten, obwohl sie nicht wußten, wie».

WECHSLE DIE BETTSEITE

Oft genügt es bereits, winzige Details zu verändern.
Und schon verschwinden die hartnäckigsten Probleme.
Das hat wenig mit Hexerei, aber viel mit vernetztem Denken
zu tun. Eine kleine Exkursion in allernächste Nähe.

Die Frau knirschte mit den Zähnen. Jede Nacht. Und zwar so heftig, dass sie davon Kopfschmerzen bekam. Ganz zu schweigen von den Schäden, die ihr Gebiss davontrug. Es war schlicht unerträglich, also schickte der Zahnarzt die Frau zum Therapeuten. Aber sosehr der sich auch bemühte – er fand einfach keinen Hinweis auf gravierende Probleme im Leben seiner Klientin. Zeit, ein wenig in der Wunderkiste einfacher Lösungen zu kramen. Und da war sie auch schon. Der Therapeut empfahl ihr, mit ihrem Mann die Bettseite zu tauschen. Obwohl das Ehepaar nicht wusste, was das Ganze sollte, tat es wie empfohlen. Das Ergebnis? In der ersten Nacht habe sie zwar schlecht geschlafen, ihr Zähneknirschen sei aber verschwunden. Und auch «in der zweiwöchigen Pause zwischen den Sitzungen» nicht mehr aufgetaucht.[85]

Tja. Wie kann ein derart trivialer Ratschlag eine solche Wirkung entfalten? Wie kann eine Lösung funktionieren, die sich nicht logisch auf das Problem bezieht? Die Antwort ist ebenso einfach wie schlüssig: Probleme brauchen bestimmte Orte, an denen sie entstehen können. Und der konkrete Ort für das nächtliche Zähneknirschen ist nun einmal nicht die Kindheit der Frau, sondern das Ehebett. Auf diese einfache Weise seien schon ganz andere Probleme gelöst worden: «regelmäßig auftretende Alpträume, Schlaflosigkeit, Schnarchen, Bettnässen und Probleme mit der Sexhäufigkeit». Jedes Mal hieß es: Platzwechsel.

Aber stopp! Es soll keinesfalls der Eindruck entstehen, alle schnarchenden und sexlosen Menschen der Welt müssten nur die Bettseiten tauschen; das wäre eine unzulässige Generalisierung. Diese Intervention scheint zwar recht wirkungsvoll zu sein, hätte aber auch dazu führen können, dass die Frau nachts, im Dunklen, die Orientierung verliert und sich über ihren Ehemann wälzt. An der grundsätzlichen Erkenntnis freilich ändert das eventuelle Scheitern des Ratschlags nichts: dass nämlich Probleme und deren Lösungen immer abhängig sind von jenem konkreten Zusammenhang, in dem sie entstehen und wirken. Oder eben *nicht* entstehen und *nicht* wirken: «Was auch immer die Ursache eines Problems sein mag, seine Fortdauer hat etwas mit dem *Kontext* oder dem *Setting* zu tun, in dem es vorkommt.» Scheint ein interessantes Thema zu sein, dieser ominöse «Kontext». Grund genug, ihn ein wenig genauer zu betrachten.

Im ersten Schritt müssen wir uns erst einmal von einer liebgewonnenen Idee verabschieden: dass wir ganz alleine für

Je gerechter es zugeht, umso mehr beklagen wir den letzten Rest an Ungerechtigkeit

unser Glück zuständig sind. An dieser These ist zwar einiges dran (Stichwort «ignorieren» und «reframen»), aber wie autonom wir auch agieren mögen – wir bleiben stets Teil eines größeren Ganzen. Nicht *eines* Kontextes, wohlgemerkt, sondern *vieler*, *wechselnder*: Wir frühstücken mit der Familie oder der WG, lassen uns gemeinsam mit Fremden per U-Bahn durch die Stadt transportieren, sitzen mit Kollegen im Büro und mit Fremden beim gutbesuchten Syrer ums Eck, trainieren abends mit einem Haufen schwitzender Bekannter im Boxclub und liegen später mit einem vertrauten Menschen auf der Couch, während nebenan friedlich das Kind, der Hund oder das Gewissen schläft. Wir sind also nie allein. Und wenn wirklich keiner da ist, befinden wir uns immer noch in Gesellschaft des eigenen Körpers, der ebenfalls zu diesen Kontexten zählt, um die es hier geht.

Jeder dieser Kontexte beeinflusst unser Fühlen, Denken und Handeln auf seine ganz spezifische Weise. Das klingt erst einmal ziemlich trivial, gewinnt aber deutlich an Dramatik, wenn wir ein kleines Gedankenexperiment durchführen. Stellen Sie sich bitte vor, Sie würden sich ausziehen, ein Badetuch um den Körper schlingen, in Ihre Adiletten schlüpfen und in diesem Outfit in die Universitätsbibliothek gehen. Es wird zumindest ein freundlicher Mensch vom Aufsichtspersonal erscheinen und Sie fragen, was Sie vorhaben. Latschen Sie hingegen solcherart gerüstet in die Sauna, wird Sie niemand beachten. (Es sei denn, Ihr Badetuch ist mit einem riesigen FC-Bayern-München-Logo bedruckt und die Sauna befindet sich in Dortmund.) Das heißt: Das Badetuch und der darin steckende Mensch sind – für sich betrachtet – bedeutungslos. Welche Wirkung sie entfalten und was die Menschen ihretwegen tun, hängt ganz davon ab, an welchem Ort sie sich befinden.

Womit wir bereits die erste Erkenntnis festhalten können, nämlich dass der Kontext bestimmt, wie ein bestimmtes Phänomen bewertet wird: «Schmutz ist Materie am falschen Ort» lautet ein Kalauer, der besagt, dass wir Flusen nur dann als Problem betrachten, wenn sie auf unserem frisch gebohnerten Parkettboden herumliegen. Schweben sie hingegen durch die freie Natur, handelt es sich um «Materie am richtigen Ort», ergo um absolut Selbstverständliches. Demselben Mechanismus verdanken wir auch ungleich rätselhaftere Phänomene. Zum Beispiel das «Tocqueville-Paradoxon». Formuliert hat es der Politiker Alexis de Tocqueville im 19. Jahrhundert. Es besagt, dass die allgemeinen Klagen über die Ungerechtigkeit der Welt trotz wachsender Gleichheit nicht ab-, sondern zunehmen. Der Grund: Weil der Kontext, in dem wir uns bewegen, immer gerechter werde, würden wir den kleinen, verbleibenden Rest an Ungleichheit immer schärfer wahrnehmen.

Es hängt vom konkreten Ort ab, wie klug wir Menschen sind. Oder wie doof

Eine ganz andere Auswirkung von Kontexten beschäftigt den Mathematiker Nassim Nicholas Taleb. Klassischerweise gehen wir ja davon aus, dass wir etwas Bestimmtes wissen oder eben nicht, egal wie spät es ist und wo wir uns gerade aufhalten. Taleb hingegen – und mit ihm viele andere – vertritt die These, dass Wissen an einen konkreten Ort gebunden ist. Ein evolutionär gesehen logischer Gedanke, denn wir müssen nur dann wissen, wie wir uns gegen den Säbelzahntiger verteidigen, wenn wir in dessen Nähe sind, und nicht, wenn wir in der Höhle chillen; dort ist ganz anderes Wissen gefragt. Wie man das Mammut filetiert, zum Beispiel. Daher falle es uns schwer, so Taleb weiter, «Wissen automatisch von einer Situation auf eine andere, oder von der Theorie auf die Praxis, zu übertragen». So seien Menschen zwar mühelos dazu in der Lage, «ein Problem in einer sozialen Situation zu lösen, obwohl sie Schwierigkeiten damit haben, wenn es ihnen als abstraktes logisches Problem präsentiert wird».[86]

Salopp gesagt bedeutet das: Es hängt vom konkreten Ort ab, wie klug wir gerade sind. Oder wie doof. Wenn dem tatsächlich so sein sollte, dann müssen wir unsere Vorstellungen vom Wert eines Schul- oder Universitätsabschlusses völlig umkrempeln. Ausgezeichnete Zensuren sind nach obiger Lesart bloß der Beleg dafür, dass der betreffende Mensch gut darin ist, in einem Klassenraum mit seinem Wissen zu glänzen. Dass das irgendeine Relevanz fürs reale Leben hat, darf hingegen bezweifelt werden. Solange es nur um Lateinvokabeln geht, mag das zwar bedauerlich, aber wenigstens nicht lebensgefährlich sein. Spätestens bei Ärztinnen und Elektrikern sieht das ganz anders aus.

«Jeder lügt.»[87] Davon ist der Datenwissenschaftler Seth Stephens-Davidowitz überzeugt. Vor allem bei Meinungsumfragen, wenn es darum gehe, blamable Geheimnisse zu beichten. Niemand sehe in den Augen anderer gern schlecht aus, daher würden wir Beschönigendes zu Protokoll geben: dass wir viel Sport machen, zahlreiche Bücher lesen, gerne Sex haben und wenig Alkohol trinken. Wir seien aber nicht grundsätzlich verlogen, sondern je nach Situation. Am heftigsten würden wir einem echten Menschen gegenüber flunkern, ein bisschen weniger bei Telefonumfragen und noch ein bisschen weniger bei Internet-Erhebungen. Nichts jedoch gegen Google. Die Suchmaschine wirke auf uns wie ein «digitales Wahrheitsserum», schreibt Stephens-Davidowitz. Weil wir uns unbeobachtet fühlten, fütterten wir Google selbst mit den intimsten Fragen. Um uns Menschen möglichst tief in die Seele schauen zu können, muss man daher nur möglichst viele Abfragedaten zusammenraffen und auswerten. Von wegen, keiner beobachtet uns, wenn

wir «Ist mein Penis groß genug?» in die   **Das «wahre Selbst»**
Suchmaske eintippen. Stephens-Davido-   **ist eine Erfindung. Wir**
witz ist daher auch «davon überzeugt,   **sollten nicht versuchen,**
dass die Google-Suchanfragen die wich-   **es zu finden**
tigsten Datensätze sind, die jemals über
die menschliche Psyche gesammelt worden sind». Ohne
dass wir das gewollt hätten, ganz nebenbei gesagt. Kleine
Kostprobe gefällig, was wir so ausplaudern? Bitte folgen Sie
mir unauffällig zu den Fußnoten.[88]

Nach diesen Hinweisen auf die Macht des Kontextes
dürfte auch die abschließende These plausibel klingen:
Sogar unser Selbstverständnis wird durch die konkreten
Verhältnisse beeinflusst und verändert. So schreibt der Soziologe Niklas Luhmann, dass wir «Identität» nicht mehr
«als Wesenskern oder als Invarianz» begreifen könnten,
«sondern als Beziehung zwischen variablen Größen, zwischen System und Umwelt».[89] Was nichts anderes bedeutet,
als dass wir mit der Annahme falschliegen, wir seien stabile
Persönlichkeiten mit stets denselben Neigungen und Fähigkeiten. Vielmehr scheint unser Ich deutlich elastischer
zu sein als angenommen. Fritz B. Simon nennt «die Vorstellung eines von den Beziehungen, in denen wir stecken,
völlig unabhängigen, autonomen Selbst-Seins» sogar ein
«wenig albern». Darüber kann man streiten, in der Sache
hat der Psychiater natürlich recht, wie jeder aus eigener Erfahrung weiß. Wer hat nicht schon erlebt, «daß er, wenn er
mit einem Menschen zusammen ist, den er mag, ein ganz
anderer ist, als wenn er sich in der Gesellschaft eines ihm
widerwärtigen Menschen befindet».[90]

Damit erledigt sich auch ein Problem, das vielen von uns
im Kopf herumgeistert: unser «wahres Selbst», unser «wirk-

liches Ich» zu finden. Darin bestehe die große Herausforderung unseres Lebens, so eine weit verbreitete Annahme. Erst wenn wir es gefunden hätten, seien wir «ganz bei uns». Klingt plausibel, ist aber Unsinn, wie wir eben gesehen haben. Wer also von uns verlangt, wir sollten uns auf die Suche nach diesem singulären Ich begeben, schickt uns auf eine Mission, die unglücklich machen *muss*. Denn wir werden nicht nur nichts finden, sondern auch noch glauben, Versager zu sein. Es ist daher eine Frage der Selbstbehauptung eines unserer vielen Ichs, diesen Auftrag dankend abzulehnen und uns stattdessen mit der Idee anzufreunden, dass wir über diverse Identitäten verfügen.

Zwischen Mensch und konkretem Kontext besteht also ein enger Zusammenhang und beide beeinflussen einander. Der Psychologe Ed Diener meinte daher folgerichtig in einem Interview, wir dürften nicht **Jemandem den Sitzplatz** «nur das Individuum im Blick» haben; **wegzuschnappen** vielmehr sei das gesamte Rundherum **genügt, um sein Leben** «vermutlich viel wichtiger, als wir heute **umzukrempeln** denken». Die entscheidenden Fragen der Zukunft würden deswegen darauf zielen, wie «Institutionen, Organisationen, meinetwegen Gesellschaften» aussehen, «in denen Menschen die Chance haben, aufzublühen und glücklich zu sein».[91] Es ist der Kürze des Interviews geschuldet, dass Diener etwas Entscheidendes unerwähnt lässt: dass nämlich diese glücklich machenden Gesellschaften nicht von selbst entstehen, sondern durch die Mitwirkung all jener, die ihr angehören. Also durch jeden Einzelnen von uns. Sobald wir Teil eines größeren Ganzen werden, beginnen wir bereits, es zu beeinflussen. Dafür genügt mitunter unsere bloße körperliche Anwesenheit.

Mal angenommen, Sie besteigen einen überfüllten Zug, ohne einen Platz reserviert zu haben. Hektisch rennen Sie durch die Wagen, bis Sie den letzten freien Platz entdecken. Doch was ist das? Ein Konkurrent! Beide steuern Sie auf die Mitte des Waggons zu – geschafft. Sie waren den entscheidenden Schritt schneller und lassen sich, mit entschuldigendem Blick, auf den Sitz fallen; immerhin haben Sie eine stundenlange Reise vor sich. Müde lächelnd entfernt sich Ihr Konkurrent und beschließt nach langem Suchen, es im Speisewagen zu versuchen. Und tatsächlich findet er einen Platz zwischen lauter gutgelaunten Menschen. In einen davon verliebt er sich eine Stunde später, und mit eben jenem bekommt er ein Jahr später sein erstes Kind. Es genügt also manchmal, einem anderen den Platz wegzunehmen, um dessen weiteres Leben maßgeblich zu beeinflussen. Daran ändert auch der Umstand nichts, dass keiner das geplant hat und etwas davon mitbekommt. Es wäre spannend zu wissen, in wie viele fremde Biographien jeder Einzelne von uns bereits eingegriffen hat, ohne es zu ahnen.

Wenn wir unser Leben zu meistern versuchen, ist das bekanntlich nicht bloß eine Frage des Kopfes. Das auch, aber eben nicht nur. Vielmehr aktivieren wir im Alltag sämtliche unserer Ressourcen: Wir beobachten unsere Umwelt (Wahrnehmung), befragen unsere Gefühle, strengen unseren Kopf an (Denken) und tun etwas möglichst Sinnvolles (Verhalten). All das geschieht nicht unabhängig voneinander, sondern greift auf unterschiedlichste, ständig wechselnde Weise ineinander. So beeinflusst zum Beispiel die Angst, stundenlang im überfüllten Zug stehen zu müssen, unsere Überlegungen, wie wir das vermeiden könnten. Zudem steuert sie unsere Wahrnehmung und unser Verhalten: Wir bekommen den berühmten Tunnelblick, der uns dazu bringt, nur mehr auf freie Plätze zu achten und dabei alles andere auszublenden (die zwei bekannten Gesichter zum Beispiel, die wir im Wagen entdecken könnten); außerdem rammen wir – kaum haben wir den freien Platz entdeckt – den im Wege stehenden Menschen unseren Ellbogen in die Seite. All dieses Fühlen, Denken und Agieren wird zudem vom konkreten Kontext beeinflusst: In diesem Fall vom überfüllten Zug. Würden wir hingegen einen leeren ICE besteigen, dann sähen unsere Gefühle, Handlungen und Gedanken deutlich anders aus.

Damit ist sie beinahe fertig, diese kleine Explosionszeichnung unseres Umgangs mit Kontexten. Fehlen nur noch zwei Details. Dass wir nämlich unser Fühlen, Denken und Handeln willentlich beeinflussen können. So

Wie Menschen an ihrem Gesicht, so erkennen wir Probleme an ihrem «Muster»

könnten wir unsere Angst vor einer unbequemen Zugfahrt niederkämpfen, indem wir uns sagen: «Macht nichts, dass ich keinen Platz finde – im Speisewagen ist sicher noch einer frei. Und wer weiß, wem ich da begegne?» Das ändert zwar nichts am Zustand unserer Umgebung (der Zug bleibt überfüllt), viel jedoch daran, wie wir die gesamte Situation einschätzen (wir reframen sie, wie weiter vorn gezeigt) und was wir tun (wir lassen das Suchen sein und gehen direkt in den Speisewagen).

Der zweite Hinweis: Prüfen Sie, ob Ihre Empfindungen und Ihr Verhalten zum ersten Mal in dieser Form auftreten – oder ob das schon zum x-tenmal passiert, ob also derselbe Kontext immer die gleichen Gefühle, Handlungen und Überlegungen auslöst und diese einander auf eine wiedererkennbare Weise beeinflussen. Ob sie, kurz gesagt, ein wiedererkennbares «Muster» bilden, wie Steve de Shazer das genannt hat. Diese Frage ist von entscheidender Bedeutung, wenn wir unsere Probleme auf einfache Weise lösen wollen. Denn so wie wir Menschen an ihrem Gesicht erkennen, so erkennen wir unsere Probleme an ihrem Muster.

Am einfachsten lässt sich das anhand der zähneknirschenden Frau zeigen. Ihr Problem trat ja nicht immer und überall auf, sondern an einem konkreten Ort und zu einer konkreten Zeit. Auch ihre damit verbundenen Gefühle und Gedanken waren keine beliebigen, sondern wiederkehrende. Das heißt: Das Problem der Frau äußerte sich auf eine typische Art, die das besagte Muster bildete. Für ihren Therapeuten waren «Verhalten, Gefühle, Gedanken und Wahrnehmungen und ihr besonderer Kontext Teil desselben Musters».[92]

Wer einfache Lösungen für seine Probleme sucht, kommt nicht umhin, sich dieses Bild des «Musters» einzuprägen und zu versuchen, es in seiner ganzen Tragweite zu verstehen. Ist Ihnen das erst einmal gelungen, werden Sie reich belohnt. Sie bekommen nämlich nichts Geringeres in die Hand gedrückt als den einfachen Universalschlüssel für sehr viele komplexe Problemschlösser. Denn – und jetzt kommt's: Die einzelnen Elemente aller Problemmuster hängen nicht nur zusammen, sondern beeinflussen einander bekanntlich. Das bedeutet: Ändern wir auch nur ein einziges winziges Element dieses Musters, dann hat das Auswirkungen auf das ganze System. Diese Wechselbeziehung nutzt Steve de Shazer und beschreibt das so: «Aufgrund der Annahme, daß jede Veränderung in einem System auch eine Anpassung des übrigen Systems erfordert», würde er vorschlagen, «irgendeinen dieser Schritte» zu verändern. «Wenn alles gut geht – was häufig vorkommt –, berichtet der Klient über eine Änderung in der Sequenz» und erzähle kurze Zeit später, dass sein «Symptom» verschwunden sei. Das Zähneknirschen zum Beispiel. Indem das Knirschen aufhört, «entsteht eine andere Version des Musters».[93] Man könnte auch kurz und knapp sagen: Problem gelöst.

Hier ist er also, Ihr einfacher Universalschlüssel für viele Probleme: Verändern Sie einfach irgendein Detail jenes Musters, von dem Sie glauben, es habe etwas mit Ihrem aktuellen Problem zu tun. Das können bestimmte Handlungen sein, Gedanken, Gefühle oder aber der konkrete Kontext. Anschließend warten Sie ab, was geschieht. Das Schöne daran: Sie müssen weder das Problem in seiner ganzen epischen Breite erfassen noch alle jene Details kennen, die zu seiner Entstehung geführt haben. Und dennoch können Sie davon ausgehen, dass sich bereits die Änderung einer Nebensache auswirkt. Daher spricht de Shazer auch von jenem «Dietrich»[94], mit dessen Hilfe sich viele Problemschlösser knacken ließen und seien sie noch so vertrackt gebaut. Idealerweise löst sich Ihr Problem bereits nach dem ersten Aufsperrversuch. Schlimmstenfalls müssen Sie ein wenig länger daran herumdoktern, bis etwas geschieht.

Nachfolgend ein paar Hinweise, wo und wann Sie Ihren neuen Dietrich zur Anwendung bringen könnten. Ich konzentriere mich dabei erst einmal auf das Thema «Kontext», denn: «Probleme erhalten sich selbst aufgrund des Kontextes, in dem sie auftreten.»[95] Na, da müsste sich doch etwas machen lassen.

1. NEHMEN SIE ALLES ERNST, ABER NICHTS WICHTIG. Überlegen Sie in einem ruhigen Moment, in welchen konkreten Kontexten Ihr Problem auftaucht. Es kann dauern, bis Sie dahinterkommen. Nehmen Sie selbst die einfachsten und trivialsten Beobachtungen ernst. Nur Sie wissen, wo der Hund begraben liegt. Da buddeln! Nicht an Orten, von denen Sie sich wünschen, er möge dort liegen. Sind Sie fündig geworden, verändern Sie den Kontext. Dafür haben Sie zwei Möglichkeiten: Entweder gehen Sie mit dem konkreten Kontext anders um als gewohnt, wie das die zähneknirschende Frau mit ihrem Bett gemacht hat. Oder aber Sie verändern den Kontext, indem Sie zum Beispiel mit Ihrem Projektteam in den Park gehen und auf den steinernen Tischtennisplatten über den nächsten Pitch sprechen; oder indem Sie Ihre Auseinandersetzung von der Küche, wo sie für gewöhnlich beginnt, ins Schlafzimmer verlegen.[96] Keine Scheu vor Trivialitäten. Unser Leben besteht im Wesentlichen daraus. Die Wahrscheinlichkeit ist also hoch, dass diese an unseren Problemen nicht ganz unbeteiligt sind.

2. MACHEN SIE ETWAS ANDERS. Beginnen Sie stets mit dem Einfachsten und gehen Sie mit der konkreten Situation, in der Sie sich befinden, anders um. Sobald Sie sich an den Gedanken gewöhnt haben, dass bereits kleinste Verhaltensänderungen helfen können, wird nichts mehr vor Ihnen sicher sein. Keine Gewohnheit, die Sie nicht auf den Kopf stellen könnten, um ein wenig Unruhe in Ihr Problemmuster zu bringen. Ob Sie nun einen anderen Weg zur U-Bahn nehmen, mit dem «falschen» Arm zuerst in die Jacke schlüpfen oder Ihr Frühstücksritual variieren – egal. Machen Sie, was immer Ihnen plausibel erscheint.

3. STELLEN SIE EIN PAAR MÖBEL UM. Sollten Sie mit kleinen Verhaltensänderungen nicht weiterkommen, ist es vielleicht an der Zeit, handgreiflich zu werden. Also das Bett
an die gegenüberliegende Wand zu rücken oder gleich das
ganze Schlafzimmer umzuräumen. Leben Sie mit Menschen
zusammen, denen Sie Rechenschaft schuldig sind, erklären
Sie Ihre Betriebsamkeit mit einer längst fälligen Wohnungs-
renovierung. Hauptsache, Sie bringen den gewohnten Woh-
nungskontext ein wenig durcheinander. Eines sollten Sie
freilich bedenken: je radikaler der Umbau, umso weniger
Möglichkeiten, ihn zu korrigieren. Diese Chance sollten Sie
sich aber nicht verbauen, denn wer weiß, ob schon der erste
Versuch zum gewünschten Ergebnis führt. Also eher Schritt
für Schritt durchwursteln.

Der Aufwand spielt in keinem dieser Zusammenhänge
eine Rolle. So erzählte mir vor vielen Jahren ein Psycho-
therapeut davon, wie schwierig es einer seiner Klientinnen
gefallen sei, sich von einem Schuhkarton voller wertloser
Gegenstände zu trennen (Wegwerffeuerzeug, Hemdknopf,
Eintrittskarte); es handelte sich dabei um die Hinterlas-
senschaft ihrer großen Liebe. Als der Therapeut die immer
noch unter der Trennung Leidende fragte, ob sie noch irgendetwas von ihm besitze, fiel ihr erst nichts ein. Bis sie
sich an besagte Box in ihrem Schrank erinnerte. Welch
wichtige Rolle sie in ihrem Leben gespielt hatte, zeigte sich
erst, als sie das Ding wegwerfen sollte. Tränen, Verzweif-
lung, Abschied. Waren doch die Gegenstände die allerletzte
materielle Verbindung zu dem Mann gewesen. Und die galt
es nun zu lösen. So viel zur angeblichen Bedeutungslosig-
keit kleinster Dinge.

Kurze Erinnerung: Das Spannende an diesen Interventionen besteht darin, dass wir keine Ahnung davon haben müssen, wer oder was unser Problem verursacht. Es genügt vollkommen, zu wissen, dass es irgendetwas mit dem Kontext zu tun haben muss. Mir ist bewusst, dass Sie gerne mehr darüber erfahren würden, warum zum Beispiel Ihr Liebesleben aktuell auf Eis liegt. Völlig in Ordnung, dass Sie sich den Kopf darüber zerbrechen. Lassen Sie sich dadurch bloß nicht davon abhalten, die Tapete zu wechseln oder erstmals in Ihrem Leben eine anzukleben. Parallelaktionen sind vollkommen in Ordnung.

4. SETZEN SIE SICH AUF EINEN FREMDEN PLATZ. Wer wo in Meetings sitzt, kann Zufall sein. Ist es aber spätestens dann nicht mehr, wenn jeder weiß, wo er zu sitzen hat und alle sich daran halten. Weil wir ja mit unseren Kontexten eng verwoben sind, bilden sich Hierarchien oder Beziehungen auf diese Weise ab. Zugleich stabilisieren sie sich immer wieder von neuem, indem jeder seinen gewohnten Platz einnimmt. Das bedeutet im Umkehrschluss, dass wir eine einfache Möglichkeit an der Hand haben, um Gruppen ein wenig aufzumischen. Wir müssen nur unauffällig einen Stuhl verschwinden lassen, ein paar neue (niedrigere? Unbequeme?) dazustellen oder die vorhandenen umgruppieren. Und schon müssen sich Ihre Kollegen nicht nur physisch, sondern auch geistig neu sortieren. Oder Sie erscheinen zehn Minuten früher als gewohnt zum Meeting. Dann können Sie sich auf einen fremden Platz setzen und abwarten, was geschieht. Auch die Familientherapie kennt diese Form der Intervention. So lassen sich wiederkehrende familiäre Streitigkeiten beim gemeinsamen Essen beilegen, indem Sie eine neue Sitzordnung etablieren. Die klassische Emp-

fehlung lautet, Familien in folgender Reihenfolge um den Tisch zu setzen: Vater – links von ihm die Mutter – links von ihr das älteste Kind – links von ihm das zweitälteste Kind usf. – bis schließlich alle einträchtig im Kreis sitzen.

5. GEHEN SIE INS KAFFEEHAUS. Haben Sie ein Problem mit Ihrer Konzentrationsfähigkeit, hier ein Tipp, der nicht nur leicht umzusetzen ist, sondern auch Spaß macht: Gehen Sie ins Kaffeehaus. Das größte Problem besteht darin, ein geeignetes zu finden (wenn Sie nicht gerade in Wien leben). Denn dieses Kaffeehaus muss eine wichtige Bedingung erfüllen: Es darf dort keinesfalls Musik gespielt werden. Vielmehr sollte die klassische Geräuschkulisse eines Lokals herrschen, in dem kultivierte Menschen in angemessener Lautstärke miteinander sprechen und dabei mit Tassen, Gläsern und Besteck klappern sowie mit der Zeitung rascheln.[97] Diese menschlichen Betriebsgeräusche lassen uns kreativ werden, «indem sie unser abstraktes Denken fördern», so lesen wir in einer vielzitierten Studie.[98] Das Fehlen von WLAN ist ebenfalls von größtem Nutzen, aber eine andere Geschichte.

Dieser Empfehlung liegt die einfache These zugrunde, dass Räume nicht ohne Wirkung darauf bleiben, wie wir fühlen, denken und agieren. Leider genießt sie nicht jenes Ansehen, das ihr zukäme, sonst würde in den Städten und auf dem Land vollkommen anders gebaut werden. Es ist Ausnahmepolitikern wie Winston Churchill vorbehalten, diese Erkenntnis zur Grundlage politischen Handelns gemacht zu haben, wie im Oktober 1943. Damals wurde im britischen Parlament darüber debattiert, wie die – durch deutsche Brandbomben zerstörte – «Commons Chamber» wieder aufgebaut werden solle, also die Kammer, in der das Unterhaus tagt. Premierminister Churchill bestand darauf, dass sie in der ursprünglichen Form rekonstruiert werden soll; deren architektonische Struktur repräsentiere nämlich jenes Zweiparteiensystem, das essenziell für die britische Demokratie sei. Und genau das werde sich den Politikern auch mitteilen, denn: «We shape our buildings and afterwards our buildings shape us», so Churchill.[99]

So ist es nur plausibel, dass uns Orte wie Kaffeehäuser, Büros oder Bibliotheken ganz unterschiedlich dabei unterstützen können, Probleme auf einfache Weise zu lösen. Benötigen Sie zum Beispiel einen kreativen Schub, begeben Sie sich in helle Räume mit hohen Decken; dort werden Sie deutlich freier denken können. In kleineren, dunkleren Zimmern hingegen wird es Ihnen leichter fallen, konkret und präzise zu arbeiten – weshalb Operationsräume eher niedrig und Ateliers meist hoch sind. Wer hingegen mit Konzentrationsschwierigkeiten kämpft, der sollte sich an einen Schreibtisch setzen, von dem aus er ins Grüne sehen kann. Wirkt sich fokussierend aus; ganz im Gegensatz zu Stadtansichten.[100]

6. SUCHEN SIE SICH DIE RICHTIGE GESELLSCHAFT. Bislang waren mit dem Begriff «Kontext» meist konkrete Orte oder Gegenstände gemeint, doch er umfasst mehr. Denn wir leben ja in Beziehungen, und darin übernimmt jeder Mensch für den anderen die Funktion eben jenes Kontextes, von dem hier die ganze Zeit die Rede ist. Was immer wir unternehmen, es wirkt sich auf die Lebensrealität der anderen ebenso aus wie deren Interventionen auf uns. So wird verständlich, warum wir uns in Gegenwart bestimmter Menschen beson-

ders attraktiv fühlen können, klug oder doof. Wer schon einmal auf einem öden Empfang mit uninteressanten Leuten herumgestanden hat, der weiß, wie schnell wir sowohl von der Langweiligkeit der anderen als auch der eigenen überwältigt werden können. Wie das eben so ist in einer Welt, die auf Wechselseitigkeiten beruht: Die mangelnde Attraktivität der anderen ist immer auch die eigene, und umgekehrt.

Wir sind daher gut beraten, jene Leute genauer unter die Lupe zu nehmen, mit denen wir unser Leben verbringen wollen und müssen. Denn wir sind nicht nur der Mensch, der wir sein wollen, sondern auch der, zu dem uns die anderen machen. Das bleibt nicht auf jene beschränkt, die uns besonders nahestehen; vielmehr beeinflussen wir einander selbst dann, wenn wir kein Wort miteinander sprechen. Es genügt, dass wir körperlich zusammen sind. Wenn wir es also klug anstellen, dann können wir unsere Lebensqualität heben, allein indem wir uns die richtige Gesellschaft suchen – und dabei stets im Kopf behalten, dass wir unseren Teil zum Gelingen dieser Beziehung beitragen müssen.

Aus dieser einfachen Erkenntnis lassen sich eine Menge Empfehlungen ableiten. So kann es in beruflichen Zusammenhängen ratsam sein, Arbeitsgruppen mit Menschen unterschiedlichsten Hintergrunds zu besetzen. Dadurch bildet sich deutlich schneller eine kreative Grundstimmung heraus als in homogenen Gruppen, in denen jeder jeden und so auch dessen Ideen kennt. Bunte Teams machen die Arbeit aber nicht nur spannender, sondern auch aufwendiger, weil selbst alltäglichste Dinge ausgehandelt werden müssen; wer sich hingegen auf Zuruf versteht, hat das nicht nötig. Es hängt wie immer von der konkreten Situation ab, welcher

Strategie man den Vorzug gibt und durch welche Tricks man versucht, die beiden Optionen miteinander zu kombinieren.

7. VERREISEN SIE. Es war Paul Watzlawick, der davon sprach, dass Reisen einen «Schock» auslösen können. Und zwar, indem sie uns einen genaueren Blick aufs eigene Leben erlauben. Das sei uns im Alltag genauso wenig möglich wie «den eigenen Körper in seiner Gesamtheit visuell wahrzunehmen», weil unsere Augen eben nicht überall hinreichen. Wir sind eng mit unseren Kontexten verwoben, weshalb wir in der Regel nicht mitbekommen, welche Handlungen zu welchen Problemen führen. Diese Betriebsblindheit fällt erst von uns ab, wenn wir uns «von außen, also von einer fremden Kultur her» selbst betrachten könnten.[101] Der Ethnopsychoanalytiker Mario Erdheim spricht sogar von einer «Identitätserschütterung», die wir auf Reisen erleben könnten. Diese passiert «nicht so sehr über mystisch-exotische Erlebnisse», «sondern in der Erfahrung des Banal-Alltäglichen». Auf Reisen merken wir etwa, dass große Teile unserer «Identität als ‹Bürger› an bestimmte Eßgewohnheiten geknüpft sind».[102] Vom Besuch fremder Toiletten ganz zu schweigen – so es sie denn überhaupt gibt.

Wenn Sie also einen frischen Blick auf hartnäckig-rätselhafte Probleme werfen wollen, buchen Sie eine ausgedehnte Reise. Die einzige Aufgabe, die Sie unterwegs zu erledigen haben, lautet: Betrachten Sie von ferne Ihr Leben, und notieren Sie, was Ihnen dabei auffällt. Jede Wette, es kommt die eine oder andere Idee ans Licht der strahlenden Urlaubssonne. So kann es Ihnen passieren, dass Sie sich plötzlich mit Dingen auszusöhnen beginnen, die Ihnen bisher als Problem erschienen. Eine Freundin erzählte, ihre Kubareise habe ihr vor allem deshalb so gutgetan, weil sie dort *eine* unter sehr *vielen* gewesen sei, nämlich eine nicht ganz so Schlanke unter fast ausnahmslos nicht ganz so Schlanken. Und das habe ihr das wunderbare Gefühl beschert, völlig in Ordnung zu sein.

Christoph Ransmayr nutzt seine Unabhängigkeit als Schriftsteller immer wieder dazu, bestimmten Problemen einfach aus dem Weg zu gehen, indem er verreist. Und zwar «nicht, weil sie genug Macht über mein Leben hätten, um mich in die Flucht zu schlagen», sondern weil er keine Lust habe, sich «in einer Auseinandersetzung zu verlieren, die offensichtlich jetzt nicht lösbar ist». Er habe das selbst zu Zeiten so gehalten, als er «zuvor monatelang in einer Fabrik oder sonstwo dafür arbeiten» musste, um seine Reisen zu finanzieren. Angetrieben habe ihn stets die Hoffnung, Erfahrungen zu machen, «die mich und mein Problem, das mich ja begleitet, verändern können». Ja, Ransmayr spricht dem Reisen ganz grundsätzlich die Macht zu, uns zu anderen Menschen zu machen: «Man kommt ja nie wieder wirklich zurück! Jedenfalls nicht an den Ort, den man verlassen hat, und nicht als der, der man vor dem Aufbruch war.»[103] Das heißt: Wer nicht bloß verreist, um anderswo exakt dasselbe zu tun wie zu Hause, sondern unterwegs bewusst nach neuen Erfahrungen sucht, kommt in jedem Fall ein wenig verwandelt zurück. Was nur bedeuten kann, dass sich das eine oder andere Problem von selbst zu lösen beginnt.

8. SIE SIND IHR KÖRPER. Selbst wenn es uns gelänge, alle Verbindungen zur Welt abzustreifen – eine bleibt unauflösbar bestehen. Jene zu unserem Körper. Wir vergessen es nur gern, weil das Gehirn uns in dem Glauben lässt, es funk-

tioniere vollkommen autonom und unser Denken sei ein von allen äußeren Einflüssen unabhängiger Prozess. Das ist leider Unfug. In Wirklichkeit ist unser Kopf aufs engste mit dem Körper verbunden. Und der beschränkt seine Rolle nicht darauf, diesen Kopf zu ernähren, herumzutragen und mit Sinneseindrücken zu versorgen. Vielmehr sorgt unser Körper dafür, psychische Probleme zu lösen, Wissen zu speichern und Denkmuster zu aktivieren. Einzelne Wissenschaftler vertreten sogar die These, unsere Physis bestimme maßgeblich, wie wir uns selbst begreifen. So sagt zum Beispiel der Hirnforscher Olaf Blanke, wir verfügten über mehrere Ichs, unter anderem ein «Sprach-Ich» und ein «Gedächtnis-Ich»; das wichtigste sei jedoch das körperliche. Denn unser Gehirn würde dort die «erste Personenperspektive» generieren, wo sich unser Körper gerade befinde.[104] Was nichts anderes bedeutet als: Unser Gehirn folgt in seinen Vorstellungen von der eigenen Person den Vorgaben des Körpers. Man könnte also verkürzt sagen: «Wo mein Körper, da wird Ich.»

Wir haben also jeden Grund, unseren Körper nicht nur zu pflegen, sondern mit seiner Hilfe Probleme einfach zu lösen, die auf den ersten und zweiten Blick nichts mit ihm zu tun haben. Tanzen Sie, liegen Sie rum, dehnen und strecken Sie sich. Und sehen Sie zu, wie sich das eine oder andere zu ändern beginnt.

PFLEGE DEINE VORURTEILE

Weil uns das Leben immer wieder mit den gleichen
Problemen nervt, entwickeln wir einfache Routinen,
um sie zu lösen. Und tatsächlich – viele von ihnen leisten
ganz hervorragende Dienste. Zeit, sie kennenzulernen.

Jede Familie hat ihre eigenen Geschichten. Sie werden immer wieder erzählt, vor allem dann, wenn sie drama-tisch beginnen und gut enden. Die folgende Anekdote ist ein Klassiker der Privatmythologie des Autors. Sie spielt in den siebziger Jahren, als sein Vater nebenberuflich als «Ski-touren-Lehrwart» tätig war – so die etwas altertümlich an-mutende Bezeichnung für Leute, die dank einer staatlichen Ausbildung dazu berechtigt sind, andere Leute durchs hoch-alpine Gelände zu führen. Wir Kinder waren immer sehr stolz auf unseren Vater in seinem blauen Pullover mit dem goldenen Emblem auf dem Arm. Das Gefühl wurde bloß da-durch ein wenig getrübt, dass der «Lehrwart» hierarchisch unter dem noch cooleren «Skilehrer» stand, aber man kann nicht alles haben.

Auf einer seiner vielen Touren im Silvretta-Gebiet je-denfalls führte der Vater eine zehnköpfige Gruppe durchs Gebirge. Man war bei strahlendem Wetter gestartet, aber jetzt, am Nachmittag, war es so neblig geworden, dass man gerade noch die Hand vor Augen sehen konnte. Eine un-angenehme Situation, zumal in Regionen mit gefährlichen Gletscherspalten. Der väterliche Lehrwart jedenfalls, so erzählte er auf Nachfragen immer wieder, ließ sich dadurch nicht beirren, zumal die Hütte, in der die Gruppe übernachten sollte, nicht allzu weit entfernt lag. Da schoss dem Vater plötzlich ein einziges Wort durch den Kopf: «Halt!» Er blieb unvermittelt stehen und mit ihm die ganze Gruppe. Was nun? Weitergehen? Warum sollte er auf einen solch irrationalen Einfall hören? Doch der Vater blieb, wo er war, und so taten es die zehn anderen. Das mulmige Gefühl ließ sich einfach nicht vertreiben, der Widerstand, der ihn am Weitergehen hinderte, nicht überwinden. Die Minuten vergingen – bis plötzlich die dichte Wolkendecke aufriss und die Nachmittagssonne das ganze Areal erhellte. In der Ferne lag die Hütte – und nur einen Schritt weiter eine tiefe Gletscherspalte. Ende der Geschichte. Darauf folgte regelmäßig eine weitere, davon ein andermal mehr.

Die Welt ist voller solcher Anekdoten. Und meist werden sie unter der Rubrik «lustige Geschichten ohne weiteren Erkenntniswert» abgelegt. Ein Fehler, wie man auch an folgendem Beispiel erkennen kann, von dem Gerd Gigerenzer erzählt, der Psychologe und Spezialist für «Risikokompetenz». Darin spielt ein «hochrangiger Manager» eine zentrale Rolle. Der gehörte einem fünfköpfigen Bankvorstand an, der darüber zu entscheiden hatte, ob man sich mit einem anderen Finanzinstitut zusammentun sollte. Die Debatte sei leidenschaftlich verlaufen, bis sich einer der anderen Manager zu Wort gemeldet habe und meinte, man solle die Sache besser abblasen. Er habe «ein schlechtes Bauchgefühl», so seine Begründung. Als man ihn aufforderte, diese diffuse Meinung zu begründen, war er dazu nicht in der Lage. Die Reaktion: Der Erzähler und seine Kollegen hätten erst die Aussagen des Dissidenten «zerrissen» und dann die Fusion beschlossen. Das Resultat: Sie «schlitterten mitten hinein in die Katastrophe». Das Schöne an der Geschichte: Der Erzähler bekannte sich nicht nur freimütig zu seinem Irrtum, sondern hat daraus auch gelernt, das nächste Mal auf das eigene Gefühl oder jenes von Kollegen zu hören.[105]

Auf diese Weise kann man übrigens auch Weltmeister werden: Bekanntlich besiegte die deutsche Fußballmannschaft jene Argentiniens im Finale der WM 2014 mit 1:0. Dem entscheidenden Treffer waren 112 lange, torlose Minuten vorangegangen, bis plötzlich auf der linken Seite André Schürrle zu einem Sprint ansetzte. Er ließ den argentinischen Verteidiger hinter sich und flankte den Ball zentral vors Tor, wo im exakt richtigen Augenblick Mario Götze auftauchte. Ein Spieler, der im Verlauf des Turniers eine durchwachsene Leistung gezeigt hatte. Diesmal aber machte er alles richtig: Er nahm die Flanke mit der Brust an, ließ den Ball auf den linken Fuß abtropfen und schoss ihn mit voller Wucht ins lange Eck. All das in einer elegant-fließenden Bewegung, die mit der größten Selbstverständlichkeit daherkam. Fußballreporter sind bekanntlich auf Fragen spezialisiert, die sich sinnvoll nicht beantworten lassen. Meist klingen die Repliken dementsprechend. Diesmal nicht: Als man Götze ein paar Wochen nach seinem Tor fragte «Wie haben Sie das gemacht?», meinte er: «In so einer Situation denkt man nicht viel nach. Ich könnte es jetzt beschreiben, aber erst nachdem ich es auch gesehen habe. Im Spiel geschieht das alles intuitiv.»[106]

Wer sich Gewohnheiten zulegt, macht sein Leben einfacher und überschaubarer

Und genau darum soll es hier gehen: Um die Frage, wie wir Probleme auf diese einfache Weise lösen können, ohne lange darüber nachdenken zu müssen und ohne uns dabei noch größere Schwierigkeiten einzuhandeln – denn ganz so einfach ist es mit diesen Bauchgefühlen dann auch wieder nicht. Aber alles der Reihe nach.

Die Welt ist bekanntlich komplex. Sie ähnelt einem gigantischen Ameisenhaufen, der von sehr vielen lebendigen Wesen bewohnt wird, in dem alles und jeder miteinander vernetzt ist sowie alles und jedes aufeinander einwirkt. Unsere Mittel reichen nicht einmal ansatzweise aus, dieses lebendige Treiben zu entschlüsseln und angemessen mit ihm umzugehen. Wir überblicken bloß einen winzigen Ausschnitt und bleiben auf Vermutungen angewiesen, worin bestimmte Probleme oder Folgen unserer Handlungen begründet sein könnten. Diese ständige Überforderung setzt uns unter Druck und erfüllt uns mit dem Gefühl der Unsicherheit und Machtlosigkeit. Und dennoch gelingt es uns überraschenderweise jeden Tag von neuem, einen Weg durch das Chaos zu finden und uns dabei gut zu fühlen. Unsere Stimmung mag schwanken, meist aber leben wir in dem stabilen Bewusstsein, unseren Alltag einigermaßen im Griff zu haben.

Der Grund für dieses erstaunliche Phänomen: Wir Menschen haben effektive Strategien für den Umgang mit dem Ameisenhaufen entwickelt. Im Kern wenden wir dabei stets denselben Trick an, auch das ist schon angeklungen: Wir reduzieren die Komplexität der Welt. Wir haben dazu zwei Möglichkeiten. Eine besteht darin, unsere Wahrnehmung so zu steuern, dass wir nur jene Punkte im großen Durcheinander erkennen, die wir für die entscheidenden halten; den sehr großen Rest ignorieren wir einfach und bedenkenlos. Überqueren wir zum Beispiel eine vielbefahrene Straße, so konzentrieren wir uns auf die fahrenden Autos und die Fußgängerampel, blenden aber den Umstand aus, dass eben ein Blatt vom Baum segelt und in einem weiten, anmutigen Bogen auf einer Parkbank landet – außer wir planen, ein Gedicht über den Herbst zu verfassen, da treten dann die Autos in den Hintergrund. Und genau so verfahren wir in allen anderen Lebensbereichen auch. Wie immer wir also denken, fühlen, entscheiden und agieren, wir tun das stets auf Grundlage einer sehr beschränkten Wahrnehmung. Wir Menschen sind einfach dazu verdammt, unterkomplex zu denken und zu agieren.

Das zeigt sich auch in der zweiten Strategie, die wir entwickelt haben, um den Ameisenhaufen ansatzweise unter Kontrolle zu bringen. Sie lässt sich am besten mit dem Begriff «Automatisierung» beschreiben. Damit ist die Fähigkeit gemeint, unseren Umgang mit wiederkehrenden Situationen zu Routinen zusammenzufassen und diese nach Bedarf abzuspulen. Am einfachsten lässt sich das anhand unseres Einkaufs beim Bäcker zeigen. Anstatt jedes Mal von neuem zu entscheiden, welches Brot oder welches Gebäck es diesmal sein soll, entwickeln wir entsprechende Gewohnheiten und nehmen stets das Gleiche. Das erspart uns nicht nur den Aufwand, eine Entscheidung zu treffen, sondern minimiert auch die Kommunikation mit den Leuten im Laden. «Das Übliche?» – «Ja, bitte!»

Ich kenne dieses Phänomen von meinen regelmäßigen abendlichen Joggingrunden. Sie führen immer denselben Weg entlang, sodass ich mittlerweile keinen Gedanken mehr daran verschwende, wo ich heute langlaufen könnte – ich tue einfach stereotyp, was ich immer tue. Mit dem irritierenden Ergebnis, dass ich bisweilen keine Erinnerung daran habe, wie ich die Strecke hinter mich gebracht habe. Der große Vorteil solcher Routinen besteht also darin, dass sie ebenso schnell wie einfach ablaufen, wir uns weiter nicht mit ihnen beschäftigen müssen und dass sie uns das wohltuende Gefühl vermitteln, alles im Griff zu haben. Der Psychologe Daniel Kahneman nennt die kognitiven Prozesse, die diesem Vorgehen zugrunde liegen, «schnelles Denken».[107] Zu dessen Eigenarten gehöre es, «weitgehend mühelos» und spontan zu arbeiten.

Kein Wunder also, dass wir von dieser Strategie oft Gebrauch machen. So gehen wir niemals unvoreingenommen in eine bestimmte Situation, sondern greifen dabei auf unsere Routinen zurück: Bekannte Gesichter lassen uns Zutrauen fassen; im Job gehen wir stillschweigend davon aus, für *heute* geleistete Arbeit *morgen* bezahlt zu werden; beim Kartenspielen verlassen wir uns darauf, dass sich die anderen an die Regeln halten (meistens zumindest); vor wichtigen Entscheidungen stehend meinen wir, ihre Folgen einschätzen zu können; beginnen wir ein neues Projekt, schließen wir aufgrund der Teammitglieder auf seinen Verlauf; und auf Anzeichen ungerechtfertigter Kritik reagieren wir auf stets dieselbe, gekränkte Weise. Es gibt unterschiedlichste Begriffe für jene Routinen, mit deren Hilfe wir unser Leben zu meistern versuchen. Sie reichen von «Erfahrung» und «Vorurteil» über «Ideologie» und «Heuristik» bis hin zu «Intuition» und «Faustregel». Sie alle stehen für unterschiedliche Konzepte, haben jedoch eins gemeinsam: Sie werden durch bestimmte Schlüsselreize ausgelöst, folgen klaren Regeln und helfen uns, die verwirrende Welt und die sich daraus ergebenden Probleme in den Griff zu bekommen.

Nur weil etwas klappt, bedeutet das nicht, dass es sich um die beste Lösung handelt

Es spricht also einiges dafür, uns dieser Routinen zu bedienen, wenn wir nach einfachen Lösungen suchen. Jedoch sollten wir sehr genau hinsehen, welche wir konkret aktivieren wollen. Denn diese Routinen sind nicht die Quintessenz rationaler Planung, sondern das Produkt willkürlichen Experimentierens. Denn genau dazu zwingt uns die Komplexität unseres Ameisenhaufens. Weil er uns keine Chance lässt, analytisch und abwägend vorzugehen (zu großes Chaos), sind wir dazu genötigt, die «Versuch-Irrtum-Methode»[108] (trial and error) anzuwenden. Also so lange herumzuprobieren, bis wir eine Lösung gefunden zu haben glauben, um sie bei nächster Gelegenheit ein weiteres Mal anzuwenden. Sind wir auch damit erfolgreich, speichern wir sie als Routine ab. So entstehen mit zunehmendem Alter immer umfangreichere Sammlungen von Automatismen, besser bekannt unter der Bezeichnung «Erfahrungen».

Eigenartigerweise nimmt jedoch die Zahl unserer Probleme nicht ab, sondern sie bleibt zumindest stabil. Das liegt daran, dass wir manche unserer Routinen für deutlich hilfreicher halten, als sie es tatsächlich

Weil sie zu gut Bescheid wissen, neigen Wissenschaftler zu Vorurteilen

sind. Wir schließen nämlich aus deren Wirksamkeit, sie wären «die einzig mögliche Problemlösung oder gar die beste». Aber genau das sind sie nicht. Wenn nämlich eine Problemlösung Wirkung zeigt, dann beweist das bloß, dass sie «zu den Bedingungen des Systems und der Umwelt passt».[109] Nicht aber, dass sie die ultimativ beste wäre. Wir kommen daher nicht umhin, unsere Routinen etwas genauer anzusehen. Erst dann können wir entscheiden, welche wir wann sinnvollerweise einsetzen sollten. Und welche wir besser ignorieren. Routinen sind also eine ambivalente Sache.

Am einfachsten lässt sich das anhand von Vorurteilen zeigen. Von einem Vor-Urteil sprechen wir bekanntlich, wenn jemand aufgrund weniger Details schnell über eine komplexe Frage entscheidet, weil er ein Set vorgefertigter Meinungen im Kopf hat – anstatt sie sich jedes Mal mühselig anhand des konkreten Falles neu zu bilden. Klassischerweise verwenden wir den Begriff im negativen Sinn. Jemand habe Vorurteile, sagen wir, wenn er zum Beispiel Menschen allein wegen ihres Aussehens oder der Zugehörigkeit zu einer bestimmten Gruppe beurteilt. Diesen Leuten genügt eine einzige Information, um sich eine Meinung über eine konkrete Person zu bilden. Das erleichtert zwar ihren Umgang mit der Welt, führt aber zu inakzeptablen Pauschalisierungen. Es gibt absurde Vorurteile («Traue niemandem mit abstehenden Ohren»), antisemitische («Alle Juden sind ...») und rassistische («Alle Schwarzen sind ...»). Und tatsächlich sind nicht nur diese, sondern eine ganze Reihe ähnlicher Aussagen völlig abstrus: Wenn wir davon sprechen, Berliner seien prinzipiell ruppig, Männer unfähig, Gefühle zu zeigen, Frauen mathematisch minder talentiert und was es da an geistlosen Kategorisierungen sonst noch so geben mag.

Zum wichtigsten Merkmal von Vorurteilen gehört also, dass sie unseren Blick auf die Welt verengen. So geht es auch jenem (fiktiven) Mann, der sich zum Psychologen in Behandlung begibt, weil er überall nackte Menschen sehe. Der Arzt holt ein Blatt Papier hervor und malt einen schwarzen Punkt. «Und, was sehen Sie?» – «Nackte Menschen», lautet die Antwort. Der Arzt skizziert etwas ungelenk einen Würfel. «Und?» – «Nackte Menschen.» So geht das eine ganze Weile dahin. Der Psychologe zeichnet eine geometrische Figur nach der anderen, die Antwort ist stets dieselbe: «Nackte Menschen.» Irgendwann ist der Arzt derart entnervt, dass er sich zu einem Kommentar hinreißen lässt: «Na, Sie haben ganz offensichtlich ein Problem», worauf der Klient empört entgegnet: «Wieso ich? Wer zeichnet denn da eine Schweinerei nach der anderen?»

So absurd dieser Witz erscheinen mag – er beschreibt sehr gut jene Form der kognitiven Verzerrung, die Menschen stets das Erwartete erkennen lässt, weil sie sich ihrer Vorurteile bedienen. Diese Weltsicht bestimmt freilich nicht nur das Schicksal von Witzfiguren, sondern mitunter auch jenes von Fachleuten. Die sind nämlich mit ihrem Spezialgebiet derart vertraut, dass sie davon ausgehen, umfassend Bescheid zu wissen, also aus den kleinsten Details aufs große Ganze schließen zu können – eine Überzeugung, die dem klassischen Vorurteil zum Verwechseln ähnlich sieht. So kommt es, dass es Spezialisten mitunter schwerfällt, sich auf Neues einzulassen. Sie nehmen es nicht wahr, weil es ihren Annahmen widerspricht oder keinen Platz darin findet. Ein Phänomen, das als «Expertenparadoxon» bekannt ist.

Dass Erdbeeren ganz wunderbar schmecken, ist nichts anderes als ein – Vorurteil

Auch Ideologien haben ihren Ursprung in dieser tief in uns verankerten Vorliebe für Erkenntnisroutinen. So meinte der US-amerikanische Ethnologe Clifford Geertz einmal, Ideologien seien «nicht nur rhetorische Waffen, sondern auch kognitive Beruhigungsmittel, die gepflegt werden, weil es sonst zu kompliziert würde».[110] Das heißt: Wem unsere Vorurteile konkret auch gelten mögen – sie verdecken stets große Teile der Realität, lenken unseren Blick auf immer den gleichen Ausschnitt und blenden alles aus, was unserer vorgefassten Meinung widerspricht. Mit all den negativen bis katastrophalen Folgen, die das bekanntlich haben kann.

Doch exakt dieselben Mechanismen leisten uns in anderen Kontexten überaus nützliche Dienste. So essen wir bedenkenlos Erdbeeren, weil wir das Vorurteil haben, sie seien ungefährlich und wohlschmeckend (obwohl es faule und geschmacklose gibt); so machen wir vorsichtshalber einen großen Bogen um offensichtlich betrunkene Männer, weil wir befürchten, Stress mit ihnen zu bekommen (obwohl die überwiegende Zahl sich als friedliebend herausstellen dürfte); so fliegen wir freudig nach Mallorca, weil wir davon ausgehen, dass dort permanent die Sonne scheint (obwohl es immer wieder regnet); und so kaufen wir Markenprodukte, weil wir daran glauben, dass sie etwas wert sind (obwohl auch die Qualitätsspülmaschine kaputtgeht). Lauter Vorurteile, die jedoch niemand von uns als solche bezeichnen würde, denn: «Selbst das Wort ‹Vorurteile› ist mit Vorurteilen behaftet: So sehen wir Vorurteile als einseitig, falsch, unfair und dumm an.»[111] Aber das trifft ganz offensichtlich nicht immer zu. Denn ihr größter *Nachteil* – die verwirrende Welt auf ein überschaubares Maß schrumpfen lassen – ist zugleich ihr größter *Vorteil*.

Und noch aus einem anderen Grund sind Vorurteile im Besonderen und Routinen im Allgemeinen eine ambivalente Sache: Wir bedienen uns ihrer, ohne lange darüber nachzudenken. Und das aus einem einfachen Grund: Wir haben das Management von Routinen in die Tiefen unseres Gehirns verlagert. Dorthin, wo die schnellen, unbewussten

Prozesse ablaufen, die weder unsere Aufmerksamkeit noch unseren kritischen Blick benötigen. Nur weg damit, so die Devise unseres permanent stark beanspruchten Gehirns. Diese Strategie hat ihre Vor- und Nachteile. Für sie spricht, dass wir auf diese Weise ebenso schnell wie effektiv vorankommen und unsere kognitiven Kräfte Aktuellem widmen können. Dagegen spricht, dass wir nichts davon mitbekommen, wenn wir mit Hilfe unserer Vorurteile pauschale oder vorschnelle Entscheidungen treffen, zum Nachteil der Betroffenen und der eigenen Person. Es ist also an der Zeit, jenes «langsame Denken» zu aktivieren, das Daniel Kahneman in Abgrenzung zum «schnellen» beschrieben hat. Es versetzt uns in die Lage, unsere Routinen etwas genauer zu betrachten. Und genau das soll jetzt geschehen.

1. TRAUEN SIE IHREM BAUCHGEFÜHL. Müssen Sie eine wichtige Entscheidung treffen, lautet die klassische Empfehlung: Gehen Sie möglichst rational vor. Das ist natürlich richtig. Aber im selben Maße sollten Sie auf Ihre Intuition hören, auch «Bauchgefühle» genannt. Zu Beginn dieses Abschnitts war davon die Rede. Diese Bauchgefühle liefern mindestens so nützliche Entscheidungshilfen wie angestrengtes Nachdenken, wenn nicht sogar bessere. Sie müssen dabei bloß einen wichtigen Punkt berücksichtigen: «Wenn jemand ein negatives Bauchgefühl hat», schreibt Gerd Gigerenzer über den eingangs zitierten Bankmanager, «hat es keinen Sinn, ihn nach dem Warum zu fragen. Denn er wird es nicht wissen.» Das sei auch weiter nicht schlimm, weil etwas ganz anderes über die Stichhaltigkeit eines Bauchgefühls entscheide: Ob nämlich der betreffende Mensch mit der Materie vertraut ist oder nicht.

Wenn Sie also über ausreichende Erfahrungen auf einem bestimmten Gebiet verfügen, dann können Sie auf weiteres Nachforschen verzichten und stattdessen auf Ihr Vorurteil vertrauen.[112] Sie wissen schlicht und einfach, wovon Sie reden, auch wenn Sie nicht erklären können, warum. Bei Ihrer Intuition handelt es sich gleichsam um die Spitze jenes Erfahrungseisbergs, der in Ihrem Unbewussten schwimmt. Wenn Ihnen freilich jemand mit Bauchgefühlen kommt, der keine Ahnung von der Sache hat, verbuchen Sie das unter «Kaffeesudleserei ohne Wert». Und lehnen Sie dankend ab.

2. HÖREN SIE AUF IHREN KÖRPER. Die «Intelligenz des Unbewussten»[113] kann sich auf vielfältige Weise äußern. In Form der eben erwähnten Gefühle, als undeutliche Ahnungen oder aber als sehr konkrete Rückenschmerzen. Zumindest ist das bei George Soros der Fall. Der erfolgreiche Hedgefondsmanager und Philanthrop verlässt sich nämlich bei seinen Entscheidungen genau darauf. «In einem Hedgefonds muss man ständig Urteile in einem risikoreichen Umfeld fällen, und das kann sehr aufreibend sein. Ich litt unter Rückenschmerzen und anderen psychosomatischen Beschwerden und habe genauso viele brauchbare Signale von meinen Schmerzen bekommen wie von meiner Anlagetheorie», schreibt Soros.[114] Und behauptet das nicht nur, sondern hat sich nach Aussagen seines Sohnes Robert tatsächlich sein Leben lang daran gehalten.

Eine Studie gibt Soros recht. Sie hat ergeben, dass all jene Aktienhändler besser verdienen, die dazu in der Lage seien, «sensibel auf Signale ihres eigenen Körpers zu reagieren». Und nicht nur das: Die Untersuchung zeigt, dass die meisten

Börsenbroker ihre Bauchgefühle auch zu schätzen wissen und sich darauf verlassen. Daher kommen die Autorinnen der Studie auch zu dem Schluss, «dass die Bauchgefühle, die zu den Entscheidungen führten, mehr sind als Mythen der Finanzwelt», und zwar «echte physiologische Signale, die noch dazu nützlich sind». Eine Beobachtung, die von einer anderen Studie bestätigt wird. So habe sich herausgestellt, dass Menschen «in risikoreichen Situationen bessere Entscheidungen treffen», wenn sie den eigenen Herzschlag besonders sensibel wahrnehmen; eine Fähigkeit, die «Interozeption» genannt wird.

Es spricht also sehr viel dafür, dem eigenen Körper genauer zuzuhören, um zu einfachen Lösungen für komplexe Probleme zu kommen. Es liegt an Ihnen, seine Äußerungen entweder als Hypochondrie abzutun oder sie als Ratgeber wertzuschätzen. Sollten Sie beim nächsten Magengrimmen Zweifel haben, denken Sie kurz an George Soros. Der Mann ist vielfacher Milliardär und versichert glaubhaft, einen Gutteil seiner ganz offensichtlich richtigen Entscheidungen seinen Rückenschmerzen zu verdanken. Noch Fragen?

Unser Körper spricht nicht nur zu uns, sondern auch zu anderen und teilt ihnen auf diese Weise mit, wie es uns geht. Zwei Beispiele zeigen das sehr anschaulich. So lässt der Händedruck eines Menschen darauf schließen, wie groß sein Risiko ist, innerhalb der nächsten vier Jahre einen Herzinfarkt oder einen Schlaganfall zu erleiden und eine Herz-Kreislauf-Erkrankung zu entwickeln. Je stärker der Griff, umso gesünder der Mensch. Das gilt für Frau wie Mann, egal welcher Ethnie sie angehören und wo sie leben. Herausgefunden hat das Darryl Leong von der Universität im kanadischen Hamilton gemeinsam mit seinem Team.

Andere Wissenschaftlerinnen «sehen in der Kraft der Hände sogar einen möglichen, leicht zu messenden Biomarker für das biologische Alter».[115] Sprechen Sie also ein paar mahnende Worte mit Ihren Freunden, wenn diese Ihnen zur Begrüßung einen toten Fisch reichen.

Auch unsere Stimme gibt Auskunft darüber, wie es um uns steht. Sie kann als «Indikator für Krankheiten, auch für zugrunde liegende psychische Störungen» dienen. Als Faustregel gilt auch hier: Je dünner die Stimme, umso gefährdeter der Mensch.[116] Sie können diese Form der Schnelldiagnostik auch auf sich selbst anwenden. Achten Sie auf die eigene Stimme und Ihren Händedruck. Sollten sie Ihnen ungewöhnlich schwach vorkommen, besteht Handlungsbedarf.

3. LASSEN SIE IHREN KÖRPER FÜR SICH ARBEITEN. Um komplexe Probleme einfach zu lösen, genügt es bisweilen, sie an unseren Körper weiterzureichen. Und zwar im Wissen, dass er sich ihrer annehmen wird, indem er die entsprechenden Routinen aktiviert. Hier ein paar sehr einfach zu realisierende Interventionen:[117]

Lächeln Sie, wenn Sie Ihre Stimmung heben wollen. Klingt nach einem dieser esoterischen Tipps, es steckt aber handfeste Naturwissenschaft dahinter. Schon Charles Darwin hat die Wechselwirkung zwischen Mimik und Emotionen bewiesen. Also: Sollten Sie sich nicht besonders fühlen, lächeln Sie einfach, auch wenn Ihnen nicht danach zumute ist. Das Ergebnis: Ihre Stimmung wird sich heben, was sich wiederum positiv auf Ihr Immunsystem, Ihre Körperhaltung und Leistungsfähigkeit auswirken wird. Denn zwischen unserem Lächeln und den dazugehörigen Gefühlen besteht eine enge

Wechselbeziehung: So wie wir lächeln, wenn wir uns gut fühlen, genauso fühlen wir uns gut, wenn wir lächeln. Unser Körper hat nämlich die Routine «Lächeln = gute Stimmung» verinnerlicht – und eine Menge weiterer natürlich auch. Sie erinnern sich an das entsprechende Kapitel weiter vorne, in dem es darum ging, dass alles mit allem zusammenhängt? Exakt diesem Automatismus verdanken wir die Macht des Lächelns.

Stehen Sie gerade, wenn Sie sich sicherer fühlen wollen. Funktioniert nach exakt demselben Prinzip wie das Lächeln. Wer selbstbewusst ist, richtet sich intuitiv auf und nimmt die entsprechende Haltung ein. Klappt auch umgekehrt. Finden Sie also jene Pose heraus, die Ihnen das Gefühl von Stärke vermittelt. Und nehmen Sie sie ein, sobald Sie sich mut- und kraftlos fühlen. Kleiner Extra-Hinweis: Es geht bei diesem Trick *nicht* darum, andere zu beeindrucken. Der Adressat dieser Übung sind ausschließlich *Sie*. Es ist daher völlig gleichgültig, wie die konkrete Pose für andere aussieht, solange sie die gewünschte Wirkung auf Sie entfaltet.

Deswegen ist es auch ratsam, das Handy öfter mal zur Seite zu legen. Nein, nicht weil Sie damit Zeit verplempern (das auch), sondern weil Sie dabei eine folgenschwere Haltung einnehmen: gebeugter Rücken, gesenkter Kopf, schlurfender Schritt. Löst alles negative Gefühle aus (vergleiche Lächeln und aufrechte Haltung). Denken Sie einmal an Menschen, die mit seelischen Problemen zu kämpfen haben. Diese nehmen ganz automatisch die beschriebene Haltung ein. Überspitzt formuliert könnte man also sagen: Wer zu lange ins Handy starrt, manövriert sich allein durch seine Körperhaltung in Schwierigkeiten, die er ohne das Ding nicht hätte.

Machen Sie Leibesübungen. Eine kürzlich erschienene Meta-Studie hat gezeigt, dass «Yoga einzelne Symptome von psychischen Störungen ähnlich zu bessern vermag wie eine psychotherapeutische Standardbehandlung, wenn beides zusätzlich zu einer medikamentösen Therapie angewendet wird».[118] Auch wenn wir nicht mit Wundern rechnen dürfen: Der Körper hat bei der Heilung scheinbar rein seelischer Erkrankungen ein gewichtiges Wort mitzureden.

Gähnen Sie, wenn Sie klarer denken wollen. Dieser Ratschlag soll auf eine Kleinigkeit hinweisen, die wir im Alltag gerne übersehen – sollten wir aber nicht, denn sie erfüllt einen wichtigen Zweck (wäre auch komisch, wenn unser Körper sich Gewohnheiten zulegen würde, ohne damit ein Ziel zu verfolgen). Wenn Sie also das Bedürfnis verspüren zu gähnen, tun Sie das ausgiebig und bewusst, denn es kann «das Gehirn aus einem Dämmerzustand holen, es über tiefes Einatmen besser durchbluten und abkühlen». Ganz so, wie das Dehnen der Muskeln «die Blutzirkulation» anregt und «die gesamte Muskulatur mit mehr Energie – sprich: Glukose und Sauerstoff» – versorgt.[119] Also morgens im Bett das entsprechende Rekeln nicht vergessen. Es macht Sie schneller munter. Dazu gähnen.

Gehen Sie, wenn Sie kreativer werden wollen. Die Wechselbeziehung zwischen Bewegung und Denken ist mittlerweile sehr gut erforscht und lässt sich auf die einfache Formel bringen: Wer sich sportlich betätigt, tut nicht nur seinem Körper etwas Gutes, sondern bringt auch seinen Kopf auf Trab. Der Wissenschaftsjournalist Steven Johnson hat eine kleine, feine Sammlung eindrucksvoller Menschen zusammengestellt, die ihre Ideen unter anderem dem Gehen verdanken. So zum Beispiel der Mathematiker Henri Poincaré, dessen Autobiographie von einschlägigen Notizen strotzt. Johnson: «Sobald er sich an den Schreibtisch setzte, schien seine Innovationskraft zu versiegen. War er zu Fuß unterwegs, flogen ihm die Ideen nur so zu.»[120] Die Psychologin Angela Ka-yee Leung formuliert es ein wenig vorsichtiger: «Ein gemächlicher Spaziergang, draußen, im Freien, oder frei durch die Gegend zu streifen können uns dabei helfen, unsere eingefahrenen Denkweisen zu durchbrechen.»[121]

4. SCHLAFEN SIE GENUG. Ein Klassiker, dieser Hinweis. Leider immer wieder ignoriert. Es ist zweifelsfrei belegt, wie wichtig es ist, ausreichend zu schlafen. Und zwar aus allen möglichen Gründen. Zum einen ist genügend Schlaf rein physiologisch nötig. Denn nachts werden jene Giftstoffe abgebaut, die beim Energieverbrauch unserer Nervenzellen entstehen und die deren Leistungsfähigkeit verringern[122]. Wer genug und regelmäßig schläft, erledigt nicht nur diese Reinigung, sondern bringt auch seinen Stoffwechsel in Ordnung. Mit der Folge, dass das Risiko für Übergewicht, Diabetes und Bluthochdruck sinkt. Außerdem fördern wir unsere Konzentrations- wie Reaktionsfähigkeit und stärken das Immunsystem. Dass man ausgeschlafen deutlich weniger Fehler produziert als übermüdet, weiß jeder aus eigener Erfahrung.

Doch damit nicht genug. In den vergangenen Jahren hat sich immer deutlicher gezeigt, dass unser «Gedächtnis zu einem großen Teil im Schlaf entsteht». Das schreibt der Verhaltensneurobiologe Jan Born und erklärt das mit ausgeklügelten neurochemischen Prozessen.[123] Von alledem müssen wir uns bloß eines merken – das hingegen unbedingt: Wer Dinge besser im Gedächtnis behalten will, muss nichts anderes tun, als rechtzeitig ins Bett zu gehen. Es kommt aber noch viel schöner und einfacher. Wer seine Probleme «wie im Schlaf» lösen will, sollte damit beginnen, genau das zu tun: drüber schlafen. Bereits vor vielen Jahren hat der eben erwähnte Jan Born gemeinsam mit einem Kollegen gezeigt, dass unser Gehirn nachts auf Hochtouren arbeitet, um – den Heinzelmännchen gleich – Lösungen zu finden.[124] Und meist sind wir am nächsten Morgen tatsächlich um einiges klüger, ohne uns bewusst darum gekümmert zu haben. Kein Wunder also, dass der Schlafmediziner Hans-Günter Weeß behauptet: «Schlaf ist ein höchst karrierefördernder Zustand.»[125]

Was das für Sie bedeutet, liebe erwachsene Leser, ist klar: Gehen Sie einfach früher ins Bett. Legen Sie vorher die muntermachenden Handys und Tablets weg und nehmen Sie ein analoges Buch zur Hand. Sie werden deutlich besser schlafen. Wie lange? Das können nur Sie selber wissen, denn Schlafrhythmus und -dauer variieren. Sie sollten aber auf jeden Fall mehr schlafen als üblicherweise, denn die einschlägigen Statistiken verraten mir, dass Sie es wahrscheinlich viel zu wenig tun.

Ungleich nötiger haben es unsere Kinder, dass wir ihnen im Kampf um mehr Schlaf beistehen. Das aktuelle Schulsystem ist – rein schlaftechnisch – eine totale Fehlkonstruktion. Es zwingt die Schüler nämlich dazu, bereits um acht Uhr morgens im Unterricht zu sitzen. Was bedeutet, dass sie, «biologisch gesehen, mitten in der Nacht unterrichtet» werden.[126] Das Problem lässt sich auch nicht abstellen, indem wir unsere chronisch unausgeschlafenen Kinder früher ins Bett schicken in der Annahme, sie würden dann am nächsten Morgen leichter aufstehen. Ein Irrtum. Die

Angewohnheit der Kinder, spät ins Bett zu gehen und dementsprechend spät aufzustehen, ist nicht ihrer «Faulheit» geschuldet; vielmehr ist ihr Schlafrhythmus evolutionär bedingt. Die Forscherinnen wissen zwar nicht, warum vor allem pubertierende Jugendliche solche Nachteulen sind, eines steht aber ihrer Ansicht nach fest: «Dieses biologische Programm existiert.» Es verändern zu wollen ist ähnlich sinnvoll, wie dem Menschen das Atmen abzutrainieren.

Und? Kümmert das irgendwelche Pädagogen? Kinderfreunde? Politiker? Scheinbar nicht. Denn wie Eltern aus eigener Erfahrung wissen, beginnt der Unterricht seit Jahrzehnten mit stoischer Gnadenlosigkeit um acht Uhr morgens. Und das, obwohl eine entsprechende Reform weitreichende Folgen hätte. So sagt zum Beispiel der Chronobiologe Thomas Kantermann: «Es besteht kaum noch ein Zweifel, dass sich die Gesundheit, Lernfähigkeit und Leistung der allermeisten Schüler schlagartig verbessern würden, ließe man sie morgens länger schlafen.»[127]

Und sollte doch einmal eine ehrgeizige Schulleitung versuchen, wenigstens dreißig Minuten für die Kinder herauszuschlagen, wird sie am geballten Elternprotest scheitern. «Geht nicht», wird es den Direktionen entgegenschallen, «wir müssen arbeiten. Wohin mit dem Kinde?»[128] So bleibt seit langem alles, wie es ist. Und die Forderungen der Fachleute unerfüllt.[129]

Da fehlt zum Schluss nur noch der Hinweis auf ein Problem, das sich nach der Lektüre des letzten Abschnitts einstellen könnte und das es um jeden Preis zu vermeiden gilt: ab sofort hellwach im Bett zu liegen. Wer sich nämlich unter Druck setzt, unbedingt mehr zu schlafen, gerät schnell in ungesunden Stress. Daher noch schnell ein paradoxer Vorschlag für den Fall, dass: Deutet sich an, dass es mit dem Einschlafen etwas schwieriger werden könnte, gehen Sie folgenderweise vor: Licht aus, Augen *auf*. Gleichzeitig denken Sie ohne Unterlass: «Ich darf nicht einschlafen, ich darf keinesfalls einschlafen ...» Augen dabei unbedingt offen halten. Jede Wette, dass Sie nach kurzer Zeit tief und fest schlummern? Und dabei das nächste Problem lösen?

5. ACHTEN SIE AUF DIE ENTSCHEIDENDEN ZWEI FRA-GEN. Lernen Sie jemanden kennen und sind sich unsicher, was Sie von ihm halten sollen, stellen Sie sich zwei Fragen: «Kann ich dieser Person vertrauen?» und «Kann ich diese Person respektieren?».[130] Wenn Sie beides mit einem schlichten «Ja» beantworten, steht die Sache gut. Bei diesem Schnelltest handelt es sich um ein Idealbeispiel dafür, wie man das komplexe Hin und Her menschlicher Beziehungen anhand zweier Details routiniert zu fassen bekommen kann. Ausgedacht hat sich diesen Kurztest die US-amerikanische Sozialpsychologin Amy Cuddy gemeinsam mit ihren Mitarbeitern, und zwar auf der Basis fünfzehnjähriger Forschungsarbeit.

6. BEKÄMPFEN SIE DIE VIER APOKALYPTISCHEN REITER. Der Großmeister menschlicher Beziehungen, John Gottman, hat im Laufe seiner lebenslangen Beschäftigung mit Paaren und deren Problemen jene wenigen Punkte dingfest gemacht, die sie mit hoher Wahrscheinlichkeit scheitern lassen. Es gilt also, diese negativen Routinen um jeden Preis zu vermeiden. Der Dramatik wegen hat Mr. Gottman sie die «vier apokalyptischen Reiter» genannt.[131] Als da wären:

Kritizismus: Darunter versteht Gottman eine Form von

Kritik, die den ganzen Charakter des Gegenübers unter Beschuss nimmt – und nicht bloß eine konkrete, nervige Sache. Nicht gut: «Du redest nur über dich! Du bist egoman!» Besser: «Ich fühle mich nicht wahrgenommen. Könnten wir bitte über meinen heutigen Tag sprechen?»

Abwehrhaltung: Die Reaktion, auf berechtigte Kritik durch Abwehr zu reagieren, ist verständlich, aber wenig konstruktiv. Nicht gut: «Es ist nicht mein Fehler, dass wir ständig zu spät kommen. Du trödelst doch immer!» Besser: «Okay, da geht einiges auf meine Kappe. Ich werde versuchen, mein Zeitmanagement in den Griff zu bekommen.»

Verachtung: die Eigenart, dem anderen offen zu zeigen, dass man ihn geringschätzt. Der schlimmste der vier Boten des Verderbens. Ergo überhaupt nicht gut: «Du bist ein kompletter Idiot!» Besser: «Das lief gerade nicht so gut, aber ich bin ziemlich stolz auf dich, wie du die Eigentümerversammlung gemanagt hast!»

Hinhaltetaktik: die Strategie, sich in stressigen Konflikten zurückzuziehen und die eigenen Gefühle zu unterdrücken. Auch nicht optimal. Besser, Sie signalisieren dem anderen, dass Sie gerade ziemlich aufgewühlt sind und es klüger wäre, eine Pause einzulegen; dann könne man weitermachen. Während dieser Pause keinesfalls Dinge denken wie «Immer ich!» oder «Lange lasse ich mir das nicht mehr gefallen!». Besser: Cool Jazz hören und genauso werden.

7. GEHEN SIE DAVON AUS, DASS NUR EIN PAAR IHRER BEMÜHUNGEN NÜTZLICH SIND. Noch so eine Faustregel, die uns das komplexe Leben deutlich leichter meistern lässt. Sie geht auf einen gewissen Vilfredo Pareto zurück, einen italienischen Wirtschaftswissenschaftler, der 1848 in Paris

geboren wurde. Als er untersuchte, wer in Italien eigentlich wie viel Boden besitzt, fand er heraus, dass rund achtzig Prozent des Bodens zwanzig Prozent der Menschen gehörten. Das Erstaunliche an seiner Entdeckung: Andere konnten sie nicht nur in vielen weiteren Zusammenhängen nachweisen, sondern auch erfolgreich anwenden. Das «Paretoprinzip» kann auch uns sehr gute Dienste leisten. Wenn wir zum Beispiel erkennen, dass sich der überwiegende Teil unserer Aufgaben in rund zwanzig Prozent der Zeit abarbeiten lässt. Andersherum gesagt: dass wir uns eigentlich nur einem kleinen Teil unserer Probleme widmen müssen, weil sie für den Großteil unseres Stresses verantwortlich sind. Oder, um es mit dem Untertitel des einschlägigen Buchs von Richard Koch zu sagen: «Mehr Erfolg mit weniger Aufwand». Gilt auch in vielen anderen Fällen:

– Brauchen Sie Platz im Kleiderschrank, suchen Sie nach jenen zwanzig Prozent Ihrer Klamotten, die Sie die überwiegende Zeit tragen; den Rest ziehen Sie nachweislich nur gelegentlich an, weshalb Sie das meiste davon weggeben können.

– Wollen Sie schnell vorankommen, meiden Sie jene zwanzig Prozent der Straßen, über die sich der Großteil des Verkehrs wälzt. Ein bisschen Internetrecherche, und schon stehen andere im Stau, während Sie über die Nebenstraße cruisen.

– Sind Sie dabei, ein Buch zu schreiben, behalten Sie im Kopf, dass zwanzig Prozent der Autorinnen und Autoren für den Großteil des Umsatzes sorgen. Wie groß ist die Wahrscheinlichkeit, dass Sie dabei sind? Die Frage vorab zu klären erspart Enttäuschungen und rückt die eigenen Erwartungen zurecht.

– Haben Sie vor, ein Radieschenbeet anzulegen, dann akzeptieren Sie schon mal, dass wenige Pflanzen für den überwiegenden Teil der Ernte verantwortlich sein werden. Betreiben Sie einen Online-Shop, wird es Ihnen genauso gehen: Ein kleiner Teil der Waren und Kunden sorgt für den Großteil des Umsatzes. Es liegt an Ihnen, die entsprechenden Schlüsse daraus zu ziehen.

– Die größten Glücksgefühle erleben Sie in relativ kurzer Zeit, genießen Sie sie also doppelt. Und gehen Sie davon aus, dass der Großteil Ihres Lebens so lala sein wird.

– Überlegen Sie bei jeder Entscheidung, ob sie zu einem jener (wenigen) Wendepunkte werden könnte, der Ihre Lebensqualität nachhaltig bestimmt.

– Schätzen Sie die wenigen Talente, die für den Großteil Ihrer Erfolge verantwortlich sind.

– Und pflegen Sie die wenigen Freunde, denen Sie wirklich viel verdanken.

8. ENTSCHEIDEN SIE SICH AUF DER BASIS DES ERSTBESTEN GUTEN GRUNDES. Dieser Merksatz widerspricht nicht nur der weit verbreiteten Regel, schwierige Probleme möglichst gründlich anzugehen, sondern hat das Zeug, uns das Leben deutlich leichter zu machen. Sind Sie zum Beispiel auf der Suche nach einem Partner oder einer Partnerin, sollten Sie in jenem Moment zu suchen aufhören, in dem Sie den Eindruck haben, ein einigermaßen passendes Gegenüber gefunden zu haben. Keinesfalls ewig weitersuchen. Das führt ins Verderben, wie ein Gedankenexperiment nahelegt.[132] Darin geht es um einige Roboter, die auf ganz unterschiedliche Weise nach dem idealen Partner suchen. Am schlechtesten schnitt ein gewisser «M-1» ab, der die Sache am

sorgfältigsten anging – ist ja auch eine sehr ernste Sache, die Wahl des idealen Partners. «M-1» definierte erst einmal eine lange Liste von Voraussetzungen, die der andere erfüllen musste, um für ihn in Frage zu kommen. Ganz so, wie wir das von vielen Zeitgenossen kennen, die sich auf der Suche nach dem perfekten Lebensmenschen befinden. Als das Forscherteam hochrechnete, wann «M-1» heiraten würde, bestellte es die Hochzeitstorte für alle Zeiten ab, denn: «Es gelangte zu dem Ergebnis, dass zu diesem Zeitpunkt weder die Teammitglieder noch der beste weibliche Roboter am Leben sein würden.»[133] Besser also, wir kürzen unsere Suche radikal ab und schließen Kompromisse. Ich weiß, das klingt defensiv und ernüchternd. Aber was haben wir von der idealen Beziehung, wenn wir sie nicht erleben werden?

Nicht nur in der Liebe ist es hilfreich, kürzeren Prozess zu machen und sich auf naheliegende Informationen zu stützen. Man kann mit dieser Strategie sogar Börsenprofis in die Pfanne hauen (für den Fall, dass die Sache mit dem Bauchgefühl nicht klappt). Gerd Gigerenzer lieferte den Beleg für diese These, indem er mit seinem Team an einem großen Börsenspiel teilnahm, das ein Wirtschaftsmagazin ausgeschrieben hatte. Der Sieg sollte an jenes Team gehen, welches das beste Portfolio mit den höchsten Gewinnen zusammenstellte. Während die Mitbewerber aufwendig recherchierten, tüftelten und Geheimtipps zusammentrugen, taten Gigerenzers Studenten nichts anderes, als unbedarften Passanten eine einfache Frage zu stellen: Welche Firma auf unserer Liste kennen Sie und welche nicht? Das war's auch schon. Nach Auswertung der Umfrage kaufte Gigerenzer ausschließlich Wertpapiere jener zehn Firmen, die am häufigsten genannt worden waren. Das Ergebnis: Das Gigerenzer-Portfolio übertraf 88 Prozent der Mitspieler, darunter jede Menge Börsenprofis.[134]

9. GLAUBEN SIE ANDEREN, WENN SIE IHNEN SAGEN, WER SIE SELBST SIND. ERZÄHLEN SIE IHNEN HINGE-GEN, WER *SIE* SIND, GLAUBEN SIE IHNEN NICHTS. Diese Lebensweisheit steht an fünfter Stelle einer Liste der «sieben wichtigsten Dinge, die ich in den vergangenen sieben Jahren gelernt habe».[135] Verfasst hat sie Maria Popova, Autorin und Fellow am Massachusetts Institute of Technology. Und formuliert hat den Merksatz Maya Angelou, eine US-ameri-kanische Autorin und Bürgerrechtlerin. Der Grund für diese einfache, aber weitreichende Regel: Die eigene Integrität sei allein unsere Sache und niemandes sonst. Daher könn-ten und sollten wir durchaus darüber Auskunft geben. Jene Vermutungen hingegen, die andere über uns und unsere Absichten anstellen, «enthüllen eine Menge über sie, aber absolut nichts über uns».[136] An erster Stelle dieser überaus lesenswerten Liste findet sich übrigens folgender Eintrag: «Erlaube dir den unangenehmen Luxus, deine Meinung zu ändern.»

10. MACHEN SIE, WAS ANDERE MACHEN. Unter dem Ori-ginalitätsblickwinkel gesehen ein schlechter Tipp, unter zwischenmenschlichem hingegen sehr hilfreich. Denn wer sich wie ein «soziales Chamäleon» verhält, also beim ersten Kennenlernen «Verhaltensweisen, Körperhaltungen, Ges-ten, Gesichtsausdrücke oder Sprache» seines Gegenübers imitiert, findet schnell einen Draht zu ihm. So das Ergeb-nis einer aktuellen Studie.[137] Der Grund: Durch unsere Imitation teilen wir den anderen unbewusst mit, dass wir sie sympathisch finden, worauf diese auf gleiche Weise reagieren.

Es gibt viele Varianten dieser Empfehlung. Zwei davon hat der bereits zitierte Gerd Gigerenzer formuliert: «Tue das, was die Mehrheit in deiner Bezugsgruppe tut.» Und: «Tue das, was der Erfolgreiche tut.»[138] Anwenden lässt sich das in unterschiedlichsten Bereichen. Im eigenen Business zum Beispiel. Denn nur zu oft haben Unternehmer den falschen Ehrgeiz, die Welt neu erfinden zu wollen. Besser, Sie orientieren sich an den Strategien der Etablierten. Auf diese Weise ersparen Sie sich viel Arbeit. Sollten Sie Bedenken gegen dieses Vorgehen haben, denken Sie am besten an die menschliche Evolution: Es überlebten vor allem jene Menschen, die sich am Mainstream orientierten. Die also bloß jene Beeren aßen, die alle gut fanden, und die in jenen Gegenden wohnten, wo viele lebten.

Individualismus ist zwar der deutlich angesehenere, aber ungleich riskantere Lebensstil: Sie können mit dieser Haltung den Fortschritt der Menschheit vorantreiben. Oder aber vor die Hunde gehen, wenn Sie als Einziger die grellroten Gurken essen oder die ausgefallenste Geschäftsidee realisieren. Es hängt wie immer vom konkreten Kontext und von Ihrem persönlichen Temperament ab, welcher Strategie Sie den Vorzug geben. Eines freilich bleibt in jedem Fall unwidersprochen: Andere zu imitieren ist nicht nur legitim, sondern oft der einfachste Weg zu einer einfachen Lösung. Und das bisschen Originalität, auf das alle so versessen sind, finden Sie anderswo auch. Indem Sie zum Beispiel die Imitation reframen und zur neuen Originalität erklären.

BEFREIE DEN HAMSTER

Viele Probleme erhalten wir am Leben, indem wir sie auf
stets dieselbe untaugliche Weise zu lösen versuchen.
Zeit, dieses Spiel zu beenden. Und unseren (metaphorischen)
Problemhamster zu befreien. Dann kann nämlich etwas
Neues entstehen. Und wird es auch.

Wer kennt sie nicht, jene Momente, in denen wir das Gefühl haben, in einem Hamsterrad festzustecken. Weil sich bestimmte Konflikte regelmäßig wiederholen, obwohl wir sie bereits zigfach zu lösen versucht haben. Da kommen wir zufällig in die Küche, und wer steht da schon wieder vor dem geöffneten Kühlschrank und trinkt aus der Milchpackung? «Immer wieder machst du das!», sagen wir und drehen uns wütend um. Im Rücken das vertraute Gemurmel des Ertappten. Die Anlässe für unser Gefühl, nicht voranzukommen, mögen denkbar unterschiedlich sein: «Nie hast du Lust auf Sex», sagen wir, oder «Dauernd zahle ich unsere gemeinsamen Rechnungen» oder «Warum wirst du immer gleich grundsätzlich, wenn wir miteinander streiten» oder «Nie räumst du dein Zimmer auf» oder «Musst du eigentlich immer deine komische Ex treffen» oder «Was will denn dein Verflossener dauernd von dir?». Das Resultat ist stets dasselbe: Alles bleibt, wie es ist.

Zeit, dem Ganzen ein Ende zu bereiten und Lösungen zu finden. Die Sache wirkt erst mal recht einfach. Person 1 tut etwas (beziehungsweise tut es nicht), und das gefällt Person 2 nicht. Daraufhin kritisiert Person 2 Person 1, worauf Person 1 entweder nichts sagt, zu streiten beginnt oder aber sich entschuldigt, um anschließend genauso weiterzumachen wie zuvor. Die Rollen scheinen klar verteilt: Person 1 ist der Täter, Person 2 das Opfer. Denn Person 1 hat mit ihrem problematischen Verhalten den Konflikt verursacht (weigert sie sich etwa nicht, Sex zu haben? Trinkt sie etwa nicht aus dem Tetra Pak?). Und Person 2 leidet unter dem Verhalten von Person 1 (weil sie sich missachtet fühlt. Weil sie sich ekelt). Unter diesem Blickwinkel kann es nur eine Lösung geben: Person 1 muss ihr Verhalten ändern, dann kehrt Friede in der Beziehung ein. So weit die Theorie. In der Praxis freilich ändert sich meist – nichts.

Daher sollten wir das Gerangel um den ausbleibenden Sex (um mal dabei zu bleiben) aus größerer Entfernung betrachten, und das auch noch emotionslos. Schnell werden wir etwas anderes entdecken: nämlich zwei Menschen, die einander virtuos die Bälle zuspielen.[139] Person 1 tut etwas (sie hat keine Lust auf Sex, weil Person 2 immer nörgelt), und das wirkt sich auf Person 2 aus (sie fühlt sich abgelehnt). Person 2 reagiert mit Vorwürfen und bringt Person 1 auf diese Weise dazu, weiterzumachen wie gewohnt (sich noch mehr zurückzuziehen), was wiederum nicht folgenlos für Person 2 bleibt (vertieftes Gefühl der Zurücksetzung), die auf bekannte Weise reagiert (mehr Vorwürfe) und immer so fort.

Das heißt: Die Partner spielen eine Art Vorwurfs-Verweigerungs-Pingpong miteinander, das sie – je nach konkretem Fall – eine gewisse Zeit oder gar ein ganzes Leben lang betreiben. Lebendige Beziehungen sind also «zirkulär»[140] strukturiert, wie das die Wissenschaft nennt. Das bedeutet, dass «jede Aktion der einen Partei» sich «als Auslöser einer Reaktion der anderen» erweist, «und diese Reaktion wird dann die Ursache dafür, was die erste Seite ‹lediglich› als ihre Reaktion betrachtet».[141] Ganz zu Beginn mag es einen Schuldigen für das konkrete Problem gegeben haben, aber durch das ewige Hin und Her haben es die Beteiligten zu etwas Gemeinsamem gemacht. Die Suche nach dem Verursacher wird dadurch gegenstandslos.

Es gibt verschiedene Bezeichnungen für dieses fortdauernde und «monotone»[142] Hin und Her; sie alle sind bereits gefallen. Wir können davon sprechen, dass die Partner ein «Muster» entwickelt haben, eine «Routine», eine «Gewohnheit» oder einen «Automatismus», wie auch immer – das wechselseitige Verhalten der beiden, die eingespielte Abfolge von Reaktionen, führt zu stets demselben Resultat: Das konkrete Problem wird am Leben erhalten, und die Beteiligten erleben sich als erfolglose Erzieher des jeweils anderen. Denn jeder Partner agiert ja bloß deshalb so, weil er sich im Recht und den anderen im Unrecht wähnt. Und daher verhalten sie sich auf eine Weise, «die jeder für sich für die angebrachteste Reaktion auf ein unerwünschtes Verhalten des anderen hält. In anderen Worten: beide sehen im spezifischen Korrekturverhalten des Partners ein Verhalten, das der Korrektur bedarf.»[143] Ein Mechanismus, der jenes berühmte «Spiel ohne Ende» in Schwung hält, von dem bereits die Rede war.

Je länger wir beobachten, wie unsere Beziehungsprobleme am Leben erhalten werden, umso drängender stellt sich die zentrale Frage: Wer ist denn hier nun eigentlich der Täter? Der sich beständig dem Sex Verweigernde? Oder doch der Nörgelnde? Ein Wackelbild, ganz zweifellos. Und doch auf recht einfache Weise entschlüsselbar. Wir sind beides zugleich, Opfer und Täter. Und wir erfüllen die Rollen abwechselnd, je nachdem, in welcher Phase des endlosen Spiels wir uns gerade befinden. So leiden wir manchmal unter den Handlungen oder Aussagen des anderen (nörgelt er nicht ständig an uns herum? Eben).

Gleichzeitig aber tragen wir maßgeblich zur Entstehung jenes Problems bei, das uns leiden lässt (entziehen wir uns nicht dem anderen, sodass seit Wochen erotische Flaute herrscht? Eben). Zwischen **Nur weil wir Täter und Opfer zugleich sind, können wir unsere Probleme lösen** uns und unserem Partner besteht eine «Interdependenz»,[144] eine gegenseitige Abhängigkeit. Sie führt dazu, dass wir zwischen den Polen Opfer und Täter oszillieren, ohne je ganz das eine oder das andere zu sein.

Wollen wir unsere Beziehungsprobleme angehen, müssen wir diese Fakten akzeptieren: Dass wir stets in einer Doppelrolle agieren, also die Guten und die Bösen zugleich sind, und dass wir unter Problemen leiden, die wir selber mit verursacht haben. Das ist viel verlangt, ich weiß, sehr viel. Wer verabschiedet sich schon gern von der Vorstellung, sämtliche Probleme ließen sich mit einem Schlag lösen, wenn bloß der andere sich ändern würde – während wir selbst bleiben können, wie wir sind? Niemand. Zumal wir damit auf das eingespielte «Du bist schuld!»-Spiel ebenso verzichten wie auf das liebgewonnene Selbstbild als Opfer, das unter dem fiesen/dummen/unreifen (nach Bedarf variieren) Verhalten des anderen zu leiden habe. Zusätzlich erschwert wird die Sache dadurch, dass die Tendenz, sich vor allem als Opfer zu begreifen, weit verbreitet ist – mit dem unausgesprochenen Ziel, daraus eine moralische Überlegenheit abzuleiten, vor allem den vermeintlichen Tätern gegenüber.

Da hilft nur eins: mutig zu sein und über den eigenen Schatten zu springen. Es lohnt sich, wir werden reich belohnt dafür. Denn wer sich als jenes Zwitterwesen aus Opfer und Täter akzeptiert, das er nun mal ist, wird sich in ein handelndes Subjekt verwandeln, das sein Schicksal maßgeblich mitbestimmen kann. Während Opfer dazu verdammt sind, zu erleiden, was andere ihnen antun, haben es Täter in der Hand, etwas zu ändern. Verbunden freilich mit der Gefahr, sich schuldig zu machen, Fehler zu begehen. Das aber ist der Preis für die Freiheit, zu tun, was wir für richtig halten. Es dürfte exakt dieser Preis sein, der viele Menschen daran hindert, aktiv zu werden. Lieber sehen sie sich als wehrlose Opfer, denen man keinen Vorwurf machen kann und die nichts als Mitleid verdient haben.

Womit wir beim praktischen Teil dieses Abschnitts gelandet wären. Er bringt Sie in Gefahr, sich schuldig zu machen, das schon mal vorweg.

1. MACHEN SIE'S SICH LEICHT. Wer sich bei anderen beklagt, er habe ein hartnäckiges Beziehungsproblem, dem wird oft vorgehalten: «Kein Wunder, du tust ja auch nichts!» Dieser Vorwurf geht von der Annahme aus, dass wir Probleme besitzen. Das ist falsch, wie wir am Beispiel des sexlosen Paares gesehen haben. Es hat sein Problem nicht wie einen lästigen Gegenstand aufgehalst bekommen, den es jetzt aus Faulheit nicht mehr aus der gemeinsamen Altbauwohnung bekommt. Vielmehr erschaffen die beiden ihr Problem jeden Tag von neuem. Es steckt also viel Aufwand in jedem dauerhaften Konflikt. Wie wir ganz allgemein davon ausgehen

sollten, dass wir mehr Zeit damit verbringen, den Status quo zu verteidigen, als etwas Neues zu schaffen. (Denken Sie nur an die vielen Stunden, die man im Laufe der Jahre im Badezimmer zubringt. Der Zweck aller dortigen Bemühungen besteht weniger darin, sich zu *verändern*, als vielmehr den Hang unseres Körpers zur Veränderung zu *verhindern*.)[145]

Das bedeutet: Wenn Sie sich an die Lösung Ihrer Probleme machen, bürden Sie sich damit keine zusätzlichen Mühen auf. Vielmehr setzen Sie Ihre Energien von nun an bloß anders ein, idealerweise sinnvoller. Es bleibt also – aus energetischem Blickwinkel – alles beim Alten. Wenn Sie Glück haben (und das werden Sie), verringern sich Ihre Anstrengungen sogar, weil Sie keine unnötigen Kämpfe mehr führen, sondern gleich zur Sache kommen.

2. MACHEN SIE, WAS SIE WOLLEN – HAUPTSACHE, ES IST ABSURD GENUG. Solange zwei Menschen in einem dauerhaften Konflikt leben, mag er uns noch einigermaßen überschaubar erscheinen. Aber je größer die Familie (oder das Unternehmen), umso komplexer gestaltet sich dieses Hin und Her von Reaktion und Gegenreaktion. Schnell wird es unübersichtlich, und niemand weiß mehr zu sagen, wer was wann unternimmt, um jenes Problem am Leben zu erhalten, unter dem alle leiden.

Das klingt aussichtslos. Wie etwas lösen, das wir nicht verstehen? Doch diese Sorge stellt sich bei genauerer Betrachtung als gegenstandslos heraus. Es stimmt zwar, dass wir nie werden sagen können, wie ein Haufen Leute ein offensichtliches Problem am Leben erhält. Aber das ist egal. Denn wir kennen ja die grundsätzlichen Mechanismen, die dem Phänomen zugrunde liegen. Sie sind das Ergebnis zwischenmenschlicher Beziehungen, die einem bestimmten Muster folgen. Und ein Teil dieses Musters sind wir – weil es ja sonst keinen Anknüpfungspunkt für uns gäbe, es als Problem zu betrachten.

Die Lösung kann also nur darin liegen, dieses eingespielte Regelwerk zu stören. Und wie bekommt man das hin? Indem man sich *nicht regelkonform* verhält. Das war's auch schon. Dann muss die Problemproduktionsmaschine ins Stottern kommen. Und das tut sie erfahrungsgemäß auch. Das bedeutet: Wir können Probleme auch dann lösen, wenn wir sie kaum kennen und keine Ahnung davon haben, wer an ihnen beteiligt ist. Weil ja alle mit allen verbunden sind und wir ganz offensichtlich Teil des Problemnetzwerks, können wir – überspitzt formuliert – *irgendetwas* machen und werden Erfolg damit haben. Einzige Voraussetzung: Unser Störmanöver muss tatsächlich quer zum gewohnten Ablauf des ganzen Kuddelmuddels liegen.

In diesem Sinne schreibt Insa Sparrer, dass Problem und Lösung nicht in Beziehung stehen müssen – ganz entgegen der klassischen Annahme, die beiden seien eine Art siamesische Zwillinge so wie Hunger und Nahrung oder Durst und Getränk. Zwar könne eine Lösung durchaus «ein Gegenteil von einem Problem sein», das müsse aber nicht zwangsläufig so sein. Nur weil man ein Problem kenne, könne man daher auch nicht «auf eine bestimmte Lösung schließen».[146]

3. SCHAUEN SIE, WAS GESCHIEHT. Wollen Sie die Sache mit dem Störmanöver an einem harmlosen Beispiel testen, gehen Sie auf den Tennisplatz und behaupten mitten im dritten Game, es sei ab sofort erlaubt, den Ball auch mit

dem Fuß zurück übers Netz zu befördern. Ihr Partner wird darauf reagieren müssen. Wie genau, wird sich freilich nur bedingt vorhersagen lassen. Sieht Ihr Tennispartner in Ihrer Regeländerung einen destruktiven Akt, wird er die Partie abbrechen und nie mehr mit Ihnen auf den Centre-Court gehen. Versteht er die neue Regel als Herausforderung, wird er sich bemühen, Sie nicht nur dank seiner starken Vorhand, sondern auch durch seine Fußballtechnik zu schlagen. Eher analytisch orientierte Menschen werden darüber sprechen, was Ihnen beiden diese Regeländerung bringen könnte. Und psychologisch Interessierte könnten Sie so verstehen, dass Ihnen das Spiel eigentlich widerstrebt und Sie nur einen Anlass suchen, es zu beenden.

Wenn Sie mit Ihrem Störmanöver loslegen, ist erst mal nur so viel klar: Sie werden «stabile und sich selbst aufrechterhaltende zirkuläre Prozesse» durchbrechen und damit erreichen, dass die daran Beteiligten «nicht mehr zum Ausgangspunkt» zurückkehren können.[147] Ob das Ihr Problem beseitigt oder zu einem mittleren Durcheinander führt, lässt sich erst sagen, wenn Sie schon mittendrin sind. Warum Prognosen so schwerfallen? Siehe Punkt 4.

4. ZEICHNEN SIE BRAUCHBARE LANDKARTEN. Dass jeder Lösungsversuch prinzipiell unberechenbar bleibt, liegt in der menschlichen Kommunikation begründet. Wir haben bekanntlich nur diese Möglichkeit, anderen die eigenen Ideen, Gefühle oder Vorschläge zu vermitteln. Wir können bloß darüber sprechen, sie aufzeichnen, pantomimisch darstellen oder durch Handlungen plausibel machen. Das heißt: Sprechen wir über Probleme und deren Lösungen, sprechen wir immer auch über die Vertracktheit unserer Kommunikation.

Und vertrackt ist sie, keine Frage. Was auch immer wir sagen, was auch immer wir tun, wir können nicht davon ausgehen, dass die anderen uns so verstehen, wie wir das geplant haben. Über die Bedeutung unserer Botschaften und Handlungen entscheiden also nicht wir, sondern die anderen. Und zwar auf Basis all jener Erinnerungen, Prägungen und Marotten, die in jedem von uns herumgeistern; diese beeinflussen das Verständnis fremder Botschaften und Aktionen auf schwer berechenbare Weise. Für zusätzliche Dynamik sorgt der konkrete Kontext, in dem unsere Kommunikation stattfindet. Das Beispiel mit dem Badetuch und den Adiletten hat das deutlich gezeigt. Wie die anderen uns verstehen, hängt ganz davon ab, ob wir solcherart bekleidet in der Sauna oder in der Universitätsbibliothek auftauchen und welche Miene wir dazu machen.

Zum Problem wird die Komplexität menschlicher Kommunikation freilich erst dann, wenn wir verdrängen, dass es dabei keine Gewissheiten geben kann, sondern lediglich Annahmen, Vermutungen, Bewertungen und Interpretationen. Der Mathematiker Alfred Korzybski hat ein anschauliches Bild für unseren Hang zur subjektiven Welterklärung gefunden.[148] Er vergleicht unser Tun mit jenem von Kartographen. Also von Menschen, die ihre Kenntnis einer realen Landschaft in eine Landkarte zu übertragen versuchen. Die Karte gibt zwar die Landschaft wieder, bleibt aber stets eine persönliche Darstellung dessen, was die Kartographen von der Realität verstanden zu haben glauben. Wir haben diese unsere Eigenschaft bereits im Kapitel «Sprich schön» kennengelernt – dort war sinngemäß von «Konzepten» die Rede. Mit «Landkarten» ist dasselbe gemeint.

Dass wir Landkarten einer Realität entwerfen, die wir nur

ansatzweise in ihrer Komplexität begreifen, heißt nicht, dass wir zum Nichtstun verdammt sind. Wir können uns ihrer durchaus bedienen, um gut durchs Leben zu kommen (bleibt uns ja auch gar nichts anderes übrig). Zweierlei gilt es dabei allerdings zu berücksichtigen: Unsere Karte muss «die gleiche Struktur wie die Landschaft haben» – dann «ergibt sich daraus ihre Nützlichkeit».[149] Und wir dürfen unsere Landkarte keinesfalls mit der Landschaft verwechseln. Oder – um einen anderen Vergleich heranzuziehen – die Speisekarte mit den Speisen. Wenn wir es dennoch tun, werden wir die Speisekarte aufzuessen versuchen, weil wir sie für die Wirklichkeit halten.[150]

Wie wir unsere Landkarten anfertigen und wie wir sie einsetzen können, um Probleme einfach zu lösen, zeigt das Beispiel einer gewissen Frau Johns, die sich ernsthafte Sorgen um ihre Ehe machte.[151] Erst einmal ließen sich der Therapeut de Shazer und seine Kolleginnen von der Betroffenen erzählen, wie die Sache ablief. So fand er heraus, dass der Ehemann immer wieder abends verschwand und oft erst um halb fünf Uhr morgens nach Hause kam. Er sei mit seinem Kumpel unterwegs, sagte er, seine Frau müsse sich keine Sorgen machen. Machte sie aber. Und was für welche. Während er weg war, blieb die Frau zu Hause und litt derart unter der rätselhaften Abwesenheit ihres Mannes, dass sie sogar von Selbstmord zu phantasieren begann; als sie freilich an ihre beiden Kinder dachte, war es damit jedes Mal wieder vorbei. Alles Reden und Drohen half nichts – der Mann ging weg, sagte nicht wohin und warum und fand nichts dabei.

Das heißt: Der Psychologe konzentrierte sich darauf, eine Landkarte des Problems anzulegen. *Seine* Landkarte, um genau zu sein. Darauf verzeichnete er, was sich gleichsam mit freiem Auge feststellen ließ. Was der Mann tat und wie die Frau darauf reagierte. Auf Basis der Karte entwickelte de Shazer dann die Lösung des Problems. Sie bestand darin, dass die Frau ihrerseits auszugehen begann, spät nach Hause kam und um ihre Abwesenheit ein ebenso großes Geheimnis machte wie ihr Mann, der übrigens als Detektiv arbeitete. Das Resultat: Ein paar Wochen nach dem Start der Parallelaktion machte der Mann schließlich einen überraschenden Vorschlag. Sie sollten doch beide ihre geheimnisvollen Ausflüge einstellen und die Abende lieber gemeinsam verbringen. Was sie auch taten. Und zwar nicht nur einmal. Problem gelöst, alle glücklich.

Der Psychologe beschränkte sich bei alledem auf die rein äußerliche Beschreibung der einzelnen Faktoren (was macht der Mann, wann und wie reagiert die Frau etc.). Vermutungen über deren Bedeutung unterließ er. Und das aus zwei guten Gründen. Zum einen war es für die Lösung des Problems gleichgültig, warum der Mann sich so verhielt (was nicht heißen soll, dass es nicht interessant sein kann – aber wir suchen ja *Lösungen* und keine spannenden Storys). Und zum anderen war dem Psychologen klar, dass jeder andere Vorstellungen davon entwickelt, was da auf seiner Landkarte zu sehen ist. So könnte man das Fernbleiben des Mannes als Ausdruck von dessen grenzenlosem Vertrauen in seine Frau verstehen oder als verborgene Aggression, als verkappten Hilferuf oder als den Versuch, sich wichtig zu machen. Von der Verwandtschaft über den Freundeskreis bis zum Therapeuten – alle Beteiligten haben eine eigene Story inklusive entsprechender Lösungsvorschläge.

Es ist daher wenig hilfreich, darüber zu streiten, was denn nun welches Detail des Musters «wirklich» zu bedeuten habe. Ein jeder versteht das Geschehen auf seine Weise und hat gute Gründe dafür. Der Frau half bloß die Antwort auf eine einzige Frage weiter: Ist auf der Landkarte ein Weg zu finden, der sie aus ihrer misslichen Situation befreit? Und wenn ja, wie sieht er aus? Nachdem diese Frage gestellt und geklärt worden war, fand sich ein Weg zu einem Neubeginn. Und so stellen Sie es an, einen Ausweg aus Ihrem Problem zu finden:

5. FINDEN SIE DEN UNTERSCHIED, DER EINEN UN-TERSCHIED MACHT. Kein zwischenmenschliches Problem ist so mächtig, dass es uns ununterbrochen beschäftigen könnte. Mögen uns die Konflikte mit dem Partner oder im Job ausufernd erscheinen, so gibt es doch Phasen, in denen es besser läuft. Klassischerweise betrachten wir diese beschwerdelosen Momente als eine Art Verschnaufpause, bevor das Problem anschließend umso heftiger wütet. Diese Sichtweise ist naheliegend, aber falsch. Besser, wir hören auf, das Problem anzustarren, und wenden uns den Ausnahmen zu (und seien sie noch so winzig oder kurz). Denn diese Phasen bestehen nicht aus der *Abwesenheit* unseres Problems, sondern aus der *Anwesenheit* eines Lösungsansatzes. Das folgende Beispiel illustriert sehr anschaulich, wie das funktionieren kann.[152]

Im Zentrum der kleinen Geschichte steht ein zehnjähriger Junge, der seit vier Jahren immer wieder das Bett nass macht. Alle Versuche, das zu ändern, bleiben erfolglos. Schließlich landen die Eltern und ihre beiden Kinder in der Beratung. Die erste Frage des Therapeuten gilt – nein, nicht den Ursachen des Problems, sondern der Ausnahme von der Regel «Das Kind macht ständig sein Bett nass». Also: Kommt es vor, dass der Junge in einem trockenen Bett aufwacht? Ja, das kommt vor, und zwar immer dann, wenn der Vater den Jungen weckt. Wenn die Mutter es tut, ist das Bett nass.

Der Therapeut hält sich keine Sekunde damit auf, die Aussage zu ergründen oder zu bewerten. Vielmehr beginnt er sofort, an einer Lösung zu arbeiten. So vereinbart er mit den Eltern, dass in den kommenden zwei Wochen ausschließlich der Vater den Jungen wecken möge, und zwar ohne ihm etwas von dieser Regelung zu verraten. Das Ergebnis: Das Bett des Jungen bleibt durchgehend trocken. So lange hatte er das in seinem Leben noch nie geschafft. Erste Erleichterung macht sich breit.

Doch noch ist die Intervention nicht zu Ende, es kommt zu einer neuen Lösung, wieder für zwei Wochen: Die Eltern sollen von nun an jeden Morgen eine Münze werfen, wer mit dem Wecken des Jungen dran ist. Das Ergebnis: Das Bett bleibt weiterhin trocken. Nächstes Treffen mit dem Therapeuten. Wachsende Erleichterung. Neuerliche Anpassung des Weck-Plans, diesmal für einen ganzen Monat. Er lautet: Der Vater weckt den Jungen drei bis vier Mal pro Woche, ohne ihm das vorher anzukündigen; an den restlichen Tagen ist die Mutter dran. Das Ergebnis: Das Bett des Jungen bleibt weiter durchgehend trocken.

Ende der Geschichte. Beginn des Rätselratens. Wie kann es sein, dass der Junge sein Bettnässen einstellt, obwohl er nicht weiß, wer ihn am nächsten Tag wecken wird? Der Therapeut liefert in der Folge ein paar Vermutungen, ohne sich auf eine festzulegen. Eine lautet: Vielleicht sei das Verhalten des Jungen durcheinandergewirbelt worden, weil man ihn darüber im Unklaren ließ, was die Erwachsenen da vereinbart hatten? Oder die Mutter hat den Jungen abends, vor dem Zubettgehen, anders behandelt als früher, weil sie wusste, dass er am nächsten Morgen wahrscheinlich in einem trockenen Bett aufwachen werde.

Wie dem auch sei, die Frage wird sich nicht mehr klären lassen, so spannend sie auch sein mag. Es sind andere Erkenntnisse, die uns hier weiterhelfen. Von der einen haben wir eben erfahren: Wie Sie ein Problem lösen können, zeigt sich in all jenen Momenten, in denen es gerade nicht auftritt. Das Problem verschwindet nämlich nicht bloß aus Zufall oder weil es eine kurze Pause bräuchte. Es ist vielmehr unser ganz persönliches Verdienst, es zum Verschwinden gebracht zu haben. Wir sind nämlich deutlich kompetenter, als wir ahnen. Wir zeigen es zwar aktuell immer nur ganz kurz, in jenen «Ausnahmen». Das ändert freilich nichts daran, dass wir es sind, die es ermöglichen. Steve de Shazer hat diesen Vorgang in einer legendär gewordenen Formulierung zusammengefasst: Die Lösung bestehe darin, «einen nichterkannten Unterschied zu einem Unterschied zu machen, der einen Unterschied macht».[153]

Wollen Sie also eine hartnäckige Schwierigkeit ausheben, dann schauen Sie von fern auf Ihr Problemdurcheinander und versuchen Sie herauszufinden, was eigentlich wann geschieht. Vermeiden Sie dabei unbedingt, nach Gründen oder Erklärungen zu suchen und sich allzu lange inhaltlich mit dem Problem zu beschäftigen. Kämpfen Sie zum Beispiel damit, manche Aufgaben selbstgefährdend lange aufzuschieben, versuchen Sie herauszufinden, zu welcher Tageszeit und an welchem Ort Sie am ehesten fleißig sein können. Alle Faktoren sind wichtig, selbst wenn sie auf den ersten Blick bedeutungslos erscheinen. Wie lange haben Sie vor der fleißigen Phase geschlafen? Ist es warm draußen? Trinken Sie Kaffee? Tragen Sie schlabbrige Hosen? Sind Sie allein?

Haben Sie alle Informationen zusammengetragen, werden Sie erkennen, in welchen Momenten die Ausnahme («Ich bin fleißig») von der Regel («Ich schiebe alles auf») eintritt. Im nächsten Schritt versuchen Sie nun, jene Bedingungen zu schaffen, die die Ausnahmen ermöglicht haben, um sie auf diese Weise immer weiter auszudehnen. Auf den Punkt gebracht lautet unser neuer Wahlspruch: «Weiß man, was funktioniert, macht man damit weiter.»[154]

Sich auf diese Ausnahmen zu konzentrieren hat zwei unschätzbare Vorteile: Zum einen können wir erst mal so weitermachen wie gewohnt, also das große, wiederkehrende Problem am Leben erhalten. Und zum anderen müssen wir keine neuen Verhaltensweisen lernen, sondern uns bloß jenen kurzen Momenten der Ausnahme zuwenden, um sie zur Regel zu machen. Und die problematische Regel zur Ausnahme.

6. MACHEN SIE NICHTS, WARTEN SIE AB. Die einfachste Methode, unsere heiklen Routinen zu durchbrechen, besteht freilich darin, sämtliche Aktivitäten einzustellen, sobald sie auftreten (es sei denn, Nichtstun ist Teil des Problems – dann ist Aktivität der richtige Weg, um eine Änderung einzuleiten). Verstrickt Sie also jemand in ein heftiges Streitgespräch und fühlen Sie, wie jener heilige Zorn in Ihnen hochsteigt, der gleich zum wohlbekannten Krach führen wird, unterbrechen Sie den Disput kurzerhand: «Lass mich darüber noch ein wenig nachdenken.» Klingt nicht schlecht, oder? Nach einer Stunde werden Sie klarer sehen und dementsprechend anders weitersprechen können.

E-Mail-Verfasser, die sich regelmäßig um Kopf und Kragen schreiben, sollten genauso verfahren: Lassen Sie Ihre E-Mail eine Nacht lang liegen, lesen Sie anderntags nochmals drüber, seien Sie froh, dass Sie dieses hasserfüllte Zeug nicht weggeschickt haben, entschärfen Sie den Text, versenden Sie ihn.[155] Erst recht gilt das für die Nutzer sozialer Medien. Keinesfalls irgendwelche wutentbrannten Tweets oder Postings ins Handy hämmern und wegschicken. Hämmern ja – wegschicken nein. Stattdessen abwarten, Tee trinken, aus dem Fenster schauen, sich vorstellen, wie Sie als zwölf Jahre Älterer auf sich selber zurückschauen. Den kurzen Text löschen oder umformulieren.

Wenn Ihnen andere vorhalten, Sie würden zu jenen Menschen gehören, die heftige Debatten durch langes Reden zu dominieren versuchen, sollten Sie zweierlei machen. Die Rückmeldung ernst nehmen. Und beim nächsten Mal die gegenteilige Strategie verfolgen. Schweigen Sie einfach. Nein, nicht vorwurfsvoll oder vielsagend, sondern solide, aufmerksam und freundlich (ja, das geht, versuchen Sie es mal vor dem Spiegel). Sie können damit rechnen, dass die Debatte anders verläuft (muss sie, da Sie nicht Ihren gewohnten Part spielen). Weil der andere öfter zu Wort kommt, erfahren Sie Dinge, die Sie bislang weggeredet haben. Klingt einfach? Zweifellos. Gegenfrage: Warum haben Sie es dann noch nie versucht?

Nachdenken ist gut, grübeln nicht. Unter Letzterem versteht man das fruchtlose Durchkauen stets derselben (wenigen) Gedanken. Wer kennt das nicht, vor allem abends, im Bett, wenn die äußeren Reize nachlassen und wenn Aufmerksamkeitskapazitäten frei werden, um nach Innen zu schauen. Dann fangen wir an, uns über Dinge den Kopf zu zerbrechen, die uns tagsüber nicht belasten. Ob wir im Meeting nicht doch den neuen Vorschlag hätten präsentieren sollen; ob mit der Busreise der Kinder wirklich alles klappen wird; ob wir in einem halben Jahr noch genügend Aufträge haben werden; wie der komische Kommentar des Kollegen gemeint sein könnte. Jemand nannte Grübeleien einmal die «Kunst, Probleme zu erschaffen, die es nicht gibt». Das bringt es auf den Punkt. Die einfachste Methode, die Schleife zu stoppen, besteht darin, ein Buch zur Hand zu nehmen oder an etwas Gelungenes zu denken. Wer sich in Horrorszenarien hineindenken kann, schafft das auch mit paradiesischen Phantasien.

PS: Als Kerstin Bruns, Offizierin eines Containerschiffs, im Jahr 2004 auf hoher See von Bord gespült wird und hilflos im Indischen Ozean treibt, tut sie – nichts. Weder schreit sie um Hilfe noch fuchtelt sie mit den Armen. Vielmehr lässt sie sich dahintreiben und wartet darauf, dass man sie rettet. «Stillzuhalten, abzuwarten sei das Klügste gewesen, was die 27-Jährige in ihrer Situation habe tun können», sagt Bernd Johannes, Psychologe am Deutschen Zentrum für Luft- und Raumfahrt.[156] Ihr Nichtstun sorgte dafür, dass sie ihre Körpertemperatur einigermaßen halten konnte, weil sich zwischen Haut und Kleidern eine schützende Schicht wärmeren Wassers bildete. Zwanzig Stunden später zieht man Kerstin Bruns wohlbehalten aus dem Wasser.

PPS: Nichtstun hilft auch, wenn Sie Angst vor Bienen haben. Solange Sie sich nicht bewegen, wird die Biene Sie freundlich umfliegen. Bewegen Sie sich hektisch, glaubt sie, Sie seien ein Bär, und wird zum Angriff übergehen.

PPPS: Eine Variante des Nichtstuns besteht darin, sich

ganz bewusst vorzunehmen, von einer Sache, einem Problem, einer Routine keine Ahnung zu haben. Sich also dümmer zu stellen, als man ist. Normalerweise versuchen wir ja, Gespräche möglichst ökonomisch zu gestalten. Spricht jemand über ein uns bekanntes Thema, grätschen wir gern in dessen Erklärungen hinein und behaupten, Bescheid zu wissen. Keine gute Idee (außer Sie müssen einen Zug bekommen und jemand erklärt Ihnen die Welt). Halten Sie still. Lassen Sie den anderen reden und denken Sie dran, dass Sie gerade die einmalige Chance haben, eine bekannte Sache auf ungewohnte Weise geschildert zu bekommen. Sie werden Dinge erfahren, die Ihnen noch nie aufgefallen sind.

7. ERWEITERN SIE PROBLEMATISCHE RITUALE. In seltenen Momenten sind Waffen *doch* eine Lösung. Denken Sie nur an die Mutter mit der gefüllten Wasserpistole zurück, die sich wegen der regelmäßigen Ausraster ihrer Tochter nicht mehr anders zu helfen wusste, als sie nass zu spritzen: Lachanfall, Schluss mit Wutanfall. Sie sollten also ernsthaft darüber nachdenken, Ihren wiederkehrenden Problemen irgendetwas Neues hinzuzufügen.[157] Sei es einen Gegenstand oder eine konkrete Handlung. So einigte sich zum Beispiel eine Freundin mit ihrer Lebensgefährtin darauf, ihre Auseinandersetzungen genauso weiterzupflegen wie bisher – mit dem entscheidenden Unterschied, dass für eine Kritik fünf Komplimente fällig wurden. Also ein Mal «Du nervst», gefolgt von fünf Mal «Du Wunderbare». Eine Verabredung, die ihre Streitereien stark verändert habe.

Es hängt von der konkreten Situation und dem spezifischen Waffenarsenal ab, wie Sie Ihre Rituale erweitern. Am besten, Sie probieren Verschiedenes aus, wobei die Frage, ob

Sie dieses Verschiedene mit Ihrem Partner absprechen oder nicht, bereits Teil Ihres Lösungsversuchs ist. So könnten Sie zum Beispiel die nervige Angewohnheit des anderen, den übervollen Mülleimer vorwurfsvoll neben die Wohnungstüre zu stellen (Sie wissen schon, damit Sie ihn runtertragen, was Sie jedes Mal murrend tun, wodurch Sie das Ärgernis am Leben erhalten), zu erweitern beginnen: Indem Sie auch noch das Altglas dazustellen oder Ihrerseits die Initiative ergreifen und den Müll zuerst an besagter Stelle deponieren. (Sie könnten dem anderen natürlich auch einfach sagen, dass Sie das nervt, aber das dürften Sie bereits versucht haben. Oder?)

8. VERWIRREN SIE SICH UND DIE ANDEREN. Eine weitere Variante, problematische Routinen effektiv zu stoppen, besteht darin, die Beteiligten zu verwirren. Sie werden aus dem Tritt geraten, etwas Ungewohntes tun und damit die Chancen erhöhen, dass eine Lösung entsteht. Es gibt endlose Möglichkeiten, eine besser als die andere und jede leicht umsetzbar. So erzählte zum Beispiel der Psychologe Milton Erickson, wie er nach dem zufälligen Zusammenstoß mit einem Passanten versuchsweise reagiert hat: Er habe – statt sich zu beschweren oder zu entschuldigen – auf seine Uhr gesehen und dem anderen die (zudem noch falsche) Zeit genannt, als hätte der ihn danach gefragt. «Es ist genau zehn Minuten vor zwei.» Das Ergebnis: Eine «lähmende Konfusion im anderen, dem keine zusätzliche Information zu Hilfe kam und es ihm gestattet hätte, die Sinnfragmente zu einem neuen, verständlichen Ganzen zusammenzusetzen».[158]

Diese «Konfusionstechnik»[159] können Sie zum Beispiel

anwenden, wenn Sie von fremden Menschen körperlich bedroht werden. In solchen Situationen sollten Sie keinesfalls versuchen, sich auf dieselbe Weise zu verteidigen. Das ist zwar ein verständlicher, aber kontraproduktiver Impuls. Indem Sie nämlich dem Aggressor auf dessen Weise antworten, etablieren Sie bloß jenes Spiel aus Gewalt und Gegengewalt, das erst endet, wenn einer gewonnen hat. Und das wird höchstwahrscheinlich der Angreifer sein, denn er weiß aufgrund seiner Gewaltroutine, wie man auf körperliche Gegenwehr antwortet. Sie als friedliebender Mensch wissen das hingegen nicht. Ihre einzige Chance, das Problem zu lösen, besteht darin, Ihre Mitwirkung an diesem Gewaltspiel zu beenden. Und das erreichen Sie, indem Sie sich auf eine Weise verhalten, die dem Muster des Gegenübers zuwiderläuft.

Der Anti-Aggressions-Coach Oliver Lück erklärt, wie solch rettende Muster aussehen: «Spielen Sie den völlig Durchgeknallten»[160] und rufen Sie im Falle, dass Sie in der U-Bahn mit einem Messer bedroht werden: «Scheiß rosa Elefanten hier in diesem verdammten Abteil!» Ihr Angreifer mag auf vieles vorbereitet sein – darauf nicht. Daher weiß er auch nicht, was er jetzt machen soll. Das heißt: Sie stören den Ablauf dieser Gewaltspirale so nachhaltig, dass Sie eine reelle Chance bekommen, andere und sich selbst in Sicherheit zu bringen – indem Sie den Anspruch aufgeben, den Helden zu spielen, und wegrennen. Aber Sie können auch deutlich harmlosere Situationen mit Hilfe bescheuert anmutenden Verhaltens lösen. Wie wäre es damit, beim nächsten Problemgespräch, das auf gewohnt ergebnislose Weise abzulaufen droht, eine Mütze aufzusetzen, die aussieht wie ein gefüllter Bierkrug? Und Ihrem Gegenüber eine Kopfbedeckung mitzubringen, die wie ein Haifisch aussieht? Erfahrungsberichte werden gern entgegengenommen.

9. ENTWICKELN SIE NEUE REGELN. Konstruktive Verwirrung können Sie freilich auch durch deutlich sachlichere Arrangements stiften. Dazu müssen Sie ein paar kluge Ergänzungen in die bestehenden Routinen einbauen. So hat sich zum Beispiel ein israelisches Restaurant einen denkbar einfachen Weg ausgedacht, um die eingefahrenen Feindseligkeiten zwischen den Konfessionen zu unterlaufen: Das Restaurant gewährt all jenen Gästen einen fünfzigprozentigen Preisnachlass, die sich mit Menschen anderen Glaubens an einen Tisch setzen und mit ihnen essen.[161] Die Initiative «Hass hilft»[162] wiederum hat eine «unfreiwillige Online Spendenaktion» ins Leben gerufen. Und die funktioniert so: Postet jemand auf Facebook einen Hasskommentar, kann man ein erklärendes «Hass hilft»-Banner ins Kommentarfeld darunter setzen. Damit wird eine Spende über einen Euro an soziale Projekte ausgelöst, finanziert von Partnern und Unterstützern der Initiative. Auf deren Webseite findet man ein Ranking jener Hass-Kommentatoren, die durch ihre Postings am meisten Spenden ausgelöst haben – unfreiwillig. Wie weit das ihr Verhalten beeinflusst, wissen wir nicht. Aber dieser kleine Trick bringt auf jeden Fall Bewegung in eine verfahrene Sache.

Mit Hilfe von Regelerweiterungen lässt sich auch Strom sparen. So bekommt man in Hotels immer häufiger Scheckkarten in die Hand gedrückt, mit deren Hilfe man nicht nur das Zimmer aufschließen, sondern auch Licht und Fernsehgerät anschalten kann; dazu muss man die Karte bloß in den vorgesehenen Schlitz im Vorraum stecken. So weit, so unspektakulär. Seine Wirkung entfaltet diese Routine erst, wenn wir das Zimmer verlassen. Dann müssen wir diese Karte nämlich wieder mitnehmen, um später nicht vor verschlossener Tür zu stehen. Das hat den nützlichen Nebeneffekt, dass jeder von uns beim Verlassen des Zimmers das Licht löscht – ohne eine Sekunde darüber nachzudenken.

Die Entwickler von Geldautomaten wiederum haben sich eine ähnlich kluge Routine ausgedacht. Wer Geld abhebt, bekommt es erst ausbezahlt, nachdem er die Scheckkarte aus dem Schlitz genommen hat. Wer sie hingegen stecken lässt (was oft geschieht, weil wir ganz aufs Geld fixiert sind), wartet vergeblich darauf, dass sich irgendetwas tut. Diese Koppelung führt dazu, dass wir die Karte nicht vergessen können. An vielen Fahrscheinautomaten hingegen gelingt uns das deutlich besser, weil wir das ersehnte Ticket auch dann entnehmen können, wenn die Karte leise fiepsend in ihrem Schlitz stecken bleibt. Wir sollten diese klug konzipierten Nebensächlichkeiten würdigen, zeigen sie doch, dass sie unser Leben erleichtern können. Und welche Probleme wir bekommen, wenn sie lieb- und geistlos abgetan werden.

10. ENTWICKELN SIE NEUE GEWOHNHEITEN. Dieses Vorhaben ist schon deutlich ehrgeiziger. Immerhin soll es darum gehen, täglich zu joggen, endlich mit dem Rauchen aufzuhören oder rechtzeitig mit wichtigen Arbeiten loszulegen. Am nachhaltigsten bekommen wir das hin, indem wir diese erwünschten Verhaltensweisen in Routinen verwandeln. Dann laufen sie beinahe von selbst ab. Ganz so wie Murmeln in der Murmelbahn: Einmal angestoßen, rollen

sie auch die verschlungensten Wege entlang, ohne dass wir etwas dafür tun müssen.

Nur gut, dass unser Gehirn eine Vorliebe für Gewohnheiten hegt. Und das aus einem guten Grund. Sie sparen bekanntlich Energie und erleichtern es uns, unsere Aufmerksamkeit Wichtigerem zuzuwenden. Daher werden auch «zwischen dreißig und fünfzig Prozent unseres täglichen Handelns» durch Gewohnheiten bestimmt, wie der Sozialpsychologe Bas Verplanken herausgefunden hat.[163] Die Chancen stehen also gut, dass wir das schaffen. Dazu müssen wir bloß einen kurzen Blick darauf werfen, wie neue Routinen entstehen.

Erst einmal muss es einen konkreten Anlass geben, der uns zum Beispiel nahelegt, etwas für die eigene Gesundheit zu tun. Das kann ein Blick auf die Waage sein, ein aufrüttelnder Text in einem Buch oder der sorgenvolle Blick des Arztes. Anschließend müssen wir tatsächlich aktiv werden. Fitness App installieren, Trainingsanzug überstreifen, Joggingschuhe anziehen, Schlüssel einstecken, laufen. Und schließlich die Sache auf eine Weise zu Ende bringen, die wir als Erfolg empfinden. Eine Stunde gejoggt zu sein, uns gut zu fühlen, wunderbar zu schlafen.

Solange das Projekt «Joggen» neu für uns ist, ist dessen Realisierung mit großem Aufwand verbunden und durch viele Anfechtungen gefährdet: Wir müssen Prioritäten setzen; uns den konkreten Anlass in Erinnerung rufen; den bewussten Entschluss fassen, die Joggingschuhe anzuziehen; den Widerwillen überwinden, trotz Regens rauszugehen; die Mühe auf uns nehmen, viele Kilometer zu laufen; dem Impuls widerstehen, bei der erstbesten Gelegenheit umzukehren etc.

Unsere Strategie muss daher darin bestehen, dieses mühselige Gefrickel so abzukürzen und zu automatisieren, dass
wir es schneller anstoßen und problemlos abschnurren lassen können. Siehe Murmelbahn. Dafür gibt es einige Tricks:
Wir können die Joggingschuhe so in die Garderobe stellen,
dass wir jeden Abend über sie stolpern.[164] Dadurch erinnern
wir uns ständig daran, ernst zu machen. Wir können uns
Belohnungen für die Plackerei ausdenken (einmal Kino für
eine Woche konsequentes Laufengehen). Wir können uns
coole Schuhe und eine hilfreiche App besorgen oder mit anderen gemeinsame Sache machen.

Gleichzeitig sollten wir möglichst vielen Menschen von
unserem Projekt erzählen: «Stell dir vor, ich gehe jetzt jeden
zweiten Tag laufen.» Diese Angeberei ist deshalb hilfreich,
weil wir uns dadurch selber unter Druck setzen. Wir gehen
nämlich davon aus, dass die anderen ab sofort permanent
nachfragen werden, wie es mit dem Joggen läuft. Eine Annahme, die ganz grundsätzlich erklärt, «warum Menschen
sich so viel Mühe geben, sozialen Normen und Moden zu
entsprechen»,[165] wie die beiden Wissenschaftler Richard
Thaler und Cass Sunstein schreiben – wir fürchten die soziale Kontrolle. Das ist freilich unbegründet, aber eine andere Geschichte.[166] Haben wir es erst einmal geschafft, das
Projekt «joggen gehen» eine Weile abzuspulen, wird es uns
mit der Zeit immer leichter fallen – bis wir eines Tages derart daran gewöhnt sein werden, dass wir etwas vermissen
würden, wenn wir es ausfallen ließen. Dann haben wir es
geschafft. Gewohnheit etabliert. Funktioniert übrigens auch
mit Kindern: Jedes Mal anstandslos Bettfertigmachen bringt
einen Stempel, bei zehn Stempeln gibt's – was auch immer.
Irgendwann läuft's von selbst.

Okay, die Antwort auf eine wichtige Frage fehlt noch: Wie lange dauert es, bis wir eine solche Gewohnheit etabliert haben? Nun, hängt davon ab. Von unseren Motiven, der Ausgangslage, der Umgebung, der Belohnung, dem Druck der anderen. Einen Anhaltspunkt liefert eine vielzitierte Studie, die herausgefunden haben will, dass es im Durchschnitt 66 Tage dauert, bis wir eine neue Routine verinnerlicht haben.[167] An besagtem Versuch nahmen 96 Studierende teil, die die Aufgabe bekommen hatten, sich eine gesundheitsfördernde Sache anzugewöhnen. Indem sie etwas Bestimmtes aßen (Obst), tranken (Wasser) oder unternahmen (fünfzehn Minuten laufen). Und zwar – wichtig – stets im selben Kontext wie zum Beispiel «nach dem Frühstück» und «vor dem Mittagessen». Die meisten von ihnen schafften das. Manche in achtzehn, manche in 254 Tagen. Sie werden zweifellos zur ersteren Gruppe gehören.

11. DREHEN SIE AN DER UHR, VERÄNDERN SIE DEN ORT. Befinden Sie sich in der schwierigen Lage, gleich mehrere zusammenhängende Probleme auf einmal lösen zu wollen, dann könnten Sie ein wenig mit ihnen jonglieren. Nicht weil das so unterhaltsam wäre, sondern weil Sie damit jene Gesetzmäßigkeiten aushebeln, die sie aneinander binden. Sie müssen dafür weder wissen, was die einzelnen Probleme miteinander zu tun haben, noch warum sie so konsequent aufeinander folgen. Versuchen Sie einfach, die eine Schwierigkeit gegen die andere auszutauschen. Als Vorbild kann Ihnen folgender Fall dienen: Eine Klientin suchte einen Therapeuten auf, weil sie seit Jahren zwischen Fress-, Erbrech- und Trinkanfällen hin und her pendelte. Das Besondere war, dass sie immer wieder gute Tage erlebte, sich

dann aber schlecht zu fühlen begann. Sobald das geschah, wusste sie, dass nun ein tagelanger Absturz auf eine der drei genannten Weisen folgen würde. Die Intervention bestand darin, der Klientin vorzuschlagen, den einen Anfall gegen den anderen auszutauschen. Also zu trinken, wenn ihr nach Fressen zumute war, oder zu erbrechen, wenn ihr nach Trinken war. Mit dem Resultat, dass die Klientin irgendwann nichts davon mehr tat.[168]

Dieser Mensch kämpfte zweifellos mit einem schweren Problem – keines, das wir im Alleingang lösen könnten. Dazu braucht es ganz zweifellos Profis. Ich habe das Beispiel dennoch angeführt, um zu zeigen, welche Macht solch einfach anmutende Vertauschungen entfalten können. Sollten Sie also öfter mit dem Drang kämpfen, statt zu arbeiten im Internet zu surfen oder zu telefonieren, könnten Sie mal probieren, die eine Versuchung gegen die andere zu tauschen. Also zu telefonieren, obwohl Sie sich lieber die neuesten Trailer ansehen wollen, oder umgekehrt.

Eine Variante dieser Intervention besteht darin, Ihr Problem ein wenig hinauszuzögern, es also nicht zu bekämpfen, sondern bloß dessen Eintreten aufzuschieben. Sagen wir ... um fünf bis zehn Minuten. Das genügt für den Anfang. Sollten Sie also immer wieder zur Schublade mit den Süßigkeiten pilgern, obwohl Sie geschworen haben abzunehmen, gehen Sie das nächste Mal exakt so vor wie beschrieben. Erlauben Sie sich den Marsch zur Schublade des Grauens – aber erst nachdem Sie ihn zehn bis fünfzehn Minuten aufgeschoben haben (ja, ich weiß, dass es eben noch fünf bis zehn Minuten waren, aber ich bin mir sicher, dass Sie auch die fünfzehn bis dreißig Minuten schaffen). Sie ahnen natürlich, welches Kalkül hinter dieser Aufschieberei steckt. Auf diese Weise machen Sie die Erfahrung, dass nicht die Süßigkeiten *Sie* in der Hand haben, sondern Sie die *Süßigkeiten*. Zumindest hundertzwanzig Minuten lang. Und irgendwann für immer.

12. MACHEN SIE, WOVOR SIE SICH ÄNGSTIGEN. Wer sich mit einem Problem herumschlägt, hat meist den Eindruck, es genau zu kennen, und versucht daher, es dementsprechend zu lösen. Oft machen wir damit alles nur noch schlimmer, wie dieses Beispiel zeigt: Lampenfieber – die Angst, sich vor Publikum zu blamieren. Die klassische Lösung besteht darin, die Nervosität zu verheimlichen und sich zusammenzureißen. Leider setzt diese Strategie eine verhängnisvolle Spirale in Gang. Wir mögen es zwar schaffen, ruhiger zu erscheinen, als wir tatsächlich sind – aber weil wir in der stetigen Befürchtung leben, doch noch vom Lampenfieber überwältigt zu werden, machen uns diese Vertuschungsversuche immer nervöser. Das wiederum bringt uns dazu, unsere Angst noch gründlicher zu verstecken und immer so fort. Eine Angstroutine wie aus dem Lehrbuch.

Da hilft nur ein brachiales Mittel: Wir müssen vor die versammelten Menschen treten und genau das bekennen, was wir zu verheimlichen suchen. «Freunde», könnten wir zum Beispiel sagen, «ihr wisst ja, solche Auftritte sind nicht meine Sache. Deshalb werde ich aller Wahrscheinlichkeit nach gleich kollabieren oder Unzusammenhängendes reden oder mich zu Tode schwitzen. Wundert euch also nicht. Bevor es unweigerlich so weit kommt, will ich noch schnell ein paar wichtige Dinge sagen ...»

Einmal abgesehen davon, dass es die meisten Menschen sympathisch finden, wenn andere sich zu ihren Schwächen bekennen, hebeln wir mit dieser Vorwärtsstrategie die ganze Problemroutine aus. Denn bei der Befürchtung, sich zu blamieren, handle es sich um keine unumstößliche Tatsache, wie Paul Watzlawick schreibt, sondern bloß um eine subjektive «Annahme». Die jedoch übersteigern wir derart, dass sie für uns «wirklicher als die Wirklichkeit» werde. Was übersetzt nichts anderes bedeutet als: Unsere Lösungsversuche sind das eigentliche Problem. Daher kann nur das Bekenntnis zum Lampenfieber das ganze schiefe Rettungskonstrukt hinwegfegen. «Symptomverschreibung» lautet der Fachbegriff für diese Strategie, von der Watzlawick überzeugt war, sie gehöre zu den «bei weitem wirkungsvollsten und elegantesten Formen von Problemlösungen».[169]

Wann immer Sie also erfolglos versuchen, ein Problem durch Verheimlichen zu lösen, sollten Sie sich ein Herz nehmen und es öffentlich machen. Zum Beispiel Ihre «Angst, langweilig zu erscheinen» oder «besonders einer Person des anderen Geschlechts nichts zu sagen zu haben», die Furcht vor «Frigidität und Impotenz» oder davor, unwillkürlich zu erröten und nervös zu zittern. Bevor Sie nun aufschreien, Sie hätten keine Lust, ständig über Ihre intimsten Ängste zu sprechen, noch ein Hinweis: Müssen Sie nicht. Denn oft genügt es bereits, «daß einem die Instruktion im Kopf herumgeht», damit wir die entsprechende Angst ablegen können. Was nichts anderes heißt, als dass wir uns bloß vor einer oder einem offenbaren müssen: uns selbst. Nicht leicht, ich weiß, aber immer noch besser, als vor versammelter Mannschaft zu verkünden, man fürchte, der weltschlechteste Liebhaber zu sein.

Eine ähnlich einfache Lösung gibt es für den Fall, dass Sie von der Angst gequält werden, im Job verhängnisvolle Fehler zu begehen. Das hat ja dieselbe Auswirkung wie die Scheu vor öffentlichen Auftritten: Je mehr wir fürchten, etwas zu vermasseln, umso eher werden wir es tun. Gesteigert wird diese Furcht paradoxerweise durch das Ausbleiben von Fehlern, weil wir das als Vorzeichen der nahenden Katastrophe verstehen: Jetzt hat alles so lange geklappt – irgendwann *muss* es schiefgehen. Am schnellsten gewinnen wir unsere Sicherheit wieder, wenn wir uns vornehmen, «jeden Tag *absichtlich* einen kleinen, billigen, aber dummen Fehler zu begehen». Auf diese Weise lernen wir schnell und einfach, dass *wir* über unseren Perfektionsgrad bestimmen und nicht unser Schicksal (oder wen sonst wir dafür verantwortlich machen).

13. PROVOZIEREN SIE DIE ANDEREN UND SICH SELBST.

Wollen wir andere (oder uns selber) dazu animieren, ein Problem zu lösen, stoßen wir oft auf Widerstand. «Warum etwas ändern?», lautet der naheliegende Einwand. Die Dinge mögen zwar nicht ideal laufen, aber sie funktionieren doch irgendwie. Und vertraut sind sie uns auch. Das sind beherzigenswerte Hinweise, die dafür sprechen, alles beim Alten zu belassen – es wird davon noch die Rede sein. Sollten Sie freilich nach einer Möglichkeit suchen, den fremden oder auch eigenen Widerstand zu überwinden, gibt es einen einfachen Trick: Drücken Sie auf jenen geheimen Knopf, der jeden von uns in Bewegung setzt. Beschriftet ist er mit: «Zweifel an der Kompetenz wecken». Sobald ihn jemand betätigt, macht sich das Gefühl in uns breit, man halte uns für unfähig. Das wird – ob wir wollen oder nicht – unseren Widerspruchsgeist und unsere Selbstheilungskräfte wecken. Die Psychologie nennt diesen tief in uns verwurzelten Reflex «Reaktanz».

Glauben Sie nicht? Gut – ehrlich gesagt hatte ich auch nichts anderes erwartet von Ihnen, da Sie ja ganz offensichtlich zu träge sind, sich mit neuen Gedanken zu beschäftigen. Lieber richten Sie sich in eingefahrenen Denkmustern ein und geben sich mit allem und jedem zufrieden, oder? Scheint mir auch eine intellektuelle Frage bei Ihnen zu sein ...

Merken Sie, wie nicht nur Groll in Ihnen hochsteigt, sondern auch der Wunsch, mir, dem Autor dieser Zeilen, zügig zu beweisen, dass Sie ganz anders sind? Ja? Genau diesen Impuls meinte ich, und genau den sollten Sie sich zunutze machen, um Ihre Lösungen zu beschleunigen. Starten Sie einen ersten Versuch, indem Sie einem Kind sagen, Sie würden nicht glauben, dass es sich binnen zweier Minuten anziehen könne, um mit Ihnen ein sehr großes Eis essen zu gehen.

Entwickelt also jemand Widerstand gegen Ihre Lösungsversuche, könnten Sie so vorgehen: Sagen Sie, dass es für Ihr gemeinsames Problem «eine einfache, wenn auch etwas merkwürdige Lösung» gebe, der andere «aber nicht die Art von Person zu sein scheint, die sich dieser Lösung bedienen kann».[170] Sie werden sehen, wie ein kleiner Ruck durch Ihr Gegenüber geht. Es gibt viele Schattierungen dieses Ansatzes, höfliche und brutale. Die wohl einfachste besteht darin, eine weit verbreitete Floskel einzusetzen: «Du wirst sicher nicht hören wollen, was mir gerade eingefallen ist.» Ein kurzer Aufmerksamkeitsslot ist Ihnen sicher – jetzt liegt es an Ihnen, von Ihrer Idee zu erzählen und sie mit einem Lösungsvorschlag zu verbinden.

Schon etwas härter ist die Variante, Ihr Gegenüber als hoffnungslosen Fall zu bezeichnen, bei dem jeder Versuch einer Lösung zum Scheitern verurteilt sei. Es bleibt Ihrer Geschicklichkeit überlassen, die richtige Mischung aus Provokation, Überraschung und Versöhnlichkeit zu finden, um die Selbstbehauptungskräfte des anderen zu wecken und ihn nicht zu verärgern. Bevorzugen Sie friedlichere Methoden, dann können Sie den Widerstand Ihres Gegenübers auch reframen. Anstatt ihn als das zu bezeichnen, was er sein könnte (der Versuch, eine Lösung zu verhindern), deuten Sie ihn als «Vorbedingung oder sogar Teil der Veränderung».[171] Und schon wird der Unwillen des anderen in völlig neuem Licht erstrahlen und sich in die unabdingbare Voraussetzung für eine bessere Zukunft verwandeln.

14. SPRECHEN SIE SCHLECHT ÜBER ANDERE UND GUT ÜBER KATASTROPHEN. Unser Job besteht oft darin, uns lange Klagen von Freunden anzuhören, wie unzulänglich doch deren Partner seien: lahme Erotik, vergessene Valentinstage, sukzessive Verfettung, uninspirierte Gespräche, berufliche Trägheit. Wir reagieren darauf in der Regel, indem wir ein betroffenes Gesicht machen und hilflos versuchen, die Kritisierten zu verteidigen, in der Hoffnung, den Beziehungsfrieden wiederherzustellen. Was meist dazu führt, dass die Freundinnen und Freunde ihre Kritik verschärfen und wir es irgendwann aufgeben, etwas Versöhnliches zu sagen, weil uns nichts mehr einfällt. Zu einer Lösung führen diese Gespräche selten, vielmehr werden wir beim nächsten Treffen mit exakt denselben Geschichten unterhalten.

Solange es sich dabei um liebgewonnene Jammerrituale handelt, ist nichts dagegen einzuwenden. Wenn der Beziehungsstress hingegen ernst zu werden scheint und Ihnen am Seelenheil Ihrer Freundinnen und Freunde gelegen ist, sollten Sie mit Ihrer Appeasement-Politik aufhören. Und Ihrem Gegenüber nicht nur zustimmen, sondern noch eins draufsetzen.[172] «Du hast vollkommen recht», könnten Sie sagen, «einen derartigen Versager habe ich noch nie erlebt.» Die Reaktion wird nicht lange auf sich warten lassen – und sie wird überraschend ausfallen. Ihr Gegenüber wird nämlich umgehend damit beginnen, den eben noch massiv kritisierten Partner zu verteidigen: «Also, so schlimm ist es nun auch wieder nicht! Er hat auch seine guten Seiten.» Womit Ihnen das Kunststück gelungen wäre, die Routine des Verächtlichmachens zu stören und dem anderen das erste freundliche Wort seit langem zu entlocken, was sich irritierend auf ihn auswirken wird. Das größte Risiko dieser Intervention besteht eher darin, selbst ins Visier der Kritik zu geraten: «Sag mal, wie kannst du nur so verständnislos sein?» Denken Sie sich also schon mal einen Weg aus, wie Sie da wieder rauskommen.

Genauso provokativ können Sie bei allen jammernden, aber beratungsresistenten Freunden vorgehen. Stellen Sie ihnen beim nächsten Mal die folgende Frage: «Du hast recht, warum solltest du auch etwas ändern?»[173] Im Grunde sei doch die Lage im Job ganz ok. Wer nicht vorankomme und von den Vorgesetzten nicht gefördert werde, der könne es sich ganz wunderbar gemütlich machen. Das bisschen Frust sei ganz normal. So in etwa könnte das klingen. Auch diesmal werden Sie nicht lange auf eine Reaktion warten müssen. Indem Sie der Notwendigkeit widersprechen, das Problem zu lösen, hebeln Sie die gewohnte Routine des beharrlich Klagenden einfach aus. Bei dieser Intervention, so Watzlawick, handle es sich um «ein Gambit, das in seinem

Spiel nicht vorgesehen ist; es eröffnet ein völlig neues Spiel und er kann daher nicht blind das alte weiterspielen». Und genau das ist es ja, was Sie erreichen wollten.

15. PROBIEREN SIE EINFACH RUM. Eine Strategie, die kein besonderes Ansehen genießt. Als Ideal gilt vielmehr ein strategisch-überlegtes Vorgehen. Das klingt gut, trägt uns aber neue Probleme ein, weil diese Forderung angesichts einer komplexen Realität kaum erfüllbar ist. Wir sollten uns vielmehr an der Natur ein Beispiel nehmen. Als diese mit der Entwicklung intelligenten Lebens begann, hatte sie auch keinen Plan. Vielmehr ging sie nach dem Trial-and-Error-Modus vor und entschied sich für jene Strategien, die funktionierten. Ob es die besten waren und sind, darüber lässt sich angesichts der aktuellen Weltlage trefflich streiten. Gehen Sie also in kleinen, überschaubaren Schritten vor, und legen Sie dann in größerem Stil los. Solange Sie das im Kopf behalten, spricht alles dafür, im Fall völliger Ideenlosigkeit *irgendetwas* zu machen und zu sehen, was dabei herauskommt.

Die Planlosigkeit der Zeitläufte erklärt das Phänomen der «Schwarzen Schwäne», wie es der Mathematiker Nassim Taleb nennt. Er meint damit das überraschende Auftreten von «seltenen, aber folgenschweren Erschütterungen und Sprüngen». Sei es nun im Privaten, Wirtschaftlichen, Politischen oder Gesellschaftlichen. Schwarze Schwäne lassen es wenig sinnvoll erscheinen, «das Normale» zur Basis unserer Planungen zu machen. Besser, man geht von vornherein kreativ mit der Unberechenbarkeit um. Talebs Vorschlag lautet daher auch: Anstatt «so naiv» zu sein, die Zukunft planen und «vorhersagen zu wollen», sollten wir aktiv versuchen, uns «möglichst stark Schwarzen Schwänen vom positiven Typ» auszusetzen. Also Dinge zu unternehmen, deren Gelingen Sie nur zu einem gewissen Teil beeinflussen können, während der Hauptteil von purem Zufall abhängt. Jede Form künstlerischer Tätigkeit gehört dazu. Dafür kann man sich zwar mächtig anstrengen (und sollte das auch tun), oft jedoch entscheidet über Erfolg und Misserfolg das Schicksal. Die beste Strategie besteht also darin, «möglichst viel auszuprobieren und möglichst viele Chancen, aus denen sich Schwarze Schwäne ergeben könnten, zu ergreifen».[174] Was das Risiko mit einschließt, beim Herumprobieren falschzuliegen. In einer Gesellschaft, die den Irrtum und den geschäftlichen Misserfolg skeptisch betrachtet, nicht eines jeden Sache.

Dass ein Lokalpolitiker mit dieser Methode zum «besten Bürgermeister der Welt» avancieren konnte, soll Ihnen als Ermutigung dienen, mit dem Herumprobieren ernst zu machen. Dem Belgier Bart Somers ist es nämlich gelungen, die Stadt Mechelen, die unter hoher Kriminalität und Verwahrlosung litt, in knapp zwanzig Jahren grundsätzlich umzukrempeln. Er frage sich selbst oft noch, wie das möglich gewesen sei, sagt Somers rückblickend. Zwar habe er die Idee gehabt, dass eine Mischung aus Strenge und Integrationsförderung der richtige Weg sein könne, aber so genau habe er das auch nicht gewusst. «Um ehrlich zu sein», sagt er im Gespräch, «ich habe einfach losgelegt, habe vieles ausprobiert. Manches scheiterte, anderes klappte.»[175]

III. TEIL
ÜBER DIE GUTE SEITE
VON PROBLEMEN

•••••••

Stopp – nichts überstürzen. Bevor Sie sich an die
Lösung Ihrer Schwierigkeiten machen, sollten
Sie zweierlei bedenken: Probleme sind nicht
prinzipiell schlecht. Und Lösungen nicht prinzipiell
gut. Es kann auch umgekehrt sein. Und noch
etwas: Überlegen Sie sich gut, wen Sie um Rat
fragen. Durch Ihre Wahl entscheiden Sie nämlich,
mit welchem konkreten Problem Sie sich gleich
herumschlagen werden.

FRAGE DIE RICHTIGEN

Wie wir unsere Probleme beschreiben und wie wir
sie lösen, hängt davon ab, wen wir um Rat fragen.
So kann es sein, dass wir nach exakt denselben Klagen
einmal einen Haarschnitt verpasst bekommen und
ein andermal eine aufwendige Therapie. Eine kleine
Landkarte zur Orientierung.

Seit mehreren Wochen schon schmerzte mich der linke Mittelfinger. Genauer, das Mittelgelenk des linken Mittelfingers. Es war zwar nichts zu sehen, aber wenn ich nach einem Gegenstand griff, tat es weh. Nicht heftig oder gar dauerhaft, aber merklich. Also ging ich irgendwann zum Arzt. Er hörte sich meine kleine Leidensgeschichte geduldig an, lächelte freundlich und meinte schließlich: «Das geht wieder weg!» Ich war enttäuscht. Auch ein wenig sauer. Da litt ich nun seit Wochen unter diesem feinen, nagenden Schmerz, und alles, was ich hörte, war das. «Wollen Sie denn gar nichts untersuchen?», fragte ich daher nach. «Eigentlich nicht», bekam ich zur Antwort. Wieder bohrte sich der Stachel der diagnostischen Leichtfertigkeit ein wenig tiefer in meine Seele. «Nicht einmal Blut abnehmen oder ein kleines Röntgenbild?», fragte ich zunehmend dringlicher. Der Doc hob seinen Blick und sah mich direkt an: «Eine Blutuntersuchung?» – «Ja, eine Blutuntersuchung!» Kurze Pause. Leise ächzend erhob sich der erfahrene Mediziner aus seinem Stuhl und sprach, während er das Zeug für die Blutabnahme zusammensuchte, halblaut vor sich hin: «Na gut, wenn Sie unbedingt wollen – dann finden wir halt ein Problem!»

Ungewöhnlich für einen berufsmäßigen Troubleshooter. Oft neigen Menschen, die ihren Lebensunterhalt mit Lösungen verdienen, zu deutlich offensiverem Verhalten. Beginnen mit ihren Untersuchungen, erarbeiten Strategien, setzen diese um und schicken uns eine Rechnung dafür. Egal, ob es sich um Unternehmensberaterinnen, Automechaniker oder Änderungsschneider handelt. Haben wir Glück, bekommen wir schließlich, wonach wir uns sehnen. Eine florierende Firma, ein funktionierendes Auto, eine passende Jacke.

Meist jedoch gestaltet sich das Verhältnis zwischen uns (den Problemeignern) und ihnen (den Problemlösern) deutlich schwieriger. Das liegt daran, dass die Profis ein naheliegendes Interesse hegen. Und zwar: dass erstens möglichst viele Menschen passende Probleme haben, dass zweitens diese Probleme nie wirklich ganz gelöst werden und dass drittens jene Menschen, die keine Probleme haben, sich welche zulegen. Dieser durchaus legitime Hang zur Selbsterhaltung führt immer wieder dazu, dass wir – kaum ist das eine Problem gelöst – ein neues bekommen. Wer schon einmal eine Wohnung umgebaut oder ein Auto zur Werkstatt gebracht hat, weiß, wovon die Rede ist. Irgendwann stellt sich jemand vor uns hin und sagt: «Wenn ich mir das genauer anschaue, müsste man eigentlich ...» Gefolgt von dem Hinweis, dass die Elektrik unsicher oder der Stoßdämpfer «durch» sei.

Diese Beispiele mögen harmlos erscheinen (und sind es auch). Deutlich bedrohlicher klingt die Sache freilich, wenn man den Leuten von Goldman Sachs zuhört. In einer Studie

vom April 2018, in der die Investmentbanker ausgewähl-
ten Biotech-Firmen erklären, wie sie mehr Geld verdienen
können, heißt es nämlich: Mit Hilfe von Gentherapien die
medizinischen Probleme möglichst vieler Menschen zu lösen stelle zwar «einen enormen Wert für die Patienten und
die Gesellschaft» dar. Aber, so fragt Goldman Sachs: «Ist
die vollständige Heilung von Patienten ein nachhaltiges Ge-
schäftsmodell?»

Um die Frage zu beantworten, verweisen die Banker auf
ein pharmazeutisches Unternehmen, von dem gleich noch
einmal die Rede sein wird: Es habe nach diesem Prinzip gehandelt und ein Mittel für Hepatitis-C-Erkrankte entwickelt,
das extrem hohe Heilungsraten erziele (90 Prozent). Das
Ergebnis? 2015 habe es damit noch stolze 12,5 Milliarden
US-Dollar verdient, mittlerweile aber sei der Umsatz auf vier
Milliarden gefallen. Die Investmentbanker geben zwar in
der Folge andere Tipps, wie Biotech-Firmen Geld verdienen
können. Am lautesten dröhnt freilich der unausgesprochene
Ratschlag in unser aller Ohren. Er lautet: «Löst um Himmels
willen niemals Probleme endgültig, auch wenn ihr es könn-
tet! Ihr ruiniert euch bloß das Geschäft damit!»[1]

Sobald es um komplexe Dinge wie zwischenmenschliche Unwägbarkeiten oder wirtschaftliche Schieflagen geht,
wächst die Gefahr sogar noch, dass Profis zwar Linderung
verschaffen, das Problem aber nie vollständig lösen werden. Das hat vor allem zwei Gründe: Komplexe Situationen
sind nie überschaubar und zu beherrschen, also muss jede
Lösung vorläufig bleiben. Und es widerspricht dem unbe-
zwingbaren Hang aller Menschen zur Selbsterhaltung, die
Basis der eigenen Existenz zu zerstören. Und die Existenz-
grundlage von Troubleshootern jedweder Fasson sind nun

mal unsere Probleme. Obwohl hier keinesfalls die Ehrbarkeit aller Problemlöser in Frage gestellt werden soll: Bleiben wir realistisch, und verabschieden wir uns von allzu hohen Erwartungen.

Doch nicht nur die Quantität unserer Probleme variiert je nachdem, wen wir um Rat fragen, sondern auch deren Qualität. Wollen Sie das am eigenen Leib erfahren, genügt ein einfacher Selbstversuch. Dafür müssen Sie bloß ein paar Sätze auswendig lernen, die darüber Auskunft geben, wie schwer Ihr Leben und wie anstrengend Ihre Beziehung ist. Anschließend besuchen Sie einen Friseur, ein Fitnessstudio, einen Homöopathen sowie eine Freundesrunde und sagen brav Ihre Problemsätze auf. Im ersten Fall werden Sie eine neue Frisur verpasst bekommen, im zweiten einen Zweijahrespowerworkout-Vertrag, im dritten ein paar weiße Kügelchen in hohen Potenzen und im vierten spendiert man Ihnen wahrscheinlich ein Bier und anschließend gleich ein zweites. Und jedes Mal werden Sie andere Herleitungen für Ihre Schwierigkeiten hören.

Das ist natürlich ein wenig überspitzt formuliert, aber im Kern trifft es die Sache ganz genau. Denn es ist weniger unser konkretes Problem, das vorgibt, wie es beschrieben und gelöst werden könnte. Vielmehr erledigen diesen Job die konkreten Problemlöser. Steve de Shazer bringt auf den Punkt, wie sehr andere die Definition unserer Probleme übernehmen. Er schreibt: «Beobachter beeinflussen nicht nur das, was sie beobachten, sondern, zumindest in Bezug auf Situationen der menschlichen Interaktion, tragen auch dazu bei, das zu schaffen, was sie beobachten.»[2] Was nichts anderes bedeutet, als dass *sie* es sind, die unsere Probleme gleichsam miterfinden, um sie anschließend gemäß dieser

Bedeutungszuschreibung zu lösen. Ganz nach dem weit verbreiteten Sprichwort: «Wer als Werkzeug nur einen Hammer hat, sieht in jedem Problem einen Nagel.»[3]

Das betrifft natürlich auch die Grundthese dieses Buchs. Wer behauptet, er kenne einfache Lösungen für komplexe Probleme, wird in Debatten verstrickt werden. Und zwar von allen, «die finanzielles, politisches oder kulturelles Kapital daraus ziehen», die Menschen glauben zu machen, dass «man komplexen Problemen nur komplex begegnen darf»[4], wie das der Soziologe Bernd Ternes zusammengefasst hat. Zu Wort melden werden sich in etwa dieselben Therapeuten, Politikerinnen, Unternehmensberater, Managerinnen, Ärztinnen und Klempner, von denen bereits die Rede war. Sie alle können aus reinem Selbsterhaltungstrieb wenig Interesse an dem Ideal der Einfachheit haben. Vielmehr neigen sie dazu, an der zu Beginn geschilderten Koppelung «Großes Problem – große Lösung» festzuhalten. Lautet ihre Kalkulationsgrundlage doch: je schwieriger die Probleme → umso größer der Aufwand, Lösungen zu finden → umso gewichtiger die eigene Daseinsberechtigung und der Lebenszweck → umso höher das Honorar. Es ist also nur folgerichtig, wenn die Mister Wolfs[5] dieser Welt dafür sorgen wollen, dass schwierige Fälle nur aufwendig gelöst werden dürfen.[6]

Unser gesamtes Wirtschaftssystem beruht auf den beschriebenen Prinzipien: Kompanien von Marketingleuten arbeiten daran, uns die Lösung für ein Problem zu verkaufen, das sie nötigenfalls selber erschaffen haben oder zumindest entdeckt. Ganz in diesem Sinne argumentiert Nietzsche, wenn er unter dem Stichwort «Gefährliche Hülfbereitschaft» schreibt: «Es giebt Leute, welche das Leben den

Menschen erschweren wollen, aus keinem andern Grunde, als um ihnen hinterdrein ihre Recepte zur Erleichterung des Lebens (...) anzubieten.»[7]

Werden uns also in Werbespots unrealistisch schlanke und beängstigend gutaussehende Menschen gezeigt, dann hat das vor allem einen Zweck: Uns ein Problem zu verschaffen, das wir zuvor nicht hatten. Denn im Vergleich zu diesen Wesen werden wir uns zwangsläufig pummelig und unansehnlich fühlen, was wiederum unsere Bereitschaft erhöht, Geld für die angebotenen Lösungen zu bezahlen. Es ist zweifellos möglich, sich dagegen zu wehren und eigene Schönheitsideale zu entwickeln.[8] Was nichts daran ändert, dass wir uns mit Problemen herumschlagen, die andere uns aus wenig ehrenhaften Motiven zu verschaffen suchen. So müssen wir uns immer wieder gegen Modelabels wehren («Wir lösen dein Hipness-Problem»), gegen Fluglinien («Wir haben einen Weg gefunden, wie du deinen problematischen Alltag verlassen kannst») oder gegen zweifelhafte NGOs, also Nichtregierungsorganisationen («Wir lösen das Problem mit deinem schlechten Gewissen, indem wir dir ein gutes verkaufen»). Da hilft nur eins: Abstand gewinnen. Ein wenig nachdenken. Aufmerksam bleiben. Eigene Frames entwickeln. Und für Problemgespräche ein Gegenüber wählen, das exakt so reagiert wie der eingangs zitierte Arzt. «Das geht wieder weg!»

PS: Der Mittelfinger, Sie erinnern sich. Der Satz des Arztes hat sich mir tief eingebrannt, wofür ich ihm bis heute dankbar bin. Auf die Blutuntersuchung habe ich verzichtet. Zu Recht, denn die Schmerzen im Gelenk waren zwei Wochen später weg und sind bis heute nicht wiedergekehrt.

PPS: Das alles leider völlig ohne Röntgenbild.

LIEBE DEINE PROBLEME

*Wir sollten uns hüten, in unseren Schwierigkeiten
ausschließlich Negatives zu erkennen. Sie verschaffen
uns Gewinne, und manchmal sind sie sogar die
Lösung. Eine kleine Expedition auf die Rückseite eines
vertrauten Phänomens.*

Schon lange hatte ich nichts mehr gehört von meinem österreichischen Freund. Zeit, ihn wieder einmal anzurufen. Wir sprachen über das Übliche. Job, Kinder, Urlaub. Nur um ein Thema machten wir einen Bogen: um seine Beziehung. Denn die lief nicht besonders gut, wie ich aus zahlreichen Gesprächen wusste. Er ist beruflich viel unterwegs, arbeitet bis spätnachts und konzentriert sich gern auf seine Dinge. Auch seine Frau hat ihre Eigenheiten, wie er immer wieder erzählt hatte. Wie dem auch sei – langsam kamen wir ans Ende unseres Telefonats, und weil ich mich um das heikle Thema nicht ganz drücken wollte, meinte ich abschließend flapsig: «Und, seid ihr jetzt endlich geschieden?» Worauf der Freund entgegnete: «Wo denkst du hin! Wir führen eine stabile Problembeziehung!» Sagte es und lachte. Wie mir schien nicht grimmig, sondern durchaus herzlich. Ende des Gesprächs.

Ich muss seitdem immer wieder an diesen Satz denken. Denn er widerspricht der weit verbreiteten Überzeugung, dass wir nur dann zufrieden sein können, wenn wir unsere Probleme zu lösen verstehen. Aber sie einfach so zur Kenntnis nehmen? Sich mit ihnen arrangieren? Ja, sie zum Bestandteil einer Beziehung machen, wie der Freund das angedeutet hatte? Eine widersinnige Vorstellung. Das wäre ja so, als würden wir das Funktionieren unseres Fahrrads davon abhängig machen, dass es einen Platten hat.

Ein plausibler Einwand, ganz ohne Zweifel. Aber der Vergleich hinkt nicht nur, er ist schlicht falsch. Beziehungen folgen ja keinen mechanischen Gesetzen. Vielmehr funktionieren sie nach ganz eigenen Regeln, und die haben es in sich. Um das zu erkennen, müssen wir uns nur kurz im Freundes- und Bekanntenkreis umhören. Und? Was werden wir feststellen? Richtig – die meisten klagen zwar über irgendwelche Probleme, machen aber ganz offensichtlich keine Anstalten, sie zu lösen. Vielmehr leben sie mit ihnen, und das auf eine Weise, die zwar ein wenig mühsam, aber keinesfalls existenzbedrohend erscheint.

Das muss doch Gründe haben. Und hat es natürlich auch. Manche davon kennen wir, andere nicht. Darin gleichen unsere Probleme ein bisschen dem Mond:

Wiederkehrende Probleme sind Routinen, die sich bewährt haben

Sie umkreisen uns zwar ständig und gut sichtbar, aber wir sehen immer nur ihre Vorderseite. Die Rückseite hingegen bleibt uns verborgen. Das sollten wir umgehend ändern, denn wir werden dort Hilfreiches entdecken.

Und tatsächlich – kaum haben wir die unbekannte Seite unserer Probleme erreicht, bekommen wir auch schon eine Antwort auf die sehr grundsätzliche Frage, wie denn hartnäckige Probleme entstehen. Sie lautet: «Nichts wird zur Routine, was sich nicht bewährt.»[9] Das heißt, wir Menschen können nur solche Verhaltensweisen pflegen, mit denen wir auch durchkommen. Wer zum Beispiel eine vielbefahrene Straße überqueren will, wird das nur schaffen, wenn er bei Grün losgeht und den Straßenverkehr im Auge behält; ignoriert er den Kontext (rote Ampel, herandonnernder LKW), wird seine erste Straßenüberquerung auch die letzte sein. Wer wiederum mit einem Partner zusammenleben will, muss dafür nicht nur eine Reihe von Verabredungen treffen, sondern sie auch einhalten; andernfalls wird er eines Tages vor der verschlossenen Haustür oder in einem leeren Wohnzimmer stehen.

Das heißt: Nur wenn unser konkretes Verhalten zu jenem unserer Mitmenschen und den spezifischen Situationen passt, werden wir damit Erfolg haben und daran festhalten können. Etwas abstrakter formuliert kann man sagen: «*Jedes System, das nicht in Krisen gerät, chronifiziert.* Es kann seine Strukturen ungestört bewahren, es kann so bleiben, wie es ist. Und das kann es nur, weil die Umwelt nicht stört.»[10]

Dass wir mit einem bestimmten Verhalten durchkommen, sagt nichts darüber aus, ob es gut oder schlecht für uns oder andere ist. Wir können uns zu Gewohnheitssportlern und Gewohnheitsganoven genauso entwickeln wie zu Gewohnheitstrinkern. Solange wir beim Laufen auf unseren Kreislauf und den Verkehr achten, uns beim Einbrechen nicht erwischen lassen sowie beim Trinken einigermaßen handlungsfähig und gesund bleiben, können wir mit diesen Gewohnheiten weitermachen und werden es tun, solange wir darin einen Sinn bzw. Zweck erkennen.

Auf unser konkretes Thema angewandt bedeutet das: Was wir als «wiederkehrendes Problem» bezeichnen, ist nichts anderes als eine Routine, die sich bewährt hat – aus welchen vertrackten Gründen auch immer. Andernfalls hätten wir sie längst abgelegt. So kann der eingangs erwähnte Freund nur deshalb ständig unterwegs sein, weil seine Frau es murrend akzeptiert und ihrerseits auf eine erwartbare Weise darauf reagiert. Das Problem der beiden ist also Ausdruck ihrer Beziehung und untrennbar mit ihrem Zusammenleben verbunden. Daran ändert auch der Umstand nichts, dass die beiden ständig streiten, sich schlecht fühlen und sich nach einer anderen Beziehung sehnen (heimlich).

Normalerweise gehen wir davon aus, dass Probleme wie kaputte Zahnräder wirken, die unsere Beziehungsmaschinen zum Erliegen bringen; daher auch die Vorstellung, wir müssten diese Zahnräder (Probleme) möglichst schnell austauschen, um die Apparate (unsere Beziehungen) wieder in Gang zu bringen. Diese Annahme ist ganz offensichtlich falsch. Ein hartnäckiges Problem ist nicht die *Ursache* des Misslingens einer Beziehung, sondern vielmehr eine ganz bestimmte *Routine*, mit deren Hilfe wir unser Zusammenleben organisieren. Die wechselseitigen Vorwürfe des Paares zielen daher auch weniger darauf, der andere möge sich ändern. Vielmehr sind sie das – wenig wohlklingende – Betriebsgeräusch einer einigermaßen funktionierenden Ehe.

Wirklich gefährlich wird es in unseren Beziehungen erst dann, wenn unsere Routinen nicht mehr funktionieren. Sei es, weil wir sie ändern, oder sei es, weil unser Gegenüber sich nicht mehr darauf einlässt. So kann **Probleme verschaffen** es zum Beispiel geschehen, dass die Frau **uns jede Menge gut** des erwähnten Freundes eines Tages mit **verborgener Gewinne** einem anderen Mann eine Beziehung eingeht. Das würde die etablierte Routine in eine Krise stürzen. Wozu sie führt, lässt sich nicht vorhersagen – dass sie das wohlbekannte Spielchen aushebelt und die Beteiligten andere Routinen entwickeln müssen, um mit diesem neuen Problem umzugehen, hingegen schon.

All das ist erst die halbe Geschichte. Nun ist zwar nachvollziehbar, *wie* wir problematische Routinen entwickeln. Welche *Motive* uns dazu bringen, ihnen treu zu bleiben – das wissen wir noch nicht. Dabei ist die Erklärung recht naheliegend: Wir tun es, weil wir Vorteile aus unseren Problemen ziehen. Vorteile, von denen wir oft nichts ahnen, weil sie sich auf jener abgewandten Seite verstecken, die wir gerade erkunden. Der Psychologe Varga von Kibéd spricht von «verdeckten Gewinnen», die wir einstreichen, indem wir eine Lösung aufschieben.[11] Und de Shazer schreibt, dass wir für die Treue zu unseren Problemen gar «ein Bestechungsgeld oder eine Belohnung»[12] erhielten.

Das klingt erst mal ziemlich absurd. Welchen Nutzen sollten wir davon haben, die ständige Abwesenheit eines Partners zu ertragen, den wir gerne an unserer Seite sähen? Nun, diese Frage können nur die Betroffenen seriös beantworten. Wir dürfen nur ein wenig spekulieren und werden das auch sofort tun. So könnte die Frau die ständige Abwesenheit ihres Mannes zum Beispiel ertragen, weil sie im Gegenzug eine gewisse Bewegungsfreiheit erhält. Wenn niemand da ist, kann sie tun, was sie will; die Kinder erziehen, wie sie es für richtig hält; und ausgehen, so oft sie Lust dazu hat.

All das könnte die Frau in einer innigeren Beziehung zwar auch durchsetzen – aber vielleicht erst nach einem aufwendigen Abstimmungsprozess. Den erspart sie sich, indem sie das Verhalten ihres nur sporadisch anwesenden Mannes akzeptiert. Ganz reibungslos geht die Sache natürlich nicht vonstatten. Die Frau nimmt gelegentliche Einsamkeitsgefühle in Kauf, ständige Überlastung und die Pflicht, den Alltag zu organisieren. Doch auch ihr Mann zahlt einen Preis für die Aufrechterhaltung des gemeinsamen Problems: Er kann zwar unbeschwert seinem Job nachgehen, muss sich aber mit der Tatsache herumschlagen, ein mieser Vater und ein wenig engagierter Ehemann zu sein.

Ob das Problem «abwesender Mann» eine machbare Routine etabliert, ob sich die skizzierten Rechnungen für die beiden lohnen – das können nur die Beteiligten entscheiden. Eines steht fest: An dem trivialen Sprichwort «Alles hat sein Gutes» ist einiges dran. Das gilt erst recht für eine vorgeblich «problematische» Beziehung, die in Wirklichkeit die Bedürfnisse der Partner erfüllt – ohne, dass das von außen so aussieht, und ohne, dass den beiden das unbedingt bewusst ist. Beziehungen, in denen ein starkes Machtgefälle besteht, wie jene zwischen Erwachsenen und Kindern, sind da natürlich eine Ausnahme. Hier gelten ganz andere Regeln, und einen «verdeckten Gewinn» für die Kinder werden wir ebenfalls nirgends entdecken können.

In vielen anderen Fällen ist das jedoch durchaus der Fall. Schon Sigmund Freud hat die These vertreten, dass es einen «sekundären Krankheitsgewinn» gibt. Und erklärte das Phänomen anhand einer Klientin, die «ziemlich regelmäßig den Ausweg in die Neurose» gesucht habe, weil sie sich in ihrer unglücklichen Beziehung nicht anders zu helfen wusste. «Ihre Krankheit wird nun ihre Waffe im Kampfe gegen den überstarken Mann, eine Waffe, die sie zu ihrer Verteidigung gebrauchen und für ihre Rache mißbrauchen kann.»[13] Ein Mechanismus, den jeder von uns aus eigener Erfahrung kennt, wenn auch wahrscheinlich in einer deutlich harmloseren Variante. Denken Sie nur daran zurück, wie Sie das letzte Mal wegen einer Erkältung im Bett lagen und fiebernd nach Tee verlangten. Haben Ihre Mitmenschen nicht mit geballter Zuneigung darauf reagiert? Eben. Kranksein mag zwar nerven und schmerzen, beschert uns aber gleichzeitig einige Gewinne: Fürsorge, Ruhe, Binge-Watching.

Wir sollten also bei hartnäckigen Problemen davon ausgehen, dass sie uns einen (verdeckten) Gewinn verschaffen. Schon allein deshalb, weil diese Einsicht uns entlastet. Wir werden aufhören, in **Wer krank wird, leidet darunter – und gewinnt an Macht** unserem Verhalten einen Beweis der eigenen Unfähigkeit zu erkennen. Vielmehr werden wir es schätzen lernen als zwar anstrengende, aber offensichtlich erfolgreiche Strategie, unseren Alltag zu stabilisieren. Überspitzt formuliert könnte man sagen: Manchmal können wir Probleme lösen, indem wir sie aufrechterhalten.

Unter diesem Blickwinkel erscheint die weit verbreitete Vorstellung, Probleme müssten möglichst schnell und effektiv beseitigt werden, zunehmend fragwürdig. Wie sehr, das zeigen zwei Beispiele aus ganz unterschiedlichen Zusammenhängen. Das erste liefert der Psychoanalytiker Fritz B. Simon.[14] Darin spielt ein Ehepaar die zentrale Rolle, das sich in jungen Jahren kennengelernt hat; er studiert gerade Medizin, sie arbeitet als Krankenschwester. Weil das Geld knapp und die Aussicht auf eine spätere Karriere des Mannes gut ist, verzichtet die Frau aufs eigentlich geplante Medizinstudium und finanziert dem Mann das seine. Die Jahre gehen ins Land, der Mann wird immer erfolgreicher, das Geld fließt, und wäre da nicht die junge, fremde Frau aufgetaucht, wäre alles beim Alten geblieben. So aber ver-

liebt sich der Mann in die andere und will sich scheiden lassen. Für seine Frau bricht eine Welt zusammen: Sie hat ihm
nicht nur ihre Karriere geopfert, sondern wird wohl von nun
an alleine leben und wieder in ihren alten Beruf zurückkehren müssen, um sich dort von Männern wie ihrem zukünf-
tigen Ex herumkommandieren zu lassen. Miese Aussichten.
Seine Perspektiven hingegen erscheinen wunderbar: neues
Leben, vielleicht ein Kind, Reisen, steigendes Einkommen,
Glamour und nur ein leises schlechtes Gewissen, das sich
leicht bekämpfen lässt.

Eine klare Sache also. Würde nicht etwas Unvorherge-
henes geschehen: Die Ehefrau wird depressiv. Auf den ersten Blick scheint dieses Problem nur sie zu betreffen und
ihre ohnehin schon prekäre Lage noch zu verschlimmern.
Doch schon nach kurzer Zeit wird klar, dass die Erkran-
kung der Frau ihre Vorteile hat. Denn die Depression definiert den Kontext dieser Trennungsgeschichte neu, «was
zu einer radikalen Neubewertung aller Verhaltensweisen
führt». Solange da ein Mann seine gesunde Ehefrau verlässt,
wird das soziale Umfeld der beiden die Trennung akzeptieren. Schade zwar, aber ist nicht die Verlassene eine Frau im
besten Alter, finanziell gut ausgestattet, selbstbewusst und
gesund? Eben.

Verlässt der Mann jedoch eine schwer kranke Frau, die
möglicherweise Selbstmord begehen könnte, ist es mit
dieser wohlwollenden Sicht der Dinge schlagartig vorbei.
Wer eine derart hilfsbedürftige Person im Stich lässt, wird
von seiner Umgebung unweigerlich als gefühllos wahrgenommen werden. Diese Lesart entfaltet eine solche Wucht,
dass selbst der Ehemann sich ihr nicht entziehen kann.
Er bekommt ein schlechtes Gewissen, sobald er daran

denkt, mit der Trennung ernst zu machen. Das Resultat: feindliche Übernahme abgewehrt, Beziehung gerettet. Mit einer entscheidenden Einschränkung: Die Frau muss ihr Problem um jeden Preis behalten, also depressiv bleiben. Würde sie nämlich gesund, kehrte sich das Machtverhältnis wieder um, und der Mann könnte gehen, während die Frau alleine zurückbliebe. Die Situation könnte paradoxer nicht sein: «So leidvoll die Depression ist, so positiv ist sie auch. Und so positiv ihr Verschwinden wäre, so leidvoll wäre es auch.»

Das zweite Beispiel stammt von einer Bekannten, die als Chemikerin in der pharmazeutischen Industrie arbeitet. Seit kurzem, so erzählte sie, sei es endlich möglich, an Hepatitis C leidende Menschen vollständig zu heilen. Eine historische Leistung, denn bislang hatte diese Infektionskrankheit den Alltag der Betroffenen stark beeinträchtigt und ihre Leber so stark geschädigt, dass viele an Leberzirrhose oder Leberkrebs starben. Man sollte also meinen, diese Entwicklung müsste von den Erkrankten ausnahmslos positiv aufgenommen werden.

Aber genau das sei nicht geschehen, so die Bekannte. Vielmehr habe sie von den Leitern einer Hepatitis-C-Selbsthilfegruppe gehört, dass einige ihrer Klienten nach der vollständigen Heilung nicht vor Glück im siebten Himmel schwebten, sondern – depressiv wurden. Inklusive jener Familienangehörigen, die sich oft jahrzehntelang aufopfernd um sie gekümmert hatten. Ein Phänomen, das auf eindrucksvoll-irritierende Weise zeigt, wie selbst tödliche Probleme noch genügend positive Nebenwirkungen abwerfen können, sodass deren Lösung zu einer tiefen Krise führen kann: weil die jahrelange Routine im Umgang mit der

Krankheit überflüssig geworden ist; weil die Kranken plötzlich nicht mehr im Zentrum der Aufmerksamkeit und Fürsorge stehen; und weil die Pflegenden jenen Job verlieren,
der ihnen jede Menge Bewunderung und einen Daseins-
zweck eingebracht hat.

Lösungen zu finden ist also ganz offensichtlich nicht der
einzige und beste Weg zu einem besseren Leben. Vielmehr
scheint dies nicht ganz ohne Risiken zu sein. Was uns vor
die Frage stellt: Was nun? Die Antwort darauf ist wenig ori-
ginell, aber überaus hilfreich: So wie wir unsere Probleme
als höchst ambivalente Phänomene betrachten müssen,
sollten wir es auch mit den Lösungen
Probleme zu lösen halten. Sie können uns einerseits glück-
kann uns erst recht lichere Beziehungen bescheren, ande-
Probleme machen rerseits jedoch alles nur noch schlimmer
machen. Denn unsere Probleme sind
ja «das Ergebnis einer erfolgreichen Überlebensstrategie,
die Kreation einer ökologischen Nische». Was nur bedeuten kann, dass wir eine Krise riskieren, sobald wir unsere
Nische verlassen. Und bekanntlich bedeutet Krise immer
Chance und Gefahr zugleich.[15]

Dieser Umstand erklärt auch, warum wir oft einen gewissen Widerwillen dagegen entwickeln, hartnäckige Probleme zu lösen. Das hat meist weniger mit Trägheit oder
Unfähigkeit zu tun (das vielleicht auch), sondern vielmehr
mit kluger Voraussicht. Wir wollen einfach nicht riskieren,
jene verdeckten Gewinne über Bord zu werfen, die uns die
Nicht-Lösung bestimmter Schwierigkeiten verlässlich beschert. Klassischerweise belegen wir dieses Verhalten mit
negativen Begriffen wie «Abwehr» oder «nicht kooperatives
Verhalten». Nicht gut. Deutlich hilfreicher, es als «Stütz-

funktion» zu bezeichnen. Hinter diesem Begriff verbirgt sich die Annahme, dass aus einer erfolgreichen Strategie nur deshalb ein Problem werden konnte, weil wir zu lange an ihr festgehalten haben.

So können wir zum Beispiel als Kind die Erfahrung gemacht haben, dass der beste Schutz gegen Kränkungen darin bestand, möglichst unbeteiligt auf Kritik zu reagieren. Heute jedoch, da wir gefahrlos einen kleinen Tobsuchtsanfall hinlegen könnten, eine wenig sinnvolle Strategie. Zeit, uns davon zu verabschieden. Das braucht bloß seine Zeit. Es ist daher sinnvoll, erst mal ein wenig Widerstand zu leisten, wenn uns jemand rät, dieses Verhalten hinter uns zu lassen. Immerhin müssen wir erst ein neues entwickeln.

Wenn wir also unsere aktuelle Lage verändern wollen, sollten wir stets in zwei Schritten vorgehen. Uns erst einmal auf die Seite des Problems stellen, um «seine positiven Aspekte»[16] zu erkennen; erst dann werden wir einschätzen können, was wir verlieren, wenn wir es lösen. Jetzt kann der zweite Schritt erfolgen. Er besteht darin, zu überlegen, mit welcher Lösung wir möglichst viele jener positiven Problemanteile retten können, die uns bisher haben zögern lassen. Das bedeutet für den österreichischen Freund und seine Frau: Wenn die beiden eine engere Beziehung führen wollen, müssen sie einen Weg finden, ihre Sehnsucht nach Bewegungsfreiheit mit dem Wunsch nach Nähe zu verbinden. Wer mit dem Rauchen aufhören will, muss einen Ersatz für jene kurzen Auszeiten finden, die ihm der verschwörerische Rückzug mit anderen bietet; und die endlich gesundeten Hepatitis-C-Kranken kommen nicht umhin, sich auf andere Weise Zuneigung und Aufmerksamkeit zu verschaffen. Keine leichte Aufgabe, zweifellos. Aber ein guter Weg, um mit einer Lösung nicht alles noch schlimmer zu machen, als es uns bereits erscheint. Um die Suche nach jenen verdeckten Gewinnen ein wenig zu erleichtern, hier ein paar Hinweise. Hilfreiche, hoffentlich.

PROBLEME GARANTIEREN UNS AUFMERKSAMKEIT. Wer über private Probleme klagt, kann damit rechnen, dass man ihm zuhört. Ein Grund liegt darin, dass andere es zu schätzen wissen, wenn ihre Mitmenschen sich ebenfalls mit knirschenden Beziehungen und widerborstigen Kindern herumzuschlagen haben. «Sieh an, wenigstens sind wir nicht die Einzigen.» Ein anderer Grund liegt tief in unserer Geschichte vergraben. Aus evolutionärem Blickwinkel betrachtet ist es nämlich überaus sinnvoll, all jenen ganz genau zuzuhören, die «Houston, wir haben ein Problem!» schreien. Denn unser Überleben hing lange Zeit maßgeblich davon ab, bei der Schilderung von Säbelzahntigerproblemen besonders aufmerksam zu sein. Diese Sensibilität haben wir uns erhalten (schon alleine deshalb, weil wir die genetischen Nachfahren all jener sind, die bei jeder Katastrophenmeldung die Ohren gespitzt haben). Nachrichten von gelungenen Höhlenmalereien hingegen oder neu entdeckten genießbaren Beeren waren zwar auch interessant, aber eindeutig weniger dringlich. Daher gilt bis heute die Journalisten-Weisheit: «Only bad news are good news».

Mischt sich in die Schilderungen der anderen der unverkennbare Opfer-Sound, wenn sie über Jobprobleme, Beziehungsstress oder Diätverläufe klagen, dann zielt dieser Vorstoß auf unser Mitleid. Es spricht nichts dagegen, «du Arme» oder «du Leidgeprüfter» zu sagen. Sollten Sie dadurch die Schmerzen Ihres Gegenübers erfolgreich lindern, ist damit zu rechnen, dass der andere an seinen Problemen festhalten wird. Wo es so wunderbaren Trost gibt, da lässt es sich fröhlich leiden. Das gilt vor allem für den Umgang mit Kindern. Die haben ein sehr feines Sensorium dafür, wie sie am schnellsten Ihre Zuneigung bekommen. Besser, Sie lassen diese Gewohnheit gar nicht erst entstehen. Dieses Spiel läuft stets darauf hinaus, dass Ihr Gegenüber die Dosis erhöht. Es klagt, Sie trösten, es klagt mehr, Sie trösten mehr und immer so fort.

Kleiner Zusatzhinweis: Erzählt Ihnen jemand auffällig oft von seinen Schwierigkeiten, dann geht es womöglich weniger um das Erwähnte als vielmehr um deutlich Grundlegenderes: den Wunsch, wahrgenommen zu werden. Es ist einen Versuch wert, sich dem Klagenden einmal zuzuwenden, ohne dass er Sie zuvor zutexten muss. Wahrscheinlich wird es dazu nicht mehr kommen. Wenn doch, trägt er entweder tatsächlich eine Menge Probleme mit sich herum. Oder aber er hat eine weit verbreitete Lebensweisheit verinnerlicht, die da lautet: «Lerne zu klagen, ohne zu leiden.»

PROBLEME GEBEN UNS SICHERHEIT. Schwierigkeiten sind ja nichts anderes als stabile, bekannte Routinen, und daher bleiben wir ihnen treu. Dank ihnen wissen wir, was wir tun müssen, um unser Gegenüber erst zu erzürnen und dann zu versöhnen, und wie wir auf bestimmte Aussagen reagieren werden. In unseren Problemroutinen stecken also viele Erfahrungen, Mühen und Gefühle. Und jede Menge Zeit und Nerven ohnehin. Wir haben daher gute Gründe, an schwierigen Arrangements festzuhalten, immerhin sind sie uns vertraut. Sie geben uns das Gefühl von Sicherheit und Kompetenz. Solange sich also unser Leid im Rahmen hält, spricht vieles dafür, die dazugehörigen Probleme nicht zu lösen.

PROBLEME VERSCHAFFEN UNS AUSREDEN. Je besser es uns gelingt, die Komplexität unserer Vorhaben zu schildern, umso leichter werden wir Entschuldigungen finden, sollte etwas schiefgehen dabei. «Bei diesen Schwierigkeiten ist es noch ein Glück, dass *überhaupt* etwas herausgekommen ist», können wir dann behaupten, und alle anderen werden verständnisvoll nicken. Wer also Angst vorm Scheitern hat oder fürchtet, für einen Misserfolg zur Rechenschaft gezogen zu werden, wird versuchen, möglichst viele Probleme am Leben zu erhalten oder zu finden. Sie wirken wie ein undurchdringlicher Schutzschild, der uns vor Demütigungen bewahrt. Der Werbetexter Peter Breuer hat den Vorteil dieser Weltsicht in einem Tweet sehr schön auf den Punkt gebracht: «Das Vortäuschen von Komplexität ist viel leichter als die Arbeit an der Einfachheit.»[17]

PROBLEME VERLEIHEN UNS BEDEUTUNG. Während wir Normalos uns mit widerborstigen Kollegen, leichtem Übergewicht und dem Notenschnitt der Kinder herumschlagen, sind Managerinnen oder Politiker mit ganz anderen Themen befasst: der EU, der Digitalisierung und der Integration. Die Betroffenen mögen ihre spezifische Lage unterschiedlich bewerten – in einem freilich herrscht Einigkeit: Während es sich bei ersteren um einfache Alltagssorgen handelt, fallen zweitere unter den Sammelbegriff «Weltprobleme für wirkliche Entscheider». Das heißt: Wie wichtig und wie mächtig Menschen sind, lässt sich auch daran ablesen, mit welcher Art von Problemen sie sich herumschlagen. Wer also von sich behauptet, er habe keine Zeit, sich um so Lächerliches wie sein Körpergewicht zu kümmern, schließlich müsse er seine Firma oder den Weltfrieden retten, zieht daraus exakt diesen Nutzen: Er wirkt wichtig. Vom österreichischen Schriftsteller und Kulturphilosophen Egon Friedell gibt es eine Notiz, die in diese Richtung zielt. Er schreibt, dass sogar «die Macht und Höhe einer bestimmten Kultur» von ihrer «Beweglichkeit und Elastizität, von der inneren Verschiebbarkeit ihrer Teile, von der Labilität ihres Gleichgewichts, kurz: von ihrem Reichtum an Problemen» abhänge. «Hier liegt das eigentliche Gebiet geistiger Produktivität. Der Fortschritt des Menschen besteht in der Zunahme seines problematischen Charakters.»[18]

PROBLEME GEWÄHREN UNS VERSCHNAUFPAUSEN. Um sich gegen unerwünschte oder angsteinflößende Veränderungen zu wappnen, gibt es ein elegantes Mittel: Probleme. Soll zum Beispiel Ihre Abteilung mit einer anderen zusammengelegt werden, dann sprechen Sie die damit verbundenen Gefahren an. Weil diese ja vor der Fusion entschärft werden müssen, wird sich diese verlangsamen. So bekommen alle Beteiligten mehr Zeit, sich an die Veränderungen zu gewöhnen und zusätzliche Ideen zu entwickeln, wie alles noch besser zu schaffen wäre. Das heißt: Die Entdeckung von Problemen kann den Menschen dabei helfen, sich an Neues zu gewöhnen. Wir können auch welche erfinden, um Veränderungsprozesse zu verlangsamen, das kommt aufs selbe raus. Auch im Privatleben ist uns diese Strategie manchmal von großem Nutzen. Viele von uns verfolgen sie, indem sie bestimmte Fehler immer wieder begehen, obwohl sie es eigentlich besser wissen. Die Psychotherapie nennt

diese meist unbewussten Wiederholungen eines bestimmten Fehlers «Ehrenrunden».[19] Und zwar tut sie das mit dem
strategischen Kalkül, die Aufrechterhaltung eines Problems
zur wichtigen Voraussetzung seiner Lösung umzudeuten. Es
ist also nichts dagegen einzuwenden, die Erledigung wichtiger Arbeiten immer wieder zu verschleppen oder ein anste-
hendes Problemgespräch ein paar Mal rauszuschieben – um
die Sache dann etwas grundsätzlicher anzugehen.

PROBLEME BESCHEREN UNS ABENTEUER – UND WAS
FÜR WELCHE. In einem vielzitierten Interview sagte der bekannte Bergsteiger Reinhold Messner: «Viele Extremaben-
teurer aber laufen vor häuslichen Problemen davon.»[20] Und
verweist damit auf eine wichtige Rolle von Problemen: Sie
versetzen uns mitunter in einen mentalen Zustand, der uns
die eigene Trägheit überwinden und endlich aktiv werden
lässt. Wir greifen zum Hörer und führen das lang aufge-
schobene Gespräch, bringen das Fahrrad zur Reparatur oder
steigen auf sehr hohe Berge. Für manche stellt das Telefonat
bereits eine Höchstleistung dar, andere hingegen werden
sich erst dann zufriedengeben, wenn sie in eine absolute
Grenzregion vorgestoßen sind. Messners Äußerung zeigt,
welche Macht selbst unscheinbarste Probleme entfalten
können. Und dass unser Zögern, sie zu lösen, durchaus berechtigt ist. Denn irgendwie scheinen wir zu ahnen, dass in
jedem einzelnen noch so unscheinbaren Problem eine Mo-
tivationswucht schlummern kann, die uns Achttausender
besteigen lässt. Aus diesem Blickwinkel erscheint es wenig
verlockend, irgendwelche häuslichen Probleme vorzeitig
zu lösen, wirken sie doch mitunter wie seelische Energy-
drinks.

FRAGEN SIE SO LANGE, BIS SIE DEN GEWINN GEFUN-
DEN HABEN. Es gibt natürlich eine Vielzahl weiterer Gewinne, die sich in unseren Problemen verbergen und von
denen bislang nicht die Rede war. Mit den folgenden Fragen
finden Sie sie am schnellsten:[21]

- «Wofür war es gut, noch nicht am Ziel zu sein?»
- «Womit müssten Sie fertig werden, wenn Sie Ihr Ziel
  schon erreicht hätten?»
- «Mit wem bekämen Sie Schwierigkeiten, wenn Sie dabei
  schon Erfolg gehabt hätten?»
- «Wollen Sie sich wirklich jetzt schon den Erfolg erlauben,
  oder wäre es nicht vielleicht angemessener, erst noch
  eine Ehrenrunde einzulegen, um den Wert des alten Verhaltens noch etwas genauer wahrzunehmen?»

RESPEKTIEREN SIE PROBLEME, IHRE UND DIE DER AN-
DEREN. Als der deutsche Philosoph Eugen Herrigel 1926
gemeinsam mit seiner Frau nach Japan kam, um an der
Universität von Tōhoku Philosophie zu unterrichten, sah er
die Chance gekommen, sich in den Techniken des Buddhis-
mus zu üben.[22] Als sich der Philosoph nach entsprechenden
Möglichkeiten erkundigte, riet man ihm ab. Bislang habe
es keinen Europäer gegeben, der sich ernsthaft um den
Zen-Buddhismus bemüht habe; wohl auch deshalb, weil es
für Nicht-Japaner «aussichtslos» sei, diese Art des Denkens
verstehen zu wollen. Wenn überhaupt, so müssten die eu-
ropäischen Gäste «mit der Erlernung einer der japanischen
Künste» beginnen, «die mit dem Zen in Beziehung stehen».
Herrigels Frau wählte Tuschemalerei, er selbst hingegen das
Bogenschießen.

Sechs Jahre lang, bis zur Rückkehr nach Deutschland,

ging Herrigel daraufhin bei Kenzo Awa, «einem der größten Meister dieser Kunst», in die Schule. Es war ganz offensichtlich eine entbehrungs- und lehrreiche Zeit. Herrigel hat darüber ein schmales Bändchen verfasst, das erst nach dem Zweiten Weltkrieg erschien, weite Verbreitung fand und bis heute gelesen wird.[23] Darin schildert der Autor, wie schwer es ihm anfangs gefallen sei, den Bogen überhaupt zu spannen. Bis ihm Meister Kenzo Awa nach vielen vergeblichen Versuchen verraten habe: Er schaffe es nicht, weil er nicht richtig atme. Also brachte er es ihm bei.

Wieder dauerte es lange Zeit, bis Herrigel das scheinbar Einfachste der Welt beherrschte, nämlich auf «befreiende und neue Möglichkeiten eröffnende» Weise zu atmen. Eines freilich verstand Herrigel ganz und gar nicht: Warum ihm Kenzo Awa so lange dabei zugesehen hatte, wie er sich beim Spannen des Bogens abmühte – obwohl er ihm doch von Anfang an die Sache mit dem korrekten Luftholen hätte verraten können. Als er einen Kollegen von der Universität, einen geübten Bogenschützen, danach fragte, bekam er eine erhellende Antwort: Weil es dem Schüler anders nicht zu vermitteln gewesen wäre, dass er den Atemübungen ganz Entscheidendes verdanke. «Sie mußten erst mit Ihren eigenen Versuchen Schiffbruch erleiden, bevor Sie bereit waren, den Rettungsring zu ergreifen, den er Ihnen zuwarf.»

Womit wir die zweite Antwort auf die Frage gefunden hätten, wie wir das Ansehen einfacher Lösungen heben könnten: Indem wir unsere Probleme respektieren. Und das aus mehreren Gründen. Erst einmal, weil sie von großem Nutzen sind. Das lässt sich auf den ersten Blick nur selten erkennen. Denn meist sehen wir in ihnen nichts anderes als lästige Beschwerlichkeiten oder existenzielle Krisen. Sie schmälern unsere Lebensqualität, nötigen uns zu an\. genden Interventionen oder zu den unmöglichsten Ver. kungen, um sie uns vom Leib zu halten. Doch so nerv\.g Probleme auch sein mögen (und das sind sie, ganz zweifel- los) – gerade das zeigt uns, dass etwas in unserem Leben nicht funktioniert. So wie das Schmerzen tun. Die lenken unsere Aufmerksamkeit bekanntlich auf ganz konkrete Stellen unseres Körpers. «Schau mal, hier», sagen sie, «hier stimmt was nicht. Kümmere dich drum. Oder schone we- nigstens diese Wunde.» Probleme erfüllen exakt dieselbe Funktion. Das Unbehagen, das sie verursachen, signalisiert uns, dass es konkreten Handlungsbedarf gibt. Damit wir die Sache auch wirklich bemerken.

Eine andere wichtige Funktion von Problemen besteht darin, dass sie uns überhaupt erst in die Lage versetzen, einen Ratschlag oder eine Fähigkeit würdigen zu können. So wie wir das am Beispiel der richtigen Atmung gesehen haben. Erst nachdem sich Eugen Herrigel quälend lange mit seinem Problem herumgeschlagen hatte, war er bereit für die Lösung: Atme richtig! Dankbar hat er sie angenommen.

Und noch einen guten Grund gibt es, Probleme zu ach- ten. Er dürfte der wichtigste sein. Wer Schwierigkeiten hat, der leidet darunter. Je größer die Probleme, desto mehr. Sie lassen uns nicht schlafen, verderben uns den Appetit, drücken uns zu Boden und quetschen jeden Optimismus aus uns heraus, bis wir als leere Hüllen durch die Welt geistern. Solange die anderen unseren Zustand nicht ernst nehmen, weil sie ja eine schnelle und einfache Lösung für uns hätten, die den ganzen Schlamassel über kurz oder lang beseitigen könnte, werden wir uns gegen sie und ihre Ratschläge weh- ren. Aus purer Selbstbehauptung und nachvollziehbaren

Gründen. Denn erst wenn wir den Eindruck haben, unser Schicksal werde von den anderen nicht nur wahrgenommen, sondern in seiner Schwere auch verstanden, fühlen wir uns «gewürdigt», schreibt Insa Sparrer. Dann könne die Bereitschaft in uns entstehen, «etwas für eine Veränderung zu tun».[24] Es ist wie nach einem langen, beschwerlichen Anstieg auf einen Berg. Sind wir oben angelangt, wünschen wir uns, dass unsere Leistung gesehen wird. Vor allem, wenn die anderen sich auf dem Sessellift der einfachen Lösungen auf den Gipfel haben schaukeln lassen.

Auch wenn es verlockend sein mag, die gute Nachricht von der Existenz einfacher Lösungen möglichst rasch zu verbreiten – es empfiehlt sich also, damit nicht allzu schnell voranzupreschen. Wer nämlich miterleben muss, wie sich ein langes Leiden mit ein paar geschickten Handgriffen erledigen ließe, wird das sehr wahrscheinlich als Gesichtsverlust erleben. Der Betreffende wird unweigerlich denken, er sei «zu dumm gewesen (...), alleine die Lösung zu finden».[25] Ein Eindruck, den wir schon allein deshalb vermeiden sollten, um nicht im Moment der Lösung für ein neues Problem zu sorgen.

SEIEN SIE IHREN PROBLEMEN DANKBAR. Nach alldem erscheint es durchaus angebracht, ein wenig Abbitte bei unseren Problemen zu leisten. Weil wir sie normalerweise nur aufgrund ihrer abschreckenden Vorderseite beurteilen. Das war nicht hilfreich, sorry, kommt nicht wieder vor. Der österreichische Schriftsteller Wolf Haas hat den Gedanken vom Nutzen des Problematischen sehr schön auf den Punkt gebracht. Seinen Protagonisten Simon Brenner, einen in die Jahre gekommenen Expolizisten, lässt er das Folgende denken: «Nachdem der Kripochef verschwunden war, ist der Brenner noch eine Zeit lang allein am Küchentisch unter der Neonröhre gesessen und hat ein bisschen darüber nachgedacht, dass er kein Problem hat. Er hat eigentlich wirklich kein Problem gehabt, kein Krebs, keine Familie, kein Chef, kein gar nichts. Aber zwischen vier und fünf Uhr früh können sich die Gedanken ganz sonderbar umdrehen, und du bildest dir plötzlich ein: Mit Problem hätte ich weniger Probleme als so ganz ohne Problem.»[26] Genau so scheint es zu sein.

Exakt derselbe Gedanke ging offenbar Lawrence Peter «Yogi» Berra durch den Kopf, als er sagte: «If the world were perfect, it wouldn't be.» Ganz ohne Probleme geht's dann doch nicht. Es müssen bloß die richtigen sein: «We made too many wrong mistakes.»[27]

ANMERKUNGEN

MACH ETWAS ANDERES!

1 Die Anweisung «Tun Sie etwas anderes» ist das Herzstück des methodischen Ansatzes des US-amerikanischen Therapeuten Steve de Shazer. Das vorliegende Buch basiert in wesentlichen Teilen auf seinem Ansatz. De Shazer, Steve: Wege der erfolgreichen Kurztherapie, 1989, S. 167 ff.

2 Ebd., S. 164 ff. Siehe auch S. 93

3 Ebd., S. 163

I. TEIL
ÜBER EINFACHE LÖSUNGEN IM ALLGEMEINEN

1 Vgl. de Shazer, Steve: Der Dreh. Überraschende Wendungen und Lösungen in der Kurzzeittherapie, 1989, S. 109

2 Ebd.

3 Mencken, H. L.: «The Divine Afflatus», in: New York Evening Mail, 16. November 1917 (https://en.wikiquote.org/wiki/H._L._Mencken). Im Original lautet das Zitat: «Explanations exist; they have existed for all time; there is always a well-known solution to every human problem – neat, plausible, and wrong.»

4 Schnurr, Eva-Maria: «Das sanfte Risiko», in: Der Spiegel Wissen, 12. November 2011 (http://www.spiegel.de/spiegel/spiegelwissen/d-119150775.html)

5 Reiter, Markus: «Volksentscheide sind organisierte Verantwortungslosigkeit», Deutschlandfunk Kultur, 5. Juli 2011 (http://www.deutschlandfunkkultur.de/volksentscheide-sind-organisierte-verantwortungslosigkeit.1005.de.html?dram:article_id=159331)

6 Zielonka, Jan: «Ein Festival politischer Dummheit», in: Die Zeit, 5. März 2016 (http://www.zeit.de/politik/ausland/2016-03/refe rendum-bedeutung-europa-wahlen-effizienz-demokratie-popu lismus)

7 Stöber, Rudolf: «Was ist Wahrheit?», in: Die Welt, 1. September 2003 (https://www.welt.de/print-welt/article256676/Was-ist-Wahrheit.html)

8 Steinmeier, Frank-Walter: «Steinmeier: Es geht inzwischen wieder um die Demokratie selbst», in: Das Parlament, 17. Februar 2017 (https://www.bundestag.de/dokumente/textarchiv/2017/kw07-interview-steinmeier/493910)

9 De Shazer, Steve: Der Dreh. Überraschende Wendungen und Lösungen in der Kurzzeittherapie, 1989, S. 108

10 Sparrer, Insa: Wunder, Lösung und System. Lösungsfokussierte Systemische Strukturaufstellungen für Therapie und Organisationsberatung, 2001, S. 49

11 Kandel, Eric: Das Zeitalter der Erkenntnis. Die Erforschung des Unbewussten in Kunst, Geist und Gehirn von der Wiener Moderne bis heute, 2012, S. 247

12 Zit. nach Jiménez, Fanny: «Geteiltes Gedächtnis», in: Welt am Sonntag, 11. Oktober 2015 (https://www.welt.de/print/wams/wissen/article147451291/GeteiltesGedaechtnis.html)

13 Walton, Gregory M.: «The New Science of Wise Psychological Interventions», in: Current Directions in Psychological Science, Vol. 23 (1), 2014, S. 73–82

14 Finkel, Eli J.; Slotter, Erica B.; Luchies, Laura B.; Walton, Gregory M.; Gross, James J.: «A Brief Intervention to Promote Conflict Reappraisal Preserves Marital Quality Over Time», in: Psychological Science, Vol. 24 (8), 2013, S. 1595–1601

15 Ebd.

16 Kenthirarajah, Dushiyanthini (Toni); Walton, Gregory M.: How Brief Social-Psychological Interventions Can Cause Enduring Effects, in: Kosslyn, Stephen (Hrsg.): Emerging Trends in the Social and Behavioral Sciences, 2015

17 Watzlawick, Paul; Beavin, Janet H.; Jackson, Don D.: Menschliche Kommunikation. Formen, Störungen, Paradoxien, 2000,
   S. 58

18 Watzlawick, Paul: Lösungen. Zur Theorie und Praxis menschlichen Wandels, 2005, S. 139

19 Simon, Fritz B.: Die Kunst, nicht zu lernen. Und andere Paradoxien in Psychotherapie, Management, Politik ..., 2002, S. 76

20 Vgl. Watzlawick, Paul: Lösungen. Zur Theorie und Praxis
   menschlichen Wandels, 2005, S. 106

21 Davon ausgenommen sind alle Beziehungen, in denen Gewalt –
   in welcher Form auch immer – eine bestimmende Rolle spielt.
   Das sind vollkommen andere Konstellationen, auf die die
   zitierte These nicht anwendbar ist. Gleiches gilt für all jene
   Gesellschaften und Länder, in denen Unfreiheit und Unterdrü-
   ckung herrschen; auch hier sind diese Aussagen nicht anwendbar.

22 Simon, Fritz B.: Die Kunst, nicht zu lernen. Und andere Paradoxien in Psychotherapie, Management, Politik ..., 2002, S. 55,
   57

23 Die Analyse von Nelson Mandelas Überlebensstrategie ent-
   nehme ich folgendem Buch von Insa Sparrer: Wunder, Lösung
   und System. Lösungsfokussierte Systemische Strukturaufstellungen für Therapie und Organisationsberatung, 2001, S. 437 ff.

24 Ebd., S. 439 f.

25 De Shazer, Steve: Der Dreh. Überraschende Wendungen und
   Lösungen in der Kurzzeittherapie, 1989, S. 69

26 De Shazer, Steve: Wege der erfolgreichen Kurztherapie, 1989,
   S. 163 f.

27 Sparrer, Insa: Wunder, Lösung und System. Lösungsfokussierte
   Systemische Strukturaufstellungen für Therapie und Organisationsberatung, 2001, S. 49

28 De Shazer, Steve: Der Dreh. Überraschende Wendungen und
   Lösungen in der Kurzzeittherapie, 1989, S. 120

29 Watzlawick, Paul; Beavin, Janet H.; Jackson, Don D.: Mensch-

liche Kommunikation. Formen, Störungen, Paradoxien, 2000, S. 119

30 Ich beziehe mich dabei, wie leicht zu erkennen, auf Grundthesen der klassischen Systemtheorie. Deren Thesen sind mittlerweile allgemein bekannt, allein: Ich habe den Eindruck, dass sie nur zu gerne vergessen werden. Wie sonst sind Aussagen etwa von Eltern zu verstehen, dass man nur das eine machen müsse, um das andere zu erreichen? Sich einfach ein bisschen mehr anstrengen, um bessere Noten zu bekommen? Ohne eine Sekunde einzuräumen, dass man als Erziehungsberechtigter vor der unlösbaren Aufgabe steht, jemanden zu erziehen, der sich mit Hilfe dieses Ursache-Wirkungs-Modells nicht erziehen lässt.

31 Schilling, Oliver C.: «Endlich: Die weiße Tennissocke für Männer ist Trend!», in: Die Welt, 25. Juni 2017 (https://www.welt.de/icon/maenner/article165812227/Endlich-Die-weisse-Tennissocke-fuer-Maenner-ist-Trend.html)

32 Lichtblau, Quentin: «Weg mit den ‹lustigen› Socken!», in: jetzt.de, 3. August 2017 (http://www.jetzt.de/mode/mode-bunte-socken-sind-fuer-schein-individualisten)

33 Luhmann, Niklas: Vertrauen, 2000, S. 6

34 Günter Schabowski leitete mit einer unbedachten Bemerkung am 9. November 1989 das Ende der DDR ein, indem er auf einer Pressekonferenz darüber sprach, unter welchen Bedingungen DDR-Bürger künftig in den Westen ausreisen dürften. Auf die Frage, ab wann das Ganze denn gelte, sagte er: «Das tritt nach meiner Kenntnis ... ist das sofort, unverzüglich.» Das war's dann mit der DDR.

35 Siebert, Horst: Der Kobra-Effekt: Wie man Irrwege der Wirtschaftspolitik vermeidet, 2001

36 Höhmann, Ingmar: «Losen Sie Ihren nächsten CEO aus», in: Harvard Business Manager, 30. Juni 2016 (http://www.harvardbusinessmanager.de/blogs/erfolg-im-management-ist-oft-pures-glueck-a-1099150.html)

37 Walton, Gregory M.: «The New Science of Wise Psychological

Interventions», in: Current Directions in Psychological Science, Vol. 23 (1), 2014, S. 73–82

38 Musil, Robert: Der Mann ohne Eigenschaften, 1990, S. 16

39 Glattauer, Daniel: Die Wunderübung, 2014

40 De Shazer, Steve: Der Dreh. Überraschende Wendungen und Lösungen in der Kurzzeittherapie, 1989, S. 24

41 Ebd.

42 Ebd., S. 21

43 Ebd.

44 Ich beziehe mich dabei auf die Ratschläge meines Buchs «Warum Einstein niemals Socken trug: Wie scheinbar Nebensächliches unser Denken beeinflusst», 2015

45 Ternes, Bernd: Einfache Lösungen. Beiträge zur beginnenden Unvorstellbarkeit von Problemen der Gesellschaft, in: Ternes, Bernd; Hofbauer, Andreas L.; Bauer, Renate (Hrsg.): Einfache Lösungen. Beiträge zur beginnenden Unvorstellbarkeit von Problemen der Gesellschaft, Marburg, 2000, S. 19

46 De Shazer, Steve: Wege der erfolgreichen Kurztherapie, 1989, S. 182 f.

47 De Shazer, Steve: Der Dreh. Überraschende Wendungen und Lösungen in der Kurzzeittherapie, 1989, S. 71

48 Watzlawick, Paul: Vom Unsinn des Sinns oder vom Sinn des Unsinns, 1995, S. 36 f.

49 Simon, Fritz B.: Die Kunst, nicht zu lernen. Und andere Paradoxien in Psychotherapie, Management, Politik ..., 2002, S. 100

50 Ternes, Bernd: Einfache Lösungen. Beiträge zur beginnenden Unvorstellbarkeit von Problemen der Gesellschaft, in: Ternes, Bernd; Hofbauer, Andreas L.; Bauer, Renate (Hrsg.): Einfache Lösungen. Beiträge zur beginnenden Unvorstellbarkeit von Problemen der Gesellschaft, Marburg, 2000, S. 11

51 Bröhm, Alexandra: «Der Philosoph, der Leiden heilsam findet», in: Tagesanzeiger, 15. April 2017 (https://www.tagesanzeiger.ch/wissen/medizin-und-psychologie/der-philosoph-der-leiden-heilsam-findet/story/18418566)

52 Auch «Homöodynamik» genannt

53 Sparrer, Insa: Wunder, Lösung und System. Lösungsfokussierte Systemische Strukturaufstellungen für Therapie und Organisationsberatung, 2001, S. 96

II. TEIL
ÜBER EINFACHE LÖSUNGEN IM EINZELNEN

1 Im Original lautet der Satz bekanntlich «Houston, wir haben ein Problem». Er stammt vom US-amerikanischen Astronauten James Lovell. Gesagt hat er ihn am 13. April 1970, als sich Apollo 13 auf dem Weg zum Mond befand.

2 «Arachibutyrophobie» genannt

3 Zit. nach: Watzlawick, Paul: Lösungen. Zur Theorie und Praxis menschlichen Wandels, 2005, S. 119

4 Watzlawick, Paul: Vom Unsinn des Sinns oder vom Sinn des Unsinns, 1995, S. 53 f.

5 http://www.theargylesweater.com

6 Bernhard, Thomas: Eine Begegnung. Gespräche mit Krista Fleischmann, 2006, S. 137

7 Sparrer, Insa: Wunder, Lösung und System. Lösungsfokussierte Systemische Strukturaufstellungen für Therapie und Organisationsberatung, 2001, S. 37

8 Kraus, Karl, in: Die Fackel, Nr. 331/332, 30. September 1911, XIII. Jahr, S. 56 f.

9 So heißt das Buch von Georg Franck, das 1998 erschienen ist.

10 Franck, Georg: «Wir erleben einen emotionalen Klimawandel», Interview mit Peter Laudenbach in: brandeins, 02/2017 (https://www.brandeins.de/archiv/2017/marketing/georg-franck-interview-wir-erleben-einen-emotionalen-klimawandel/)

11 Baars, Bernard J.: In the Theater of Consciousness: The Workspace of the Mind, 1997

12 Praschl, Peter: «So ein Glück», in: Die Welt, 20. März 2016

13 Peifer, Corinna; Wolters, Gina; Hein, Nora: «Komm in den Flow», in: Gehirn & Geist, 9. März 2017

14 Watzlawick, Paul: Vom Unsinn des Sinns oder vom Sinn des Unsinns, 1995, 45 f.

15 Han, Byung-Chul: Müdigkeitsgesellschaft. Burnoutgesellschaft. Hoch-Zeit, 2016, S. 26 f.

16 Watzlawick, Paul: Vom Unsinn des Sinns oder vom Sinn des Unsinns, 1995, S. 46

17 Kara, Stefanie: «Ich bin keine Zirkusnummer», in: Die Zeit, 31. August 2015

18 Abel, Magdalena; Bäuml, Karl-Heinz T.: «Testing the context-change account of list-method directed forgetting: The role of retention interval», in: Journal of Memory and Language, Vol. 92, Februar 2017, S. 170–182

19 Briñol, Pablo; Petty, Richard E.; Belding, Jennifer: «Objectification of people and thoughts: An attitude change perspective», in: British Journal of Social Psychology, Vol. 56 (2), 2017 S. 233–249. Dort auch das folgende Zitat.

20 De Shazer, Steve: Wege der erfolgreichen Kurztherapie, 1989, S. 164 ff. Dort auch die folgenden Zitate.

21 Vgl. Wager, Julia; Rohr, Uta; Wamsler, Christine; Kriszio, Holger; Hasan, Carola; Zernikow, Boris: Gesprächsführung bei chronisch schmerzkranken Kindern und Jugendlichen, 2015, S. 496

22 Handelt es sich hingegen um Situationen, in denen nur der leiseste Verdacht besteht, dass die Sorgen auf etwas Ernstes verweisen, dann wäre es fahrlässig, sie zu ignorieren.

23 «Pain Provocation Technique»; siehe dazu: Dobe, Michael; Zernikow, Boris: Rote Karte für den Schmerz: Wie Kinder und ihre Eltern aus dem Teufelskreis chronischer Schmerzen ausbrechen, 2009

24 Markie-Dadds, Carol; Sanders, Matthew R.; Turner, Karen M. T.: Das Triple P Elternarbeitsbuch. Der Ratgeber zur positiven Erziehung mit praktischen Übungen, 2015 S. 50

25 Chou, Hui-Tzu Grace; Edge, Nicholas: «They Are Happier and Having Better Lives than I Am: The Impact of Using Facebook on Perceptions of Others' Lives», in: Cyberpsychology, Behavior, and social Networking, Vol. 15 (2), Nr. 2, 2012, S. 117–121

26 Franck, Georg: «Wir erleben einen emotionalen Klimawandel», Interview mit Peter Laudenbach in: brandeins, 02/2017 (https:// www.brandeins.de/archiv/2017/marketing/georg-franck-inter view-wir-erleben-einen-emotionalen-klimawandel/)

27 So das britische Marktforschungsinstitut GlobalWebIndex im Jahr 2017.

28 Helbing, Dirk; Frey, Bruno S.; Gigerenzer, Gerd; Hafen, Ernst; Hagner, Michael; Hofstetter, Yvonne; van den Hoven, Jeroen; Zicari, Roberto V.; Zwitter, Andrej: «Digitale Demokratie statt Datendiktatur», in: spektrum.de, 17. Dezember 2015 (www.spek trum.de/news/wie-algorithmen-und-big-data-unsere-zukunft-bestimmen/1375933)

29 Torr oder auch Millimeter-Quecksilbersäule

30 Le Ker, Heike: «35 Millionen Menschen sind über Nacht krank geworden», in: Spiegel online, 14. November 2017 (http://www.spiegel.de/gesundheit/diagnose/bluthochdruck-usa-senken-richtwerte-fuer-blutdruck-a-1177880.html)

31 Watzlawick, Paul: Lösungen. Zur Theorie und Praxis mensch-lichen Wandels, 2005, S. 118 f.

32 De Shazer, Steve: Patterns of Brief Family Therapy: An Ecosyste-mic Approach, 1982, S. 24

33 De Shazer, Steve: Der Dreh. Überraschende Wendungen und Lösungen in der Kurzzeittherapie, 1989, S. 117

34 Ebd., S. 118

35 Watzlawick, Paul: Lösungen. Zur Theorie und Praxis mensch-lichen Wandels, 2005, S. 118 f.

36 Watzlawick, Paul: Vom Unsinn des Sinns oder vom Sinn des Unsinns, 1995, S. 80 f.

37 Watzlawick, Paul: Lösungen. Zur Theorie und Praxis mensch-lichen Wandels, 2005, S. 157

38 Sperber, Manès: Bis man mir Scherben auf die Augen legt, 1983, S. 298

39 Dieses spezifische Schild ist mittlerweile verschwunden. Aber an anderer Stelle wieder aufgetaucht.

40 Metzger, Jochen: «Aber natürlich kann Geld glücklich machen!», Interview mit Ed Diener, in: Psychologie heute, Mai 2010, S. 30

41 Holden, Stephen S.; Zlatevska, Natalina; Dubelaar, Chris: «Whether smaller plates reduce consumption depends on who's serving and who's looking: a meta-analysis», in: The Behavioral Science of Eating, Vol. 1 (1), 2016 (www.journals.uchicago.edu/journals/jacr/pr/151204)

42 Stöver, Heino; Plenert, Maximilian: Entkriminalisierung und Regulierung. Evidenzbasierte Modelle für einen alternativen Umgang mit Drogenhandel und -konsum, Studie der Friedrich-Ebert-Stiftung, Juni 2013

43 De Shazer, Steve: Patterns of Brief Family Therapy: An Ecosystemic Approach, 1982, S. 24

44 Ebd.

45 Varga von Kibéd, Matthias; Sparrer, Insa: Ganz im Gegenteil. Tetralemmaarbeit und andere Grundformen Systemischer Strukturaufstellungen – für Querdenker und solche, die es werden wollen, 2009, S. 75–91. Dort auch die folgenden Zitate.

46 Max hieß natürlich nicht Max, sondern anders.

47 De Shazer, Steve: Der Dreh. Überraschende Wendungen und Lösungen in der Kurzzeittherapie, 1989, S. 197

48 Kelling, George L.; Wilson, James Q.: «Broken Windows. The police and neighborhood safety», in: Atlantic Monthly, März 1982

49 Hermann, Dieter; Laue, Christian: Ökologie und Lebensstil – Empirische Analysen zum «broken windows»-Paradigma, in: Jehle, Jörg-Martin: Raum und Kriminalität: Sicherheit der Stadt; Migrationsprobleme, 2001, S. 90

50 Den zweifellos am breitesten angelegten Feldversuch startete Rudolph Giuliani, der im Jahr 1993 zum Bürgermeister von New

York gewählt wurde. Gemeinsam mit seinem Polizeichef folgte er den Thesen von Kelling und Wilson vorbehaltlos und erklärte «null Toleranz» zum Leitmotiv seines Handelns. Statt bei kleinsten Vergehen ein Auge zuzudrücken, wurden selbst Regelverstöße wie Schwarzfahren und Schulschwänzen verfolgt und bestraft. Mit scheinbar durchschlagendem Erfolg. Denn über die Jahre sank die Kriminalitätsrate in New York um sagenhafte fünfundsiebzig Prozent. Wenn das kein Beleg für die Richtigkeit der Theorie ist? Nun, nicht unbedingt. Denn bald meldeten Fachleute erste Zweifel an und begründeten ihn auf unterschiedliche Weise: So wiesen einige darauf hin, dass die Kriminalitätsrate bereits vor den Interventionen des Bürgermeisters zu sinken begonnen habe; außerdem sei sie vor Giulianis Dienstantritt besonders hoch gewesen, es sei also bloß eine Frage der Zeit gewesen, bis sie wieder sinke, Außerdem sei diese Entwicklung überall in den USA zu beobachten gewesen, unabhängig von den Sicherheitsstrategien der jeweiligen Städte und Staaten. Vgl.: Harcourt, Bernard E.; Ludwig, Jens: «Broken Windows: New Evidence from New York City and a Five-City Social Experiment», in: University of Chicago Law Review, Vol. 73, 2006

51 Kelling, George L.; Wilson, James Q.: «Broken Windows. The police and neighborhood safety», in: Atlantic Monthly, März 1982

52 Hermann, Dieter; Laue, Christian: Ökologie und Lebensstil – Empirische Analysen zum «broken windows»-Paradigma, in: Jehle, Jörg-Martin: Raum und Kriminalität: Sicherheit der Stadt; Migrationsprobleme, 2001, S. 90

53 Lakoff, George; Johnson, Mark: Leben in Metaphern. Konstruktion und Gebrauch von Sprachbildern, 2011, S. 12, 16, 65

54 Auch die Formulierung «durchsetzt» ist eine Metapher, die aus der Welt der Geheimdienste («Von feindlichen Spionen durchsetzt ...») ebenso stammt wie aus der Küche («Rindfleisch ist mit Fettadern durchsetzt»).

55 Lakoff, George; Johnson, Mark: Leben in Metaphern. Konstruktion und Gebrauch von Sprachbildern, 2011, S. 11, 16

56 Ebd., S. 179

57 Ebd., S. 181 f.

58 Ebd., S. 62

59 Ebd., S. 164

60 Ebd., S. 167 f.

61 Ebd., S. 161

62 Ebd., S. 162

63 Regie: Étienne Chatiliez

64 Kainrath, Verena: «Grundeinkommen stellt Gesellschaft vom Kopf auf die Füße», Interview mit Götz Werner, in: Der Standard, 21. Januar 2017 (http://derstandard.at/2000051252761/ Goetz-Werner-Alte-s-stellt-eine-ganze-Gesellschaft-vom-Kopf)

65 Lakoff, George; Johnson, Mark: Leben in Metaphern. Konstruktion und Gebrauch von Sprachbildern, 2011, S. 167. Dort auch die folgenden Zitate.

66 Konersmann, Ralf (Hrsg.): Wörterbuch der philosophischen Metaphern, 2007

67 Ich verdanke den Hinweis dem Chirurgen Hannes Haberl, der diese Technik ebenfalls einsetzt und lehrt.

68 «Wir waren überwältigende Underdogs» – «Wenn du an eine Weggabelung kommst, nimm sie» – «Ich wünschte, ich hätte eine Antwort darauf, denn ich bin es leid, auf diese Frage zu antworten». Yogi Berra: The Yogi Book, 1999, S. 24, 48, 83

69 Prior, Manfred: MinMax-Interventionen. 15 minimale Interventionen mit maximaler Wirkung, 2009

70 Ebd., S. 81–85. Dort auch die folgenden Zitate.

71 De Shazer, Steve: Der Dreh. Überraschende Wendungen und Lösungen in der Kurzzeittherapie, 1989, S. 95

72 Ein Tipp des Designers, Stauraum- und Archivierungsspezialisten Terence Conran. Er klappt, der Autor hat ihn mehrfach angewandt.

73 http://www.zeit.de/wissen/2009-9/vorurteile-namen-grund schullehrer. Der Text basiert auf einer Studie der Universität Oldenburg aus dem Jahr 2009.

74 Zwebner, Yonat; Sellier, Anne-Laure; Rosenfeld, Nir; Golden-
    berg, Jacob: «We Look Like Our Names: The Manifestation of
    Name Stereotypes in Facial Appearance», in: Journal of Persona-
    lity and Social Psychology, 2017, Vol. 112 (4), D. 527–554

75 http://www.faz.net/aktuell/gesellschaft/menschen/namensfor
    scherin-damaris-nuebling-ueber-schwierige-vornamen-13799
    882.html

76 https://www.stern.de/nido/familienleben/namensforscher-die-
    beliebtesten-vornamen-2017-sind-zwei-dauerbrenner-78034
    52.html

77 Bryan, Christopher J.; Walton, Gregory M.; Rogers, Todd;
    Dwecka, Carol S.: «Motivating voter turnout by invoking the
    self», in: PNAS, 2. August 2011, Vol. 108 (31), S. 12653–12656

78 «I believe in you. I read ur timeline & I see what ur doing & your
    rage is thinly veiled pain. But u know that. I know this feeling. Ps
    My back Fucking sux too. see what happens when u choose love.
    I see it in you.» (https://twitter.com/sarahksilverman/status/
    946555534768979969)

79 «I can't choose love. A man that resembles Kevin spacey took
    that away when I was 8. I can't find peace if I could find that guy
    who ripped my body who stripped my innocence I'd kill him.
    He fucked me up and I'm poor so its hard to get help.» (https://
    twitter.com/jeremy_jamrozy/status/946556767751811072)

80 «My shrink says we don't get what we want, we get what we
    think we deserve. I'm telling you, you deserve so much more
    than you know.» (https://twitter.com/sarahksilverman/status/
    946559752045076481)

81 Simon, Fritz B.: Die Kunst, nicht zu lernen. Und andere Parado-
    xien in Psychotherapie, Management, Politik ..., 2002, S. 141 f.

82 Ebd.

83 Horne, Zachary; Powell, Derek; Hummel, John E.; Holyoak,
    Keith J.: «Countering antivaccination attitudes», in: PNAS,
    18. August 2015, Vol. 112 (33), S. 10321–10324

84 De Shazer, Steve: Der Dreh. Überraschende Wendungen und Lö-

sungen in der Kurzzeittherapie, 1989, S. 177–184. Dort auch die folgenden Zitate.

85 Ebd., S. 74–76. Dort auch die folgenden Zitate.

86 Taleb, Nassim Nicholas: Der Schwarze Schwan. Die Macht höchst unwahrscheinlicher Ereignisse, 2008, S. 76

87 Stephens-Davidowitz, Seth: «Everybody lies: How Google search reveals our darkest secrets», in: The Guardian, 9. Juli 2017

88 Am besten wenden wir uns einem Thema zu, bei dem gerne und exzessiv gelogen wird – Intimem. Grundsätzlich lässt sich sagen: Menschen haben deutlich weniger Sex, als sie behaupten. So beschweren sie sich 16 Mal häufiger darüber, dass ihr Ehepartner keinen Sex wolle, als darüber, dass dieser nicht mit ihnen spreche. Bei Unverheirateten steht es 5,5 : 1. Schuld an diesen Zuständen seien wahrscheinlich – die Männer. Bei Google fänden sich nämlich doppelt so viele Beschwerden über lustlose Jungs als über ebensolche Frauen. Die absolute Nummer eins der «Such-Beschwerden» laute daher auch: «My boyfriend won't have sex with me.» Die gigantischen Datenmassen von Google liefern auch Begründungen dafür. Offensichtlich haben Männer Angst, allerdings unbegründete, wie Stephens-Davidowitz schreibt. Ein männlicher Angst-Klassiker: Wie steht's um mein bestes Stück? So würden Männer sechsmal häufiger nach ihrem Penis googeln als «nach Lunge, Leber, Füßen, Ohren, Nase, Hals und Gehirn» – und zwar zusammengerechnet. Zudem würden sie häufiger wissen wollen, «wie sie ihren Penis größer machen können», als danach suchen, «wie man eine Gitarre stimmt, ein Omelett macht oder einen Reifen wechselt». Und die Frauen? Kümmern die sich um die Größe? Kaum, so Stephens-Davidowitz. «Für jede Suchanfrage, die Frauen dem Penis ihres Partners widmen, startet ein Mann ungefähr 170.» Und in den seltenen Fällen, in denen sich Frauen um das gute Stück kümmerten, beschäftige sie das gegenteilige Thema: dass es zu groß sei. Überflüssig zu erwähnen, dass Männer sich die falschen Sorgen um ihr Stehvermögen machen. «Die häufigsten

Klagen von Frauen den Orgasmus ihrer Partner betreffend drehen sich nicht darum, wann diese ihn erreichen, sondern warum
er überhaupt nie eintritt.»

89 Luhmann, Niklas: Vertrauen, 2000, S. 3

90 Simon, Fritz B.: Meine Psychose, mein Fahrrad und ich. Zur
Selbstorganisation der Verrücktheit, 2009, S. 202

91 Metzger, Jochen: «Aber natürlich kann Geld glücklich machen!», Interview mit Ed Diener, in: Psychologie heute, Mai
2010, S. 36

92 De Shazer, Steve: Der Dreh. Überraschende Wendungen und
Lösungen in der Kurzzeittherapie, 1989, S. 77

93 Ebd., S. 171

94 De Shazer, Steve: Wege der erfolgreichen Kurztherapie, 1989,
S. 163 f.

95 De Shazer, Steve: Der Dreh. Überraschende Wendungen und
Lösungen in der Kurzzeittherapie, 1989, S. 26

96 Vgl. de Shazer, Steve: Wege der erfolgreichen Kurztherapie,
1989, S. 52

97 Wenn Sie kein geeignetes Café finden, gibt es digitalen Ersatz.
Suchen Sie einfach nach entsprechenden Programmen, und
laden Sie sie auf Ihren Computer oder Ihr Handy. Sie werden
den Soundtrack eines typischen Kaffeehauses ebenso finden
wie Apps mit «White noise», also neutralem Rauschen bzw. den
Geräuschen von knisterndem Feuer, wogendem Meer oder zir-
penden Zikaden. Ihnen allen sagt man nach, dass sie uns darin
unterstützen, konzentrierter arbeiten zu können.

98 Mehta, Ravi; Zhu, Rui (Juliet); Cheema, Amar: «Is Noise Always
Bad? Exploring the Effects of Ambient Noise on Creative», in:
Journal of Consumer Research, Vol. 39, (4), Dezember 2012,
S. 784–799

99 www.parliament.uk/about/living-heritage/building/palace/archi
tecture/palacestructure/churchill/

100 Die Wissenschaftsautorin Emily Anthes hat eine Reihe von For-
schungsergebnissen zusammengetragen. Anthes, Emily: «Build-

ing around the Mind», in: Scientific American Mind, April /
Mai 2009

101 Watzlawick, Paul: Lösungen. Zur Theorie und Praxis menschlichen Wandels, 2005, S. 44

102 Erdheim, Mario: Die gesellschaftliche Produktion von Unbe-
wußtheit. Eine Einführung in den ethnopsychoanalytischen
Prozeß, 1984, S. 25 f.

103 Bärnthaler, Thomas; Herpell, Gabriela: «Man kommt nie wieder
wirklich zurück», Interview mit Christoph Ransmayr und Reinhold Messner, in: Süddeutsche Zeitung Magazin, 30/2014

104 Lebert, Andreas; Wüstenhagen, Claudia: «Ich hätte gern mehrere Körper», Interview mit dem Hirnforscher Olaf Blanke, in:
Zeit Wissen, 06/2014, S. 54 f.

105 Gigerenzer, Gerd: Risiko. Wie man die richtigen Entscheidungen trifft, 2013, S. 142 f.

106 Bild, 6. August 2014, das Interview mit Mario Götze führte Kai
Psotta (www.bild.de/sport/fussball/mario-goetze/spricht-exklu
siv-in-bild37122068.bild.html)

107 Kahneman, Daniel: Schnelles Denken, langsames Denken, 2012

108 Simon, Fritz B.: Die Kunst, nicht zu lernen. Und andere Paradoxien in Psychotherapie, Management, Politik ..., 2002, S. 73

109 Ebd.

110 Zit. nach: Kaube, Jürgen: «Die Stunde des magischen Denkens»,
in: Frankfurter Allgemeine Zeitung, 30. Juni 2015

111 Werth, Lioba; Mayer, Jennifer: Sozialpsychologie, 2008, S. 377

112 Gigerenzer, Gerd: Risiko. Wie man die richtigen Entscheidungen trifft, 2013, S. 142 f.

113 Gigerenzer, Gerd: Bauchentscheidungen: Die Intelligenz des
Unbewussten und die Macht der Intuition, 2008

114 Kuls, Norbert: «Das Bauchgefühl der Wertpapierhändler», in:
Frankfurter Allgemeine Zeitung, 21. September 2016. Dort auch
die folgenden Zitate.

115 Kaulen, Hildegard: «Der Händedruck verrät es», in: Frankfurter
Allgemeine Zeitung, 27. Mai 2015

116 Tertilt, Mathias: «Wie Krankheiten aus uns sprechen», in: Die Zeit, 18. August 2016

117 Es handelt sich dabei um eine kleine Auswahl einer deutlich umfangreicheren Liste, siehe auch: Ankowitsch, Christian: Warum Einstein niemals Socken trug. Wie scheinbar Nebensächliches unser Denken beeinflusst, 2015

118 Lenzen-Schulte, Martina: «Seelenmassage mit Yoga», in: Frankfurter Allgemeine Zeitung, 6. April 2016

119 Kaulen, Hildegard: «Ich bin gar nicht so müde», in: Frankfurter Allgemeine Zeitung, 26. Oktober 2016

120 Johnson, Steven: Wo gute Ideen herkommen. Eine kurze Geschichte der Innovation, 2013, S. 126

121 http://www.psychologicalscience.org/index.php/news/releases/to-think-outside-the-box-think-outside-the-box.html

122 «Festlegen», Interview mit Jonas Sauer, in: Zeit Campus 3/2016, 5. April 2016 (www.zeit.de/campus/2016/03/entscheidung-gruebeln-bereuen-experten/komplettansicht)

123 Born, Jan: «Schlaf kann ein Neuanfang sein», in: Frankfurter Allgemeine Zeitung, 25. März 2015

124 Wandtner, Reinhard: «Gehirnforschung: Probleme lösen sich im Schlaf», in: Frankfurter Allgemeine Zeitung, 21. Januar 2004

125 Ilg, Peter: «Schlaf ist ein höchst karrierefördernder Zustand», Interview mit Hans-Günter Weeß, Zeit online, 5. Januar 2017 (www.zeit.de/karriere/2016-12/schlaf-schlafforschung-leistungsfaehigkeit-koerper-geist/komplettansicht)

126 Spork, Peter: «Lasst sie doch noch etwas schlafen», in: Frankfurter Allgemeine Zeitung, 19. Februar 2015

127 Zit. nach: ebd.

128 So zumindest die Erfahrung des Autors dieser Zeilen, als das die Direktion jener Schule versuchte, die sein Kind besuchte.

129 Vgl. Spork, Peter: «Lasst sie doch noch etwas schlafen», in: Frankfurter Allgemeine Zeitung, 19. Februar 2015

130 Independent, 18. Januar 2016 (http://www.independent.co.uk/

life-style/a-harvard-psychologist-says-people-judge-you-based-on-2-criteria-when-they-first-meet-you-a6819501.html)

131 https://www.gottman.com/blog/the-four-horsemen-the-anti dotes/

132 Gigerenzer, Gerd: Bauchentscheidungen. Die Intelligenz des Unbewussten und die Macht der Intuition, 2007, S. 66 f.

133 Ebd.

134 Ebd., S. 37

135 www.brainpickings.org/2013/10/23/7-lessons-from-7-years/ Mittlerweile hat Maria Popova der Liste zwei weitere Punkte hinzugefügt: www.brainpickings.org/2015/10/23/nine-years-of-brain-pickings/

136 www.brainpickings.org/2013/10/23/7-lessons-from7-years/

137 Und zwar der FU Berlin und der Uni Leipzig. Berliner Zeitung, 14. November 2017

138 Gigerenzer, Gerd: Bauchentscheidungen: Die Intelligenz des Unbewussten und die Macht der Intuition, 2008, S. 203, 231

139 Ich variiere hier ein berühmtes Beispiel von Paul Watzlawick, das er folgenderweise schildert: «Ein oft zu beobachtendes Eheproblem besteht z. B. darin, daß der Mann eine im wesentlichen passiv-zurückgezogene Haltung an den Tag legt, während seine Frau zu übertriebenem Nörgeln neigt. Im gemeinsamen Interview beschreibt der Mann seine Haltung typischerweise als einzig mögliche *Verteidigung gegen* ihr Nörgeln, während dies für sie eine krasse und absichtliche Entstellung dessen ist, was in ihrer Ehe ‹wirklich› vorgeht: daß nämlich der einzige *Grund* für ihre Kritik seine Absonderung von ihr ist. Im wesentlichen erweisen sich ihre Streitereien als monotones Hin und Her der gegenseitigen Vorwürfe und Selbstverteidigungen: ‹Ich meide dich, weil du nörgelst› und ‹Ich nörgle, weil du mich meidest›.» Watzlawick, Paul; Beavin, Janet H.; Jackson, Don D.: Menschliche Kommunikation. Formen, Störungen, Paradoxien, 2000, S. 58

140 Simon, Fritz B.: Die Kunst, nicht zu lernen. Und andere Pa-

radoxien in Psychotherapie, Management, Politik ..., 2002, S. 51

141 Watzlawick, Paul: Lösungen. Zur Theorie und Praxis menschlichen Wandels, 2005, S. 36

142 Watzlawick, Paul; Beavin, Janet H.; Jackson, Don D.: Menschliche Kommunikation. Formen, Störungen, Paradoxien, 2000, S. 58

143 Watzlawick, Paul: Lösungen. Zur Theorie und Praxis menschlichen Wandels, 2005, S. 55

144 Watzlawick, Paul: Vom Unsinn des Sinns oder vom Sinn des Unsinns, 1995, S. 35

145 Vgl. dazu: Simon, Fritz B.: Die Kunst, nicht zu lernen. Und andere Paradoxien in Psychotherapie, Management, Politik ..., 2002, S. 67 ff.

146 Sparrer, Insa: Wunder, Lösung und System. Lösungsfokussierte Systemische Strukturaufstellungen für Therapie und Organisationsberatung, 2001, S. 431

147 Simon, Fritz B.: Die Kunst, nicht zu lernen. Und andere Paradoxien in Psychotherapie, Management, Politik ..., 2002, S. 86

148 Korzybski, Alfred: Science and Sanity. An Introduction to Non-Aristotelian Systems and General Semantics, 1994

149 Ebd., S. 58. Dort heißt es: «Two important characteristics of maps should be noticed. A map is not the territory it represents, but, if correct, it has a similar structure to the territory, which accounts for its usefulness.»

150 Ein Vergleich, den ich mir bei Fritz B. Simon geliehen habe, ohne nun konkret angeben zu können, wo ich ihn gelesen habe.

151 De Shazer, Steve: Wege der erfolgreichen Kurztherapie, 1989, S. 150 ff.

152 De Shazer, Steve: Der Dreh. Überraschende Wendungen und Lösungen in der Kurzzeittherapie, 1989, S. 74 f.

153 Ebd., S. 28

154 Ebd., S. 73

155 Vgl. Levitt, Steven D.; Dubner, Stephen J.: Think like a Freak. Andersdenker erreichen mehr im Leben, S. 94

156 Anhäuser, Marcus: «Sie verstehen zu überleben», in: Süddeutsche Zeitung, 19. Mai 2010

157 Steve de Shazer schreibt, man solle «dem Beschwerdemuster ein neues Element oder einen neuen Schritt» hinzufügen. De Shazer, Steve: Der Dreh. Überraschende Wendungen und Lösungen in der Kurzzeittherapie, 1989, S. 116

158 Watzlawick, Paul: Lösungen. Zur Theorie und Praxis menschlichen Wandels, 2005, S. 125

159 Zit. nach: ebd.

160 Luef, Wolfgang: «Wenn es gefährlich wird: Spielen Sie den Durchgeknallten», in: Süddeutsche Zeitung Magazin, 23. Juli 2010 (www.sz-magazin.sueddeutsche.de/texte/anzeigen/34410)

161 http://www.telegraph.co.uk/news/newstopics/howaboutthat/11942295/israeli-hummus-cafe-discount-arabs-jews.html

162 http://hasshilft.de

163 Zit. nach: Zeug, Katrin: «Mach es anders!», in: Die Zeit, 12. Februar 2013 (http://www.zeit.de/zeit-wissen/2013/02/Psychologie-Gewohnheiten/komplettansicht)

164 Ebd.

165 Thaler, Richard H.; Sunstein, Cass R.: Nudge. Wie man kluge Entscheidungen anstößt, 2009, S. 90

166 Die beiden schreiben nämlich: «Wenn Ihnen solche Ängste bekannt sind, können wir Sie trösten: Ihre Mitmenschen widmen Ihnen nicht annähernd so viel Aufmerksamkeit, wie Sie denken.» Ebd.

167 Lally, Phillippa; van Jaarsveld, Cornelia H. M.; Potts, Henry W. W.; Wardle, Jane: «How are habits formed. Modelling habit formation in the real world», in: European Journal of Social Psychology, 2010, Nr. 40, S. 998–1009

168 De Shazer, Steve: Der Dreh. Überraschende Wendungen und Lösungen in der Kurzzeittherapie, 1989, S. 169 ff.

169 Watzlawick, Paul: Lösungen. Zur Theorie und Praxis menschlichen Wandels, 2005, S. 139–153. Dort auch die folgenden Zitate.

170 Watzlawick, Paul: Lösungen. Zur Theorie und Praxis menschlichen Wandels, 2005, S. 152

171 Ebd., S. 159

172 Höfner, E. Noni: Glauben Sie ja nicht, wer Sie sind! Grundlagen und Fallbeispiele des Provokativen Stils, 2016

173 Vgl. Watzlawick, Paul: Lösungen. Zur Theorie und Praxis menschlichen Wandels, 2005, S. 160. Dort auch das folgende Zitat.

174 Taleb, Nassim Nicholas: Der Schwarze Schwan. Die Macht höchst unwahrscheinlicher Ereignisse, 2008, S. 5 f.

175 Maxwill, Peter: Mechelen: «Wie Bart Somers die dreckigste Stadt Belgiens gerettet hat», Interview mit Bart Somers, in: Spiegel online, 12. Februar 2018 (http://www.spiegel.de/panorama/gesellschaft/mechelen-wie-bart-somers-die-dreckigste-stadt-belgiens-gerettet-hat-a-1191163.html)

III. TEIL
ÜBER DIE GUTE SEITE VON PROBLEMEN

1 Kim, Tae: Goldman Sachs asks in biotech research report: «Is curing patients a sustainable business model?», 11. April 2018 (www.cnbc.com/2018/04/11/goldman-asks-is-curing-patients-a-sustainable-business-model.html)

2 De Shazer, Steve: Der Dreh. Überraschende Wendungen und Lösungen in der Kurzzeittherapie, 1989, S. 204

3 Es wird Paul Watzlawick zugeschrieben und findet sich auch auf einer Homepage namens http://www.paulwatzlawick.de

4 Ternes, Bernd: Einfache Lösungen. Beiträge zur beginnenden Unvorstellbarkeit von Problemen der Gesellschaft, in: Ternes, Bernd; Hofbauer, Andreas L.; Bauer, Renate (Hrsg): Einfache

Lösungen. Beiträge zur beginnenden Unvorstellbarkeit von Problemen der Gesellschaft, Marburg, 2000, S. 11

5 So heißt ein rätselhafter Herr im schwarzen Anzug, der in Quentin Tarantinos Film «Pulp Fiction» auftaucht, als eine Leiche zu entsorgen ist. «Ich bin Winston Wolf. Ich löse Probleme», lautet seine Begrüßung. Worauf sein Gegenüber sagt: «Gut, wir haben eins.»

6 Das ist keine Weltverschwörungstheorie, sondern gängige Praxis, wie sich zum Beispiel an Krankenhäusern sehr eindrucksvoll beobachten lässt: In immer neuen Studien stellt sich heraus, dass Patienten oft nicht aufgrund ihrer realen Probleme behandelt werden, sondern zu dem Zweck, die Gewinne der jeweiligen Institutionen zu erhöhen. (http://www.spiegel.de/gesundheit/diagnose/knieoperationen-mehr-kuenstliche-kniegelenke-in-reichen-landkreisen-a-928223.html und http://www.faz.net/aktuell/wirtschaft/unnoetige-eingriffe-in-der-op-fabrik-11852366.html)

7 Nietzsche, Friedrich: Menschliches, Allzumenschliches. Ein Buch für freie Geister. Erster Band, in: Menschliches, Allzumenschliches, 2005, S. 331

8 Vgl. S. 113

9 Simon, Fritz B.: Die Kunst, nicht zu lernen. Und andere Paradoxien in Psychotherapie, Management, Politik …, 2002, S. 73

10 Ebd.

11 Varga von Kibéd, Matthias; Sparrer, Insa: Ganz im Gegenteil. Tetralemmaarbeit und andere Grundformen Systemischer Strukturaufstellungen – für Querdenker und solche, die es werden wollen, 2009, S. 116

12 Steve de Shazer räumt zwar ein, dass wir Probleme aufrechterhalten, weil wir davon einen Nutzen haben. Er weist aber zugleich darauf hin, dass er eine einfachere These bevorzugt. Er schreibt: «Es wird oft davon ausgegangen, daß wie auch immer geartete Probleme durch ein Bestechungsgeld oder eine Belohnung, die die Person erhält, aufrechterhalten werden. […] Diese

Annahme könnte sich bei einer Reihe von Fällen als nützlich erweisen, bei anderen wiederum nicht. Kurztherapeuten gehen eher davon aus, daß Probleme sich einfach selbst aufrechterhalten und damit hat es sich.» De Shazer, Steve: Der Dreh. Überraschende Wendungen und Lösungen in der Kurzzeittherapie, 1989, S. 76

13 Freud, Sigmund: Vorlesungen zur Einführung in die Psychoanalyse, 24. Vorlesung: «Die gemeine Nervosität», in: Mitscherlich, Alexander (Hrsg.): Sigmund Freud Studienausgabe, Vorlesungen zur Einführung in die Psychoanalyse und Neue Folge, 2007, S. 371

14 Simon, Fritz B.: Die Kunst, nicht zu lernen. Und andere Paradoxien in Psychotherapie, Management, Politik ..., 2002, S. 112–114

15 Ebd., S. 83

16 Ebd., S. 55

17 https://twitter.com/peterbreuer/status/893575383601352704

18 Friedell, Egon: Ecce Poeta, Berlin, 1912, S. 17

19 Schmidt, Gunther: Vom so genannten Rückfall zur Nutzung von «Ehrenrunden» als wertvoller Informationsquelle, in: ders.: Liebesaffären zwischen Problem und Lösung. Hypnosystemisches Arbeiten in schwierigen Kontexten, 2004, S. 361 ff.

20 Messner, Reinhold: «Überlebthaben ist das stärkste Gefühl der Welt», in: Stuttgarter Zeitung, 6. August 2008, S. 8

21 Varga von Kibéd, Matthias; Sparrer, Insa: Ganz im Gegenteil. Tetralemmaarbeit und andere Grundformen Systemischer Strukturaufstellungen – für Querdenker und solche, die es werden wollen, 2009, S. 116

22 Später, nach Nazi-Deutschland zurückgekehrt, wurde Herrigel Mitglied der NSDAP und u. a. 1944/45 Rektor der Universität Erlangen.

23 Herrigel, Eugen: Zen in der Kunst des Bogenschießens, 1983, S. 24–34. Dort auch die bisherigen und folgenden Zitate.

24 Sparrer, Insa: Wunder, Lösung und System. Lösungsfokussierte

Systemische Strukturaufstellungen für Therapie und Organisationsberatung, 2001, S. 32

25 Ebd.

26 Haas, Wolf: Das ewige Leben, 2014, S. 119

27 Yogi Berra: The Yogi Book, 1999, S. 52, 34

DANK

Sachbuchautorinnen und -autoren sind, so sie nicht aus der Grundlagenforschung kommen, auf die Studien und Erkenntnisse anderer angewiesen. Alles, was sie tun können, ist, diese Menschen zu würdigen und deren Erkenntnisse in einer Art darzustellen, die ihnen gerecht wird und die sie möglichst vielen Menschen verständlich machen. So zumindest denke ich mir das. Daher ist hier auch der richtige Ort, um mich bei jenen Menschen zu bedanken, deren Wissen die Basis dieses Buchs bildet. Bei Klassikern wie Steve de Shazer und Paul Watzlawick, bei Zeitgenossen wie Insa Sparrer, Matthias Varga von Kibéd und Fritz B. Simon. Ihnen allen bin ich zu großem Dank verpflichtet, weil sie meine Gedanken – nicht nur über Lösungen – seit Jahren immer wieder von neuem beflügeln.

Am intensivsten begleitet haben das Entstehen dieses Buchs zwei Menschen, denen ich dafür ebenfalls herzlich danken will. Mario Leimert, der das Manuskript parallel zum Entstehen mitgelesen hat und ebenso ermutigende wie ergänzende Rückmeldungen gegeben hat. Und Hanna Schuler, die es lektoriert und an den nötigen Stellen gekürzt, nachgefragt und verbessert hat.

Für Anregungen, Geduld, Zwischenrufe, Witze, Anekdoten, Rückendeckung, Loyalität und Unterstützung danke ich den folgenden Menschen herzlichst: Bettina, den Jungs, Elisabeth Gronau, Sharon Nuni, Andreas Hutzler, Gunnar Schmidt, Peter Praschl, Shohreh von Maydell, den Korrektoren, der Herstellung, den Buchhandelsvertreterinnen und

-vertretern und den Buchhändlerinnen und -händlern. Lange lebe das Buch!

Weil ich hier die These vertrete, dass dem konkreten Kontext große Bedeutung zukommt, noch ein paar kurze Hinweise auf die Orte des Entstehens dieses Textes und die verwendete Software. Geschrieben habe ich den Text von Juli 2017 bis April 2018 auf Mallorca, im Wiener Café Prückel, im 5. Stock eines Bürogebäudes in Berlin-Charlottenburg mit Blick über den Westen der Stadt und in der Ost-Steiermark mit Blick auf den Wintergarten meiner Eltern. Und zwar unter Verwendung des Schreibprogramms «Scrivener» und des Archivprogramms «DEVONthink»; beide Programme seien allen Menschen wärmstens empfohlen, die längere Texte schreiben wollen oder müssen.

Weitere Bücher von Christian Ankowitsch

Dr. Ankowitschs Kleiner Seelenklempner

Mach's falsch, und du machst es richtig

Warum Einstein niemals Socken trug